현대과학과 그리스도교

김흡영

대한기독교서회

현대과학과 그리스도교
ⓒ 김흡영 2006

2006년 3월 30일　초판 1쇄
2015년 2월 20일　초판 3쇄

지은이/김흡영
펴낸이/서진한
펴낸곳/대한기독교서회
편집책임/윤신영

등록/1967년 8월 26일 제1967-000002호
주소/135-882 서울특별시 강남구 테헤란로 103길 14
전화/편집 553-0873~4 영업 553-3343
팩스/편집 3453-1639 영업 555-7721
e-mail/cls1890@chol.com
　　　 edit1890@chol.com
http://www.clsk.org

직영서점/기독교서회
종로5가 기독교회관 1층, 전화 744-6733 팩스 745-8064

값/12,000원　책번호/1056
ISBN 978-89-511-0829-7 93230

The Christian Literature Society of Korea, Seoul
Printed in Korea

현대과학과 그리스도교

To: Sir John Templeton,
the great visionary of humble approach,
in appreciation of his love and dedication to
God, Cosmos, and Humanity

故 윤도한 이사장님의
주님을 향한 뜨거운 열정과 큰 사랑을 기억하며

그리고 사랑하는 한국 그리스도인들에게

|머리말|

현대과학을 어떻게 읽을 것인가?

우리는 왜 현대과학의 발전에 주목해야 하는가?

우리는 지금 과학시대의 한 복판에 살고 있다. 아침에 알람소리에 잠깨어 일어나 일과를 마치고 다시 잠들 때까지, 현대 과학문명의 거대한 숲 속에서 살고 있다. TV, 냉장고, 전화, 자동차, 컴퓨터, 인터넷, 핸드폰은 이제 우리의 일상에서 필수 불가결한 생활필수품이 되어 버렸다. 그리고 또한 모든 것이 인공지능에 의하여 자동화되어 가는 디지털 시대, 사이버 시대에 살고 있다. 현대과학은 그야말로 폭발적으로 발전하며, 배아줄기세포, 생명복제, 휴먼지놈 프로젝트, 유전자 조작, 뇌과학, 인공지능, 로봇, 빅뱅, 가이아, 카오스, 양자역학, 상대성이론 등 우리 미래의 삶에 결정적인 영향을 줄 새로운 용어들을 마구 쏟아 내고 있다. 이 시대의 헤드라인 뉴스는 곧 과학인 것이다. 이 글을 쓰는 이 시간에도 황우석 교수팀의 인간 배아줄기세포 연구와 관련된 문제들로 온 나라가 떠들썩하다.(부록에 수록된 중앙일보 칼럼 참조)

그리스도인도 이 과학의 시대에 살고 있다. 과학시대의 그리스도인! 그것이 우리의 실존적 상황이며, 이제 과학은 당연히 그리스도교 신학의 핵심적인 주제가 되어야 한다. 그러나 그동안 한국 교회는 자연과학을 소홀히 내지 등한시해 온 경향이 있다. 과학시대의 현대적 삶을 살며 그 안에 교회가 거하고 있는 한, 우리는 더 이상 과학을 경시하거나 간과해서는 안 될 일이다. 자연과학의 눈부신 발전이 이룩한 우주의 근원과 생명의 신비에 대한 새로운 발견에 주목하고 과학에 대한 우리의 신학적 입장과 안목을 정리해 둘 필요가 있다.

더욱이 핵, 생명복제, 유전자조작, 컴퓨터, 사이버스페이스를 비롯한 현대 과학기술들은 엄청난 위력을 가지고 있다. 그들은 인류의 복지를 향상시키는데 큰 도움을 줄 수 있지만, 반면에 잘못 사용하면 핵무기처럼 인류와 자연을 총체적으로 파괴할 수 있는 위험성을 동시에 수반하고 있다. 감히 누가 가공할 위력을 가진 현대과학에 제동을 걸겠는가? 누가 감히 현대과학이라는 고양이의 목에 방울을 달 것인가? 그 몫은 종교가 감당해야 하지 않겠는가? 특히 현대과학의 탄생에 요람 역할을 했던 그리스도교가 이 윤리적 책임을 가장 크게 지니고 있다고 보아야 할 것이다. 다시 말하면, 우리 그리스도인들에게 자연과학의 무책임한 남용과 파괴로부터 하나님의 피조 세계를 보존할 청지기적 사명이 맡겨진 것이라고 할 수 있다.

비록 스캔들로 끝났지만 황우석 교수팀이 인간 배아줄기세포 연구에 획기적인 성과를 이루었다고 발표했을 때, 매스컴과 더불어 한국은 생명과학에 대한 장밋빛 환상으로 가득 차 있었다. 중앙일보 2005년 10월20일자만 보더라도 "'세계 줄기세포 허브' 서울에", "세포치료제 국제표준 한국인이 주도", "회전 방향 바꾸는 Z형 DNA 구조·이유 한국학자들이 비밀 풀었다", "생체시계 역할 하는 신경세포 서로 교신하는 유전자 찾아내" 등 한국 생명과학자들이 이룬 업적들에 관한 기사로 가득하다. 한국과학이 정보과학(IT)분야에서 앞장서서 달리기 시작하더니, 생명과학(BT) 분야에서도 단연 세계 첨단으로 급부상하는 것 같았다.

지난 20세기는 그리스도교의 사회학적 책임이 강조되던 시대였다. 해방신학, 정치신학, 여성신학, 흑인신학, 제3세계 신학, 아시아신학, 민중신학은 이러한 시대의 사회적 책임들을 반영한 것들이다. 20세기가 배출한 최고의 신학자라고 할 수 있는 칼 바르트Karl Barth는 "이제 그리스도인들은 한 손에는 성경, 다른 손에는 신문을 들고 읽어야 할 때가 되었다."라고 말한 적이 있다. 이 유명한 선언은 신학의 사회학적 책임을 강조하고, 이러한 신학들의 출현을 예고하며, 그 준비를 요청한 것이다. 대조적으로 21세기는 무엇보다도 그리스도교의 과학적 책임이 강조되어야 할 시대이다. 앞으로의 신학은 어떤 형태로든지 놀랍게 발전하고 있는 자연과학과 관련성을 지니지 않고는 존재가치를 상실하게 될 것이고 이미 태동해 있는 환경신학, 생태신학, 생명신학들이 있지만 아직은 시작에 불과하다고 할 수 있다. 바르트의 말을 빌리자면, 이제 그리스도인들은 한 손에는 성경, 다른 손에는 현대과학의 헤드라인 뉴스를 읽어야 할 때다. 그렇지 않으면 그리스도인들과 교회는 엄청난 속도로 가속화되어 폭발적 변화를 가져오는 과학시대에 뒤쳐지게 되고 고립될 위험에 처하게 될 것이다. 그렇다면 그것은 하나님께서 우리에게 주신 이 시대를 향한 특별한 사명을 저버리는 것이다.

"현대과학을 어떻게 읽을 것인가?" 하는 것은 이 시대의 화두話頭이며, 그리스도인에게는 "현대과학을 어떻게 성경과 함께 읽을 것인가?"하는 질문으로 대치되는 것이다. 그러므로 이 책의 목적은 현대 자연과학과 그리스도교 신학의 관계를 이해하는데 도움이 되는 정보를 제공하여, 독자들 스스로 이 화두를 깨치게 하는데 있다. 일찍이 다석多夕 류영모 선생은 "문제는 풀어지는 것이 아니라 없어지는 것이다."라는 흥미로운 말을 한 적이 있다. 장애물에 갇힌 애벌레가 나비가 되어 훨훨 날아오를 때 장애물이 사라지듯, 이러한 문제는 우리로 하여금 오류에 봉착한 기존의 사고방식을 버리고 새로운 패러다임으로 발상을 전환할 것을 강하게 요구한다.

그래서 이 책의 목표는 그리스도인들, 특히 목회자들과 교회 지도자 그리고 신학생들이 현대과학을 무시하거나 두려워하지 않고, 그것을 어떻게 받아들이고 교회 안에서 수용할 것인가 하는 것에 대한 신학적 입장을 정립하는데 보탬이 되고자 하는데 있다. 그러나 어디까지나 나는 신학자이지, 자연과학자가 아니다. 단지 어렸을 때 수학과 과학을 좋아했고, 대학에서 공학을 전공했기 때문에 과학기술에 대한 약간의 기초지식을 가지고 있을 뿐, 나의 과학지식에는 한계가 있다. 하지만 그러한 한계에도 불구하고, 하나님의 부름을 안고 이 시대를 향한 예언자적 소명이라고 인식한 한 신학자로서 오늘날 우리에게 감당하기 어려울 정도로 밀려오는 현대과학의 문제들을 독자들과 함께 연구해 나가고자 한다.

이 책은 서론 외 정보과학, 생명과학, 사회생물학, 뇌과학, 현대물리학, 동양종교와의 대화를 포함하는 총 6부로 구성되어 있다.

서론에서는 서구학자들이 그동안 이룩해 놓은 종교와 과학간의 대화에 관한 성과를 이 분야의 선구자인 이안 바버Ian Barbour의 유형론을 중심으로 정리한다. 충돌, 독립, 대화, 통합의 네 유형은 독자들이 이 책을 읽어나가면서 어떤 특정 과학 분야에 대하여 자신의 입장을 결정하는데 좋은 길잡이(로드맵)가 될 것이다.

제1부에서는 컴퓨터와 인터넷 등 정보과학(IT)의 발전이 초래한 디지털 혁명을 분석한다. 1장에서는 "이 시대의 성배"라고 볼 수 있는 사이버스페이스가 지닌 신학적 함의를 검토하고, 2장에서는 SF영화 〈매트릭스〉를 실례로 해서 가상현실의 영성적 의미를 분석한다.

제2부에서는 생명과학(BT)의 뜨거운 감자라고 할 수 있는 인간복제, 휴먼지놈 프로젝트, 인간 배아줄기세포 연구를 살펴본다. 1장에서는 인간복제의 충격 속에 감추어진 신화 곧 유전자 결정론의 허구를 살피고, "복제인간에도 영혼이 있는가?"라는 질문에 대하여 생각해본다. 2장에서는 생명과학의 혁명을 유발하고 인류의 미래에 결정적 영향을 끼친 휴먼지놈 프로젝트와 더불어 야기되는 문제들을 검토한다. 3장에서

는 21세기 생명과학의 화두인 줄기세포 연구와 관련하여 인간 배아의 생명성과 줄기세포 연구의 한계를 살핀다. 그 중에서도 현재 가장 뜨겁게 달아오르는 현안인 인간 배아복제에 대해서는 마지막 장인 18장에서 좀 더 엄밀하게 검토한다.

제3부에서는 유전자와 진화론의 시각에서 신학 및 종교에 대하여 맹렬한 비평을 하고 있는 사회생물학(sociobiology)을 살펴본다. 1장에서는 인간을 단지 DNA의 로봇 생존기계로 보는 리처드 도킨스Richard Dawkins의 이기적 유전자론의 내용과 문제점을 분석한다. 2장에서는 사회생물학의 창시자 에드워드 윌슨Edward Wilson의 성(Sex), 이타주의(Altruism), 종교에 관한 주장과 문제점을 살펴본다. 3장에서는 윌슨의 제자였고 한국과학문화상을 수상한 적이 있는 서울대학교 생명과학부의 최재천 교수가 구상하는 "멋진 신세계를 위한 새로운 윤리"를 소개한다. 사회생물학자이지만 그는 과학과 종교 간의 대화가 현대과학이 가진 위험성을 극복하기 위한 유일한 길이라고 주장한다.

제4부 "뇌와 인간"에서는 아주대학교병원 신경과장인 허균 교수와 함께 오늘날 최첨단을 걷고 있는 뇌신경과학을 살펴보고 신학과의 대화를 시도한다. 1장에서는 뇌신경과학이 발견한 뇌의 기능과 중요성을 설명하고 그 종교 및 신학적 함의를 탐구한다. 2장에서는 카오스 이론을 가지고 신경과학의 존재론적 환원주의의 한계를 극복하고자 한다. 3장에서는 "의식"이라는 신경과학의 '어려운 문제'를 양자론을 토대로 신학과의 대화를 통하여 접근하고자 한다. 이러한 내용들은 지금 태동하고 있고 미래의 신학에 중요한 역할을 하게 될 뇌신학(Neurotheology) 또는 뇌윤리학(Neuroethics)을 이해하는데 좋은 길잡이가 될 것이다.

제5부 "현대과학과 우주"에서는 현대과학의 우주론과 신학과의 대화가 과학자들에 의하여 제시된다. 1장에서는 연세대학교 자외선우주망원경 연구단장인 이영욱 교수가 빅뱅 이론과 현대 천문우주학을 토대로 우주가 인간을 위해 창조된 것이라는 인류원리(anthropic principle)를

설명한다. 2장에서는 서울대학교 자연과학대학 화학부의 김희준 교수가 현대물리학과 화학의 관점에서 창세기를 설명하는 매우 흥미로운 글 "화학자가 다시 본 창세기"를 살펴본다. 3장에서는 포항공과대학교의 임경순 교수로부터 극미의 세계를 다루는 나노과학(Nano Science)의 눈으로 인류의 미래를 조망하여 보고, 인간 정체성의 질문을 던짐으로써 나노과학 시대의 인간의 역할을 상상해 본다.

    제6부 "신, 인간 그리고 우주"에서는 독자들과 함께 최첨단을 걷는 과학시대에서 종교 특히 한국 그리스도교의 정체성 그리고 사명과 역할이 무엇인지를 심충적으로 모색한다. 1장에서는 사회생물학과 한국 성리학을 비교하면서 종교와 과학의 대화에서 동양사상의 중요성을 강조하고 나아가서 현대과학, 동양사상, 그리스도교 신학간의 삼중적 대화(trilogue)의 필요성을 주창한다. 2장에서는 생태계의 위기에 직면하고 있는 현재 그리스도교를 위한 그리고 한국신학의 정체성 확립을 위한 새로운 패러다임으로서 "신-인간-우주적 비전"을 가진 "도(道)의 신학"을 제시한다. 3장에서는 인간 배아줄기세포 연구에 대해 장밋빛 환상에 빠지거나 비현실적인 교리를 주장하기보다는 "인간 배아복제 시대"가 도래한 현실을 직시하고 생명윤리적 대안을 보다 구체적으로 모색한다. 결론적으로 환경생명 경시풍조와 안전 불감증이 빚어내는 환경 및 생명 난개발과 파괴 문제를 아우를 수 있는 신학, 곧 '신-인간-우주'(天地人)의 통전적 비전에 기반을 두고 그리스도교(신학)와 유교(유학)와 자연과학(생태학)과의 삼중적 대화를 지향하는 '경(經)의 신학'에 대한 새로운 꿈을 제시하려고 한다.

    이 책을 학부나 대학원에서 '종교와 과학'에 관련된 교과목의 교재로 사용할 수 있을 것이다. 해외에서는 이 분야에 관한 많은 양의 연구업적들이 쏟아져 나오고 있으나 아직 국내에서는 연구 자료들이 턱없이 부족하다. 독자들을 위하여 비교적 수월하게 접근할 수 있는 번역서들 중에서 중요한 것들을 골라 각 장마다 참고문헌으로 수록했고, 해외

머리말 13

자료는 꼭 필요하거나 본문에서 취급될 경우에 한해서 포함시켰다. 좀 더 전문적인 참고문헌 목록은 미국 버클리에 있는 '신학과 자연과학연구소'(CTNS)의 홈페이지를 방문하면 쉽게 열람할 수 있다.(http://www.ctns.org) 그리고 좀 더 많은 독자들이 읽게 하기 위하여 각주는 될 수 있는 대로 생략했다.

이 책은 나 혼자만의 작품이라기보다는 공동의 작품이다. 더욱이 저명한 과학자들이 직접 참여해 주었다. 서울대학교의 최재천 교수와 김희준 교수, 연세대학교의 이영욱 교수, 포항공과대학교의 임경순 교수, 아주대학교의 허균 교수 등 각 분야에서 명실공히 한국을 대표할 만한 과학자들이 이 그리스도교 신학과의 대화에 기꺼이 동참해 주었다. 말그대로 과학과 종교(신학)의 대화가 실제로 과학자들과 신학자 사이에서 이루어진 것이다. 그분들의 열린 마음과 이 시대를 향한 진정한 과학자로서의 성실한 태도에 대해 다시 한 번 경의를 표하며 깊은 감사를 드린다. 특히 허균, 이영욱, 김희준 교수의 글은 과학자이면서 그리스도인이라는 이중적 정체성을 통전하고자 하는 그리스도인 과학자들의 실존적 고뇌와 창의적 융합을 반영하는 '과학과 종교의 대화'에 매우 소중한 실례들이다.

이 책에 실린 글들은 대부분 한국 그리스도교의 대표적 정론지 「기독교사상」에 발표되었던 것인데, 여기서는 될 수 있는 대로 원본을 살려 다시 정리하였다. 이것을 게재하고 책으로 출판할 기회를 준 대한기독교서회, 특히 서진한 주간에게 고마움을 전한다. 미국의 존 탬플톤 재단 John Templeton Foundation이 한국의 독자를 위하여 이 책을 발간할 수 있도록 후원하여 주었다는 점에 대해 감사드린다. 특별히 종교와 과학 분야의 프로그램 디렉터인 폴 왓슨 Paul Wason 박사에게 감사의 뜻을 전한다. 그리스도교 신학과 동양사상과 자연과학 간의 대화가 우리에게 주어진 시대적 사명이라고 믿고 고군분투하는 한 외로운 동양신학자를 향한 그들의 따뜻한 후원 덕분에 이렇게 결실을 맺을 수 있었다.

인류와 우주의 미래에 대한 큰 비전을 가지고 '겸허의 신학'(the theology of humility)을 제안하며 적극적으로 '종교와 과학의 대화'를 지원하고 있는 존 템플톤 John Templeton 경에게 이 책을 헌정한다. 또한 강남대학교 재단 이사장이시던 故 윤도한 장로님의 영전에 이 책을 바치고자 한다. 고인은 패거리 문화가 주름잡는 이 땅에서 신학적 연고도 없이 외롭게 서있던 나에게 따뜻한 위로와 격려와 함께 큰 사랑을 베풀어 주셨다. 그리고 무엇보다도 이 책은 인류와 세계 교회의 미래를 담당할, 나의 사랑하는 한국 그리스도인들을 위한 것이다.

마지막으로 꼭 감사하며 기억하고 싶은 소중한 얼굴들이 있다. 2004년과 2005년에 걸쳐 '종교와 과학' 과목을 수강한 강남대학교 학생들과 더불어 내 강의를 경청해준 한신대학교 대학원 목회학 박사과정 목사들이다. 그들은 이 책에 관련된 연구 과제를 함께 수행하면서, 열띤 토론과 조언을 아끼지 않았다. 특히 김광묵, 이정용, 이윤형, 김기형, 박선경, 서동현, 강광련 등 이 책이 탄생되기까지 되풀이되는 강독과 원고 정리에 몸을 아끼지 않았던 여러 조교들과 이 기쁨을 함께 나누고 싶다. 끝으로 출판을 허락해 주신 대한기독교서회 사장님과 출판국장님, 그리고 이 책이 완성되기까지 교정과 편집을 돌봐준 윤신영 과장께 감사를 드린다.

차례

■ 머리말: 현대과학을 어떻게 읽을 것인가? | 7

서론 신학과 자연과학의 관계(유형론) · 21
    1. 충돌(Conflict) | 22
    2. 독립(Independence) | 26
    3. 대화 (Dialogue) | 30
    4. 통합(Integration) | 32

제1부 사이버스페이스: 꿈이냐? 생시냐?

제1장 사이버스페이스 · 41
    1. 사이버스페이스의 출현 | 41
    2. 사이버스페이스: 이 시대의 성배? | 44
    3. 사이버스페이스: 또 하나의 바벨탑? | 46
    4. 사이버스페이스와 그리스도교의 역할 | 48

제2장 가상현실 · 52
    1. 가상현실과 사이버스페이스 | 52
    2. 매트릭스 | 53
    3. 〈매트릭스〉와 장자의 꿈: 실재성, 사이버 시대의 화두 | 55
    4. 몸과 숨의 영성 | 59

제2부 생명과학과 인류의 미래

제1장 인간복제 · 65
1. 인간복제(Human Cloning)의 충격 | 65
2. 유전자신화 | 68
3. 복제인간의 영혼 | 70
4. 복제아이의 존엄성과 가족관계 | 72

제2장 휴먼지놈 프로젝트 · 77
1. 유전자 차별(Genetic Discrimination) | 79
2. 임신중절 | 81
3. 유전자특허권 | 82
4. 생식유전자 중재(Germline Intervention) | 84

제3장 인간 배아줄기세포 · 88
1. 21세기 생명과학의 화두 | 88
2. 인간 배아줄기세포의 생명성 | 90
3. 인간 배아줄기세포 연구의 한계 | 91
4. 인간 배아줄기세포 연구와 사회정의 | 93

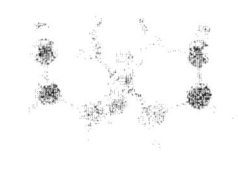

제3부 사회생물학과 종교

제1장 이기적 유전자 · 101

    1. 이기적 유전자(the selfish gene)와 로봇 생존기계 | 102
    2. 문화적 유전자(meme) | 106
    3. 평가 | 109

제2장 사회생물학 · 112

    1. 사회생물학의 등장 | 112
    2. 성(Sex) | 115
    3. 이타주의(Altruism) | 118
    4. 종교(Religion) | 119
    5. 평가 | 120

제3장 사회생물학자가 본 그리스도교 · 124

    1. 들어가는 말 | 124
    2. 멋진 신세계를 위한 새로운 윤리
      -유전자의 눈 높이에서 본 생명 | 125
    3. 나가는 글 | 135

제4부 뇌와 인간

제1장 신경과학의 도전 ····· 143
1. 왜 신경과학(Neuroscience)인가? | 143
2. 뇌의 구성과 기능 | 144
3. 정보처리장치로서의 뇌 | 147
4. 신경과학의 인간이해 | 150
5. 종교체험의 신경과학 | 152
6. 신경과학의 신학적 논의 | 154

제2장 카오스와 자유 ····· 157
1. 신경과학의 인간이해 | 157
2. 현대과학의 환원론 | 158
3. 카오스 이론 | 160
4. 뇌와 컴퓨터 | 162
5. 뇌파와 카오스 | 163
6. 자연 속의 하나님의 섭리 | 166

제3장 의식과 실재 ····· 170
1. 어려운 문제, 쉬운 문제 | 170
2. 의식(Consciousness)과 뇌 | 171
3. 의식의 심리철학(Churchland) | 173
4. 의식의 양자론(Davies) | 176
5. 뇌와 실재(Brain and Reality) | 178
6. 신경과학과 신학의 대화 | 180

제5부 현대과학과 우주

제1장 현대 천문학과 인류원리 ········· 187

    1. 원소의 기원: 우리는 어디로부터 왔는가? ｜ 188
    2. 인간 창조를 위한 우주의 조건 ｜ 190
    3. 인간을 위한 우주? 인류원리 ｜ 192
    4. 인류원리에 대한 신학적 평가 ｜ 195

제2장 현대화학과 창세기 ········· 201

    1. 들어가는 말 ｜ 201
    2. 화학자가 다시 본 창세기 ｜ 202
    3. 나가는 글 ｜ 211

제3장 나노과학 ········· 215

    1. 들어가는 글 ｜ 215
    2. 나노세계의 부상과 인류의 미래 ｜ 216
    3. 나노세계 부상의 과학사적 의미 ｜ 217
    4. 나노물리학과 나노테크놀로지 ｜ 219
    5. 나노기술과 마이크로로봇 기술 ｜ 222
    6. 나노기술과 인류의 미래 ｜ 223
    7. 나가는 글 ｜ 225

제6부 신, 인간, 그리고 우주

제1장 현대과학과 동양사상 ·· 231
1. 현대과학과 동양사상 | 233
2. 사회생물학과 한국성리학 | 236
3. 현대과학, 동양사상, 그리스도교 신학 간의
   삼중적 대화의 필요성 | 238

제2장 생태계의 위기와 한국신학 ································ 243
1. 신-인간-우주적 비전 | 244
2. 천명(天命)과 신형상(imago Dei) | 246
3. 천지인(天地人)의 삼위일체 | 251

제3장 인간 배아복제 시대와 그리스도교 ···················· 254
1. 인간 배아복제 시대의 개막 | 254
2. 배아는 생명인가? | 256
3. 인간의 존엄성이란? | 258
4. 인간이란? | 260
5. 생명존경이란? | 263
6. 경(敬)의 신학을 향하여 | 265

- 부록 | 269
- 용어해설 | 281
- 찾아보기 | 293

서론
신학과 자연과학의 관계

신학과 자연과학 간의 관계에 대하여 지금까지 나타난 입장들을 유형으로 구분하여 고찰할 수 있다. 그 중에서도 이안 바버Ian Barbour의 유형론이 가장 대표적인 것으로 인정받고 있다.(Barbour, 1997, 77-105) 바버는 신학과 과학의 관계를 네 가지 모형들 – 충돌(conflict), 독립(independence), 대화(dialogue), 통합(integration)으로 구분한다. 간단히 말해서, 첫째 유형은 신학과 과학이 서로 배타적으로 대립하여 충돌하는 것이고, 둘째는 서로 참견하지 않고 독립적으로 고유한 영역을 인정하려는 절충형이다. 셋째는 서로 부분적이지만 유사성을 찾아서 대화하자는 유형이며, 넷째는 적극적으로 상대방을 수용하고 통합하려는 태도이다. 이 바버의 유형론은 그 동안 있었던 신학과 과학 간의 담론을 이해하고, 앞으로 우리의 신학적 입장을 정립하기 위하여 매우 유익한 설명이 된다. 다소 딱딱하고 낯선 개념들이지만 구체적인 각론에 들어가기 전에 꼭 알아두어야 할 사항들이다. 어떤 분야든지 새로운 용어와 개념들이 등장하는 첫 장이 가장 어렵겠지만, 독자들은 부디 인내를 가지고 읽어 주기 바란다.

1. 충돌(Conflict)

　　이 유형은 과학과 종교 간에 전쟁과 같은 양상이 전개되는 경우이다. 일반적으로 갈릴레오의 지동설 논쟁, 다윈의 진화론 논쟁이 그 역사적인 실례들로 유명하다. 그러나 보통 알려진 이야기들은 사실 과장된 것으로, 그 내용을 자세히 들여다보면 그들이 그리스도교의 교리에 어긋나는 과학적 주장을 함에 따라 발생했던 단순한 문제만은 아니었다. 사실 이 배타적 입장 속에는 더욱 문제가 되는 태도들이 숨겨져 있는데, 그것은 자연과학의 경우 과학적 유물주의(scientific materialism)이고, 신학의 경우 성서적 문자주의(Biblical literalism)이다.

　　양자는 현대과학과 전통적 그리스도교 신앙 사이에 심각한 대립이 있다고 전제하고, 둘 중 하나만을 진리로 선택해야 한다는 강박관념을 가지고 있다는 점에서 일치한다. 바버는 이들의 근본적 모순은 과학을 오용하는 데 있다고 지적한다. 그의 이 날카로운 지적을 우리는 숙지해 둘 필요가 있다. 과학적 유물주의는 과학적 사실로부터 출발하지만 결론적으로 과학의 영역을 벗어난 철학적 주장을 하고 있다. 또한 성서적 문자주의는 성서를 근거로 신학으로부터 시작하나 신학의 영역이 아닌 과학적인 결론을 내리고 있다. 이들 모두는 신학과 과학의 고유성과 본질적인 차별성을 충분히 인정하지 않는 독선적인 태도를 가지고 있다.

1) 과학적 유물주의

　　과학적 유물주의의 배후에는 다음과 같은 두 명제에 대한 믿음이 깔려 있다. (1) 과학적 방법이 앎(지식)에 이르는 가장 믿을만한 방법이다. (2) 물질(matter)이 우주의 가장 기본적인 실재이다. 이 입장은 모든 것은 과학적 방법을 통해서 인식해야 한다는 인식론적 환원주의(reductionism)와 실재가 물질에 의하여 이루어졌다는 물질적 환원주의를 동시에 내포하고 있다. 과학적 유물론자들은 과학만이 객관적이고, 개방적이고, 보편적이고, 개혁적이라고 주장한다. 그러나 그에 비하여 종교전통은 주관적이고, 배타적이고, 지역적이고, 보수적이라고 혹평한다.

예를 들면, "우주"라는 TV 시리즈로 유명한 천체 물리학자 사강 Carl Sagan은 우주는 영원한 것이며, 과학적 방법만이 보편적 적용이 가능한 것이고, 그리스도교의 하나님에 대한 신앙과 같은 것은 과학의 궁극성에 위배되고, 인간 공경의 대상은 이제 신이 아니고 자연이 되어야 한다고 주장했다.(Sagan, 1980, 55) 모노 Jacques Monod는 DNA의 발견 등 분자생물학(molecular biology)의 놀라운 업적을 내세우며 완벽한 환원주의를 신봉한다. "어떤 것이라도 단순하고 분명한 기계적 상호작용으로 환원될 수 있다. 세포나 동물이나 사람이나 할 것 없이 모두 하나의 기계일 뿐이다."(Barbour, 1997, 80 재인용) 앞으로 주목해야 할 사회생물학(sociobiology)의 창시자 윌슨 Edward O. Wilson은 또한 인간의 마음을 "두뇌라는 신경기계의 한 부수적 현상"이라고 주장하면서, "인문학을 포함해서 사회학이나 다른 사회과학들은 생물학의 현대적 합성을 위해 남아 있는 마지막 가지들에 불과하다."고 단언한다.(Wilson, 1975, 4)

이러한 과학적 유물주의를 피터스 Ted Peters는 과학주의(scientism)와 과학적 제국주의(scientific imperialism)로 구분한다.(Peters, 1998, 1-39) 과학주의는 신학은 시대에 뒤떨어진 무용지물일 뿐이고, 그 대신 과학이 우리가 필요한 모든 지식을 제공할 수 있다고 주장하는 입장이다. 이에 비해 과학적 제국주의는 한걸음 더 나아가서 과거에 신학이 담당했던 사항들조차도 과학이 충분한 해답을 줄 수 있다는 견해이다. 두말할 것도 없이 이 견해들 모두 큰 문제를 안고 있다. 우선 그들은 신학과 과학을 혼동하고 있는 것이다. 두 영역들은 서로 다른 고유한 기능을 가지고 있다. 간단히 말해서 과학의 기능이 '어떻게'(how)라는 질문에 답하는데 있다면, 신학의 영역은 '왜'(why)라는 질문에(질문과) 관계되는 것이다. 또한 오늘날 물질적 환원주의의 약점은 명확하게 밝혀지고 있다. 양자역학, 카오스 이론 등 현대과학 자체가 이 환원주의를 부정하고 있다. 신에 대한 과학이라고도 할 수 있는 신학과 대립되는 것은 사실상 과학적 방법론이 아니고 물질적 환원주의이다.

2) 성서적 문자주의

성서적 문자주의는 과학적 유물주의와 정 반대편에 있는 극단적인 태도이다. 피터스는 이 태도를 다시 교권적 권위주의(ecclesiastical authoritarianism)와 과학적 창조주의(scientific creationism)로 구분한다. 교권적 권위주의는 교회의 권위가 자연과학에 우선한다고 믿는 입장이다. 이것은 제2차 바티칸공의회(1962) 이전 로마 가톨릭 교회의 공식적 입장이었다. 제1차 바티칸공의회는 과학 및 근대화의 도전에 정면으로 대항하고 교회전통을 절대화하기 위하여 교황무오설을 교리화했다.(이 점은 개신교 근본주의의 성서무오설과 유비적이다.) 그러나 그 후 가톨릭의 입장은 수정되어 자연과학에 교권적 권위로부터 독립된 학문적 자율성을 인정하게 되었다. 나아가 교황 요한 바오로 2세는 신앙과 이성의 평화를 주창하며 신학과 자연과학 간의 대화를 적극적으로 지원하고 있다.

과학적 창조주의는 창조과학(creation science)이라고도 일컬어지며, 그 근원은 성서무오설을 신봉하는 성서문자주의와 근본주의이다. 창조과학자들은 성서적 진리와 과학적 진리는 동일한 영역에 속한다고 전제한다. 과학적 주장과 신앙적 주장이 대립할 때는 과학이론에 문제가 있다고 본다. 또한 "창세기에 우주의 물리적 창조에 관한 이론이 담겨져 있다."고 주장한다. 즉 원창조의 시기에 신이 특별한 종류의 유기체들을 만들어 놓은 것이지, 진화된 것이 아니라는 뜻이 된다. 지형학적이고 생물학적인 데이터, 곧 과학적 데이터는 결국 성서적 진리를 증거하는 것이라고 그들은 말한다. 그러나 하버드대학의 고생물학자 굴드 Stephen Jay Gould는 이러한 주장들은 무의미하고 자기모순적인 것이라고 일축해 버린다.(Gould, 1983, 254) 이와 같이 일반적인 과학자들은 창조과학자들을 반 과학적이라고 인식하고 있는데 반하여, 그들 스스로는 과학적이라고 자처한다.

바버는 창조과학이 종교적 자유와 과학적 자유를 동시에 침해하는 위험성을 가지고 있다고 경고한다. 급속한 문화적 변화와 도덕성의 혼돈을 경험하고 있는 불안한 현대인들에게 성서적 문자주의가 주는 확실성은 매혹적이다. 그러나 오늘날의 다원종교적 상황에서 요청되는 종교적 관용을 거부하고 어떤 특정한 종교적 시각을 강요하는 절대적 입장은 종교적 자유의 이름으로 반대하여야 한다고 그는 주장한다. 또한 창조과학은 과학적 자유의 이름으로도 수용할 수 없다. 왜냐하면 과학공동체도 그 주위의 사회적 상황과 완전히 분리된 채 존재할 수 없기 때문이다. 우리는 특정집단이 그들의 이념을 정당화하기 위하여 국가권력을 가지고 과학을 재구성하려 했던 사례들을 이미 보아 왔다. 히틀러의 나치 독일, 스탈린의 러시아, 호메이니의 이란, 그리고 창조주의자들의 미국이 그 대표적인 실례들 아닌가?

바버는 과학적 유물주의가 보여주는 환원주의와 성서적 문자주의가 보여주는 근본주의의 근원은 파편화되고 전문화된 고등교육에 있다고 지적한다. 이것은 우리에게도 그대로 해당되는 좋은 지적이라고 보인다. 사실 한국교회에 만연하고 있는 근본주의와 창조과학은 이해할 만한 것이다. 전쟁, 절대빈곤, 경제발전의 기적, 국제금융위기(IMF) 또는 유교와 프리모더니즘, 그리스도교와 모더니즘, 현대와 포스트모더니즘 등, 한국인들은 최근 반세기 동안 경제·문화적으로 그야말로 엄청난 변화를 경험하여 왔다. 이렇게 미처 자기를 돌아 볼 여유조차 없이 마냥 달려오기만 한 불안한 한국인들에게 아무 토씨도 달지 않고 매달릴 수 있는 절대적인 힘을 확실하게 설교하는 근본주의는 아주 매혹적인 것이다. 더욱이 불행하게도 한국의 교육제도는 이러한 상황에서 필요한 역할을 제대로 수행하지 못해 왔다. 급격한 변화에 대응할 수 있도록 창의적 사고력을 길러주는 종합적 교양과 전인간적 인성교육을 제공하기보다는, 급속한 변화의 산업사회가 필요로 하는 기능적 수요를 충당하기 위하여 암기위주의 전문인 양성에 치중해 왔던 것이다. 그리하여 한국인들은 인간과 세계에 대하여 자유롭게 주체적으로 사고할 수 있는 여유와 능력을 상실해 가고 있는 것이다.

이처럼 주체적 능력을 상실해 가고 있는 한국인들을 위로하고 치유할 수 있는 것은 결코 근본주의적 이념이 아니라, 살아계신 하나님의 은총이다. 한국교회는 현실의 급격한 변화에 부딪쳐 힘들게 살아가는 한국인들을 더 이상 시대착오적인 교리를 가지고 편집광적으로 몰아붙여서 주체적 사고능력을 잃게 해서는 안 된다. 한국교회는 삼위일체 하나님의 성령이 주시는 더 할 수 없는 긍휼과 한없는 사랑으로 그들을 품고 그들이 자신감을 회복할 수 있도록 치유해야 할 것이다. 이러한 한국인들에게 필요한 것은 하나님의 은총과 현실적 상황의 상관관계를 자유롭고 창의적으로 성찰할 수 있는 여유이며, 행동 능력과 지침을 제공할 수 있는 건전한 신학이다.

2. 독립(Independence)

이 유형은 신학과 과학이 서로 완전히 독립적이고 자율적인 영역이라고 보는 입장이다. 각자는 서로 간섭할 수 없는 독자적인 영역을 가지고 있으며 그 타당성 여부는 각자가 가진 고유한 방법에 의하여 결정된다. 상호 불가침조약을 맺은 것처럼 서로 불필요한 충돌을 피하고, 신학과 과학이 각자의 성격과 개성을 최대로 존중하려는 태도이다. 신학과 과학은 서로 대조적인 연구방법을 가지고 있고, 삶의 방식에서도 서로 다른 기능을 가진 언어들이라고 주장한다. 신정통주의, 실존주의, 언어분석철학이 대표적으로 이 입장을 지지한다.

신정통주의(Neo-Orthodoxy)는 신학과 과학은 인간의 삶에서 본질적으로 서로 다른 영역에 속해 있다고 인식한다. 신학은 하나님과 관련된 학문 분야이며, 하나님은 오직 그리스도 안에서 완성된 계시와 믿음에 의해서만 알 수 있다.(Karl Barth) 전적으로 다른 세계에 있는 초월적인 하나님은 그 분의 자기 계시에 의하지 않고는 인식이 불가능하다. 신앙은 오로지 하나님께 의존해야 하는 것이지, 과학을 통하여서 인간이 발견할 수 있는 것은 아니다. 하나님이 사역하시는 영역은 과학이 아닌 역사이다. 과학은 인간의 이성에 의한 관측과 실험에 의존하지만, 신학은 오직 하나님의 계시에 근거한다. 이와 같이 연구대상과 방법이 전혀 이질적이므로, 과학자들은 신학의 간섭을 받지 않고 독립적으로 그들의 임무를 수행할 수 있다.

말씀의 신학을 주창하는 신정통주의 또한 성서를 매우 중요하게 여기지만, 충돌 유형의 성서문자주의와 창조과학처럼 성경구절들을 문자적으로 받아들이지는 않는다. 성서가 계시적 사건들을 기록하고 있지만, 그 기록들은 실수를 범할 수 있는 인간들에 의해 작성된 것이다. 그러므로 성서구절들은 그것을 기록한 기자들의 인간적 한계와 문화적 배경을 고려하여 해석하여야 한다. 예컨대, 창세기는 인간과 이 세상이 하나님과 어떠한 관계를 가지고 있는가에 대하여, 다시 말해서 인간의 피조성과 창조세계의 선함을 상징적으로 선언하고 있는 것이다. 이러한 신학적 내용을 그 당시의 우주관을 통하여 설명하고 있으나, 이 창조에 대한 신앙고백은 그 고대적 우주관과 구분되어 이해되어야 한다.

실존주의(existentialism)는 신학과 과학을 인격적 주체와 비인격적 객체간의 독립적인 두 영역으로 간주한다. 신학은 신앙인이 주체적으로 참여함으로 인식되며, 과학은 연구대상과 객관적으로 분리된 관찰로부터 시작된다. 인간실존에 관한 문제는 의사결정을 내릴 수 있는 자유로운 존재인 인간의 주체적 참여에 의해서만 인식이 가능하다. 삶의 의미는 결코 합리성과 관찰에 따른 자연과학의 추상적이고 보편적인 법칙에 의해 발견될 수 없고, 오직 결단과 실천에 의해서만 파악된다.

과학자는 연구대상과 분석적이고 간접적인 '나와 그것의 관계'(I-It)를 맺는 반면, 신앙인은 하나님과 '나와 너의 관계'(I-Thou) 안에서 인격적이고 직접적으로 만나게 된다. 성서는 하나님의 행위를 객관적인 언어로 서술하기도 한다. 그러나 그것은 비인격적 자연질서에 관한 과학적 이론과는 무관하며, 그 목적은 인간실존의 의미를 새롭게 이해하고 결단하여 삶의 변화를 실천하는데 있다.(Rudolf Bultmann)

그런가 하면 언어분석(linguistic analysis)철학은 상이한 언어들이 서로 다른 기능을 위해 사용되며, 어느 한 쪽으로 환원될 수 없다고 주장한다. 이 주장은 과학이 모든 담론의 규범이 되어야 하고, 실험적 검증이 이루어지지 않는 명제는 무의미한 것으로 무시해 버리는 실증주의와 과학주의에 대한 전면적 반론이다. 과학과 종교는 전혀 상이한 임무를 가지고 있으며 한 쪽의 기준으로 다른 쪽을 비판할 수 없다. 과학적 언어는 우선적으로 예측과 통제의 기능을 수행하기 위하여 사용된다. 과학이론은 데이터를 요약하고 관측현상의 상관적 규칙성을 측정하며 기술적 적용을 생산한다. 그러므로 과학적 언어의 기능은 자연현상에 관한 문제들로 제한되어야 한다. 종합적 세계관, 삶의 철학, 윤리적 규범에 대한 사항들은 종교적 언어의 기능에 속한다. 종교는 우선적으로 실천적이고 규범적인 삶의 방법에 대한 교훈이며, 예배와 설교와 신앙생활을 통하여 인격의 변화를 도모케 한다.

지금까지 살펴본 신정통주의, 실존주의, 그리고 언어분석철학은 신학과 과학이 서로 독립적이고 자율적인 사상이라고 이해한다. 물론 신학과 과학은 서로 이질적인 방법, 질문, 태도, 기능, 경험을 가지고 있다. 그러나 이 입장들은 또한 심각한 문제점들을 수반하고 있다. 신정통주의는 신의 초월성과 그리스도의 은총적 구원을 강조하는 반면에 신과 세상을 지나치게 이원화하고, 그리스도론과 구원론에만 편중되어 창조론과 성령론이 취약하다는 결함을 가지고 있다. 과학은 비인격적이고 객관적이며 신학은 인격적이고 주관적이라는 실존주의의 대비는 과장된 것이다. 과학에서도 과학자의 개인적 판단이 필요하며, 이성에 의한 합리성은 신학의 구성요소이다. 마찬가지로 언어적 분리는 종교와 과학의 구분을 명확하게 구분하는 데에는 도움이 되지만, 종교도 실천행위뿐만 아니라 명제적 성격을 가진 교리를 필요로 한다는 점을 간과하고 있다.

앞에서 열거한 세 입장들 - 신정통주의, 실존주의, 그리고 언어분석철학 - 보다는 개방적이지만, 피터스의 유형론 중 "두 언어 이론"(two language theory)도 아직 이 독립 유형에 해당된다고 볼 수 있다. (Peters, 17-18)[1] "종교가 없는 과학은 절름발이고, 과학이 없는 종교는 장님이다."라는 유명한 말을 한 아인슈타인Albert Einstein도 과학은 사실(fact)에 대한 언어이고 종교는 가치(value)에 대한 언어라 하여 종교와 과학을 분리한다. 고생물학자 굴드에 따르면, "과학은 우주가 실험적으로 어떻게 만들어졌으며,(fact) 왜 그런 방법으로 움직이는가(theory)를 살핀다. 반면에 종교는 윤리적 합리성과 가치를 파헤친다." 말하자면, "우리[과학자]는 어떻게 하늘이 움직이는가를 연구한다면, 그들[신학자]은 어떻게 하늘에 가는가를 결정한다."(Gould, 1997, 18) 미국의 신

---

[1] 피터스는 신학과 자연과학 간의 관계의 유형을 다음 8가지로 구분한다. (1) 과학주의(scientism) (2) 과학적 제국주의(scientific imperialism) (3) 교권적 권위주의(ecclesiastical authoritarianism) (4) 과학적 창조주의(scientific creationism) (5) 두 언어이론(the two-language theory) (6) 가설적 공명(hypothetical consonance) (7) 윤리적 중복(ethical overlap) (8) 뉴에이지 영성(new age spirituality). 이후 Peters의 유형론에 관한 논의에 대해서는 Peters, 18-20을 참고하라.

학자 길키Langdon Gilkey는 과학은 이차적 근원에 관한 객관적이고 공적인 인식을 취급하는 반면, 신학은 궁극적 근원에 관한 실존적이고 개인적인 앎을 다룬다고 주장한다. 간단하게 말해서, 과학은 '어떻게'(how)라는 질문을 하고 신학은 '왜'(why)라는 질문을 한다.(Gilkey, 49-52, 108-113)

이 독립 유형은 신학과 과학 간의 충돌을 피할 수 있는 장점이 있는 반면, 건설적인 대화와 상호보완의 가능성을 배제해 버리는 단점을 가지고 있다. 과학시대를 사는 우리에게 이 입장은 충분한 해답을 주지 못한다. 우리는 일상생활에서 신앙과 과학기술이 서로 칸막이로 분리된 것이 아니고, 이미 서로 접속되고 연합된 총체적이고 통전적인 삶을 살고 있기 때문이다.

3. 대화(Dialogue)

이 유형은 신학과 과학간의 독립 모형과 통합 모형 중간을 차지하므로 다소 모호한 점이 있다. 그러나 대부분의 현대 신학자들이 다양한 형태로 이 유형을 지지한다. 판넨베르크Wolfhart Pannenberg는 신학도 교리를 검토하기 위해서는 과학적 기준을 적용해야 한다고 주장한다. 그러나 이 방법론적 유사성은 한계를 가지고 있다. 과학은 자연의 이미 주어진 조건과 원인에만 국한하여 연구할 수 있다. 그러나 신학은 종말과 같이 예측 불가능한 역사적 사건에 지대한 관심을 쏟으며 미래를 향한 개방적 태도를 지니고 있다. 신학은 실재를 과거와 현재 뿐 만이 아니고 미래를 포함하여 총체적으로 파악한다.

가톨릭 신학자 맥뮬린Eman McMullin은 신학과 과학을 계층적으로 구분한다. 신학은 일차적 원인인 신에 관한 학문이고 과학은 이차적 원인에 관한 학문이다. 신학과 과학 사이에 논리적 연결성이 없지만 전혀 독립적인 것은 아니고 서로 '공명'(consonance)하는 점이 있다고 주장한다. 피터스는 이 용어를 채택하여 그의 유형론에서 이러한 입장을 '가설적 공명'(hypothetical consonance)이라고 명명한다. 공명은 궁극적으로 일치(accord)와 조화(harmony)를 의미한다. 피터스는 이 일치와 조화가, 아직 발견되지는 못했지만, 신학과 과학이 추구하는 목적이라고 주장한다. 빅뱅 우주론과 관련해서 발전된 물리학, 특히 열역학과 양자이론은 이미 초월적 실재에 대한 질문을 하고 있다. 신에 대한 질문이 과학적 합리성의 내부로부터 진술하게 제기되고 있는 것이다. 신학자들과 과학자들은 이제 동일한 질문을 공유하게 된 것이다.

더욱이 과학은 가치 중립적이며 객관적이고, 종교는 주관적이라는 철학적 구분 자체가 1950년대부터 이미 붕괴되고 있다. 과학은 논리실증주의자들이 주장하는 만큼 객관적이지 않고, 종교는 실존주의자들이 주장하는 만큼 주관적이지도 않다. 과학적 데이터는 이론 의존적(theory-laden)이지만, 결코 이론 중립적(theory-free)인 것이 아니다. 쿤Thomas Kuhn은 그의 유명한 저서 『과학혁명의 구조』에서 과학이론과 데이터도 과학공동체에서 주도되는 패러다임paradigm에 의하여 좌우된다고 주장한다. 그는 패러다임을 "한 과학전통 안에 구현된 개념적, 형이상학적, 방법론적 전제들의 덩어리(cluster)"라고 정의한다.(Kuhn) 패러다임의 전환(paradigm shift)에 의하여 과학은 발전하며, 패러다임의 선택은 어떤 정해진 객관적 법칙에 의한 것이 아니고, 과학공동체 구성원의 결단에 의하여 이루어진다. 신학에 이 패러다임의 개념을 적용할 수 있다. 신앙전통도 동일한 패러다임을 공유하는 공동체로 간주할 수 있다. 그러나 신앙경험과 역사적 사건을 해석하는데 있어서 신학은 과학보다도 더욱 패러다임-의존적이다.

4. 통합(Integration)

　이 마지막 유형에 속한 학자들은 신학의 내용과 과학의 내용을 서로 통합할 수 있다고 믿는다. 대화 유형의 경우는 주로 방법론적인 유사성에 초점을 맞추고 있는데 반하여, 이 유형은 신학교리와 과학이론 사이에 서로 직접적인 대화와 수용이 가능하다고 본다. 바버는 이 유형을 '자연신학'(natural theology)과 '자연의 신학'(theology of nature)으로 구분하는데 이 구분은 매우 중요하다.

1) 자연신학 Natural Theology

　이 입장은 아퀴나스Thomas Aquinas의 신학 전통을 계승한 가톨릭의 자연신학을 현대적으로 재조명한 것이다. 아퀴나스는 신의 존재를 증명하기 위하여 우주론적 논쟁과 목적론적 논쟁을 전개한다. 전자는 세상만물은 '우연적 존재'들이고 그들이 존재하기 위해서는 '필연적 존재'로서 제일원인이 필요하다는 것이다. 후자는 질서와 예지성(intelligibility)이 일반적으로 자연에 내재하고, 개별적 자연현상에서도 일정한 법칙이 존재하므로 모든 것이 절대적인 존재에 의해 어떤 목적을 가지고 설계(design)된 것이라는 주장이다. 뉴턴과 보일 같은 근대과학자들이 이 입장을 계승하여 신에 의한 호의적 설계가 자연 속에 숨겨져 있다고 믿었다. 다윈 자신도 진화론 자체가 이 가혜적 설계의 한 작품이라고 믿었다. 가톨릭 교회는 이 자연신학을 계시신학의 진리에 도달하기 위한 한 준비단계로서 중요하게 받아들였다.

　이러한 예지적 설계에 대한 논쟁의 한 대표적인 현대적 우주관이 바로 인류원리(anthropic principle)이다. 현대 천체물리학은 우주 초기에 물리학적 상수나 조건이 조금만 차이가 났더라도 이 우주에서 생명의 존재는 불가능했고, 우주는 생명이 존재 가능하도록 미세조정(fine-tuned)된 것처럼 보인다고 관측한다. 그래서 무신론자 호킹Stephen Hawking 은 다음과 같이 말했다. "만약에 빅뱅이 일어난 일초 후에 팽창 속도가 10의 16승 분의 1보다 작았더라면, 이 우주는 지금 현재의 크기에 도달하기 전에 이미 재붕괴 되었을 것이다."(Hawking, 291) 그 이외에도 진화의 방향성, 러브록의 가이아 가설 등을 내세워 우주 안에 설계가 내재되어 있다는 증거로 자연신학자들은 주장하지만, 이에 대한 과학자들의 호응은 매우 적다.[2]

자연신학은 오늘날과 같이 문화적이고 종교적으로 다원화 된 세계에서 용이하게 합일성을 도출할 수 있게 하는 매력적인 방안으로 보인다. 더욱이 설계자(Designer)에 대한 사상은 종교의 한계를 뛰어 넘는 설득력을 가지고 있다. 그러나 자연신학은 성서의 하나님과의 개인적 관계를 결단하는 신앙과는 직접적으로 무관하다는 문제점을 가지고 있다. 자연신학에 의해 신의 존재는 입증될지 모르지만, 그것은 한 가설에 대한 관념적 증명이 될 수 있을 뿐, 교회 안에서의 실제 신앙생활과는 거리가 있는 것이다.

2) 자연의 신학 Theology of Nature

자연신학과 달리 자연의 신학은 과학으로부터 시작하지 않고, 신앙경험과 역사적 계시를 근거로 하는 '신앙'으로부터 출발한다. 여기에서 과학과 신학은 상대적으로 독립적인 관계를 유지하지만, 평행선을 긋는 것이 아니고, 서로 관심이 겹쳐 수렴하는 부분이 있다. 예컨대 창조론, 섭리론, 인간론이 현대과학의 발견에 의하여 영향을 받게 된다.

---

[2] Gaia는 그리스신화에 나오는 땅의 여신이다. 가이아 이론은 지구 전체가 한 통일된 유기체로 작용하는 살아있는 조직체라고 주장한다.

자연에 관한 새로운 이해는 하나님과 자연에 관한 우리의 신학을 재구성하게 만든다. 오늘날 이해되고 있는 자연은 오랜 시간에 걸쳐 우연과 법칙이 어우러져 성취한 역동적 진화의 과정이다. 자연적 질서는 생태학적이고 상호의존적이고 다층적이다. 이러한 인식은 신과 인간과 생물 간의 관계에 대하여 재조망하게 하며, 자연에 대한 우리의 태도에 큰 영향을 준다.

생물학자이며 신학자인 피콕 Arthur Peacock은 하나님은 과학이 밝혀내는 자연세계의 과정 안에서 그리고 그것을 통하여 창조한다고 주장한다. 하나님은 법칙과 우연의 종합적 과정을 통하여 세상을 총체적으로 창조하시지, 그 과정 사이의 틈(gap)에 끼어들어 중재하는 부분적인 존재가 아니다. 예술가들이 창작할 때와 같이 그의 창조의 과정에는 계획성과 개방성이 항상 공전하고 있다.(Peacock) 바버는 샤르댕 Teilhard de Chardin의 신학을 이 입장에 포함시킨다. 샤르댕 신학은 그리스도교 전통에서 유래한 신학적 사상과 과학적 사상이 합성을 이루어 만들어진 것이다. 샤르댕은 계속적 창조론과 미완성의 세계 안에 내재한 신론을 주장했다. 만물의 최종 수렴점인 오메가 포인트에 대한 그의 통찰은 진화론과 그리스도교 종말론이 어우러져 창의적 해석을 성취한 통합유형의 한 실례이다.(de Chardin)

위기에 처한 오늘날의 지구촌에서 자연의 신학은 강력한 윤리적 특성을 가진 환경신학과 생태신학을 촉구하고 있다. 환경론자들은 오늘날의 생태학적 위기의 사상적 근원이 그리스도교에 있다고 맹렬하게 비판한다. 전통적 그리스도교가 신의 초월성을 지나치게 강조하려고 내재성을 축소해 버리고 인간을 다른 생물들보다 우월한 존재로 과도하게 구별했다는 것이다. 창세기 1장 28절에 나오는 자연에 대한 정복 사상은 인간의 목적을 위해서는 다른 생물과 자연을 함부로 파괴할 수 있다는 면죄부로 남용되어 온 것도 사실이다. 그래서 자연의 신학자들은 강력한 환경주의자들의 입장에서 성서를 재해석한다.

지금까지 우리는 과학과 신학 간의 관계에 대하여 가장 고전적인 바버의 유형론을 살펴보았다. 그러나 모든 유형론이 그러하듯이 바버의 유형론도 완벽한 것은 아니다. 첫째 충돌유형과 둘째 독립유형은 비교적 명확하나 셋째 대화유형과 마지막 통합유형은 다소 구분이 모호하다. 그럼에도 불구하고, 앞으로 현대 자연과학이 제시하는 구체적인 주제들을 읽어 가는 데 있어서 이 유형론은 우리에게 신학적 입장을 결정하도록 돕는 지도와 같은 역할을 해 줄 수 있을 것이다.

아직까지 한국 그리스도인들은 이러한 과학적 주제들에 대해 심각하게 취급해 볼 기회가 거의 없었던 것 같이 느껴진다. 그러나 이제부터라도 독자들은 각 주제를 읽을 때마다 이 새로운 과학적 사실에 대하여 기본적으로 어떤 입장을 취할 것인가에 대해 같이 생각하고 명상해 보기를 바란다. 그것은 한국교회 안에 결핍되어 있는 신학적 사고력의 함양을 위한 좋은 훈련이 될 수 있을 것이다.

참고문헌

Barbour, Ian G. 이철우 역(2002). 『과학이 종교를 만날 때』(*When science meets religion*, 1979). 서울: 김영사.
Haught, John F. 구자현 역(2003). 『과학과 종교 상생의 길을 가다』(*Science and Religion: From Conflict to Conversation*, 1995). 서울: 코기토.
Hawking, Stephen W. 현정준 역(1990). 『시간의 역사』(*A Brief History of Time*, 1988). 서울: 삼성출판사.
Kuhn, Thomas S. 김명자 역(1999). 『과학혁명의 구조』(*The Structure of Scientific Revolutions*, 1962). 서울: 까치글방.
Monod, J. 김진욱 역(1985). 『우연과 필연』(*Chance and Necessity*, 1971). 서울: 범우사.
Peters, Ted. ed. 김흡영외 역(2002). 『과학과 종교: 새로운 공명』(*Science and Theology: The New Consonance*, 1998). 서울: 동연.
Sagan, Carl. 서원운 역(1996). 『코스모스』(*Cosmos*, 1980). 서울: 학원사.
Teilhard de Chardin, Pierre. 양명수 역(1997). 『인간현상』(*The Phenomenon of Man*, 1959). 서울: 한길사.
Wilson, Edward O. 이병훈·박시룡 역(1992). 『사회생물학 I, II』(*Sociobiology: The New Synthesis*, 1975). 서울: 민음사.
Barbour, Ian G.(1997). *Religion and Science: Historical and Contemporary Issues*. San Francisco: Harper.
Gilkey, Langdon(1985). *Creationism on Trial*. San Francisco: Harper.
Gould, Stephen Jay(1983). *Hens' Teeth and Horses' Toes: Reflection on*

Natural History. New York: Norton.

―――. "Nonoverlapping Magisteria." *Natural History.* March 1997.

Peacock, Arthur(1993). *Theology for a Scientific Age.* Minneapolis: Fortress Press.

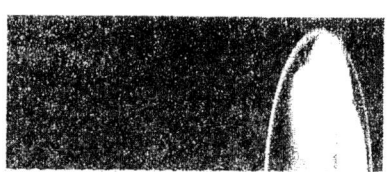

제1부
사이버스페이스: 꿈이냐? 생시냐?

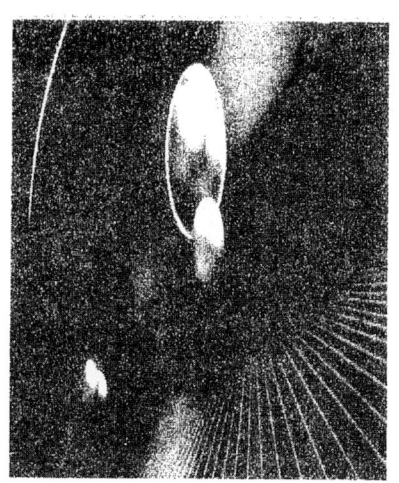

제1장
사이버스페이스

1. 사이버스페이스의 출현

사이버스페이스 Cyberspace는 아직 계속 발전 중에 있는 개념이기 때문에 정의 내리기가 쉽지 않다. 대략 이것은 물리적인 현실세계와는 대조적으로, 컴퓨터 등의 디지털 정보와 가상현실(virtual reality)에 의해 생성되는 공간을 의미한다. 보통 인터넷에 접근할 때 존재하는 상징적 공간을 그 한 예라고 볼 수 있다. 이 용어는 윌리엄 깁슨이 공상과학소설 『뉴로만서』에서 처음 사용해서 유명해졌다.(Gibson)

새 천년에 접어들면서부터 인터넷, 디지털, 사이버라는 말들이 사방에서 봇물이 터지듯이 쏟아져 나오더니, 이 말들은 더 이상 낯설지 않는 우리의 일상용어들이 되어버렸다. 우리 사회는 그야말로 인터넷 열풍에 휩싸여 있다. 한국은 이미 2003년에 인터넷 이용률 65.5%로서 세계 3위를 기록하였으며,(정보통신부) 2004년 2월에는 인터넷 이용자 수 3천만을 돌파하여 세계 순위 6위를 넘어섰다. 그 중에서도 초고속 인터넷 보급률은 한국이 단연 세계 1위이다.

특별히 눈에 띄는 것은 컴퓨터 없이는 하루도 살 수 없는 N

(Net)-세대로 불리는 한국 청소년들의 등장이다. 그들 사이에는 전통적인 '라이브 아날로그'식에서부터 '사이버 디지털'식으로의 패러다임 전환이 유행병처럼 번지고 있다. 보통 '사이버 문화'(Cyber culture)와 '라이브 문화'(Live culture)는 다음과 같이 대조된다.

사이버문화	디지털	비트	상호작용적	탈중심적	유목민적	N-세대
라이브문화	아날로그	아톰	선형적	중심적	농경민적	기성세대

초등학교 어린이들도 하루 평균 4-5시간 동안은 컴퓨터에 매달려 저녁식사도 건너뛰고 인터넷 게임에 푹 빠져있다고 한다. 그야말로 컴퓨터매니아 또는 인포매니아인 "디지털 키드의 새로운 문명"이 한국에 출현한 것이다.(이지현) 한국 컴퓨터 게임산업은 세계 최고 수준이라고 알려져 있다.(한국식 머드게임의 대표작 리니지의 국내 회원수는 2001년에 이미 천만 명을 돌파하였다고 한다.) 그리고 세계 청소년들에게 선풍적인 인기를 끌고 있는 게임, 〈스타크래프트〉Starcraft는 세계 챔피언은 물론 세계 100위 랭킹 중에 상위 50위를 한국 게이머들이 대부분 석권하고 있다고 한다.(SBS에서 2002. 02. 23에 방영된 〈그것이 알고 싶다〉의 〈온라인 게임의 세계〉를 보라.)

왜 한국 청소년들이 이렇게 사이버스페이스에 몰입되고 있는가? 한국인들이 선천적으로 사이버문화에 대한 탁월한 적응력을 가지고 있기 때문일까? 교통 혼잡 등 지리적 공간 이용의 불편이 이동전화의 사용을 폭발적으로 증가시켰듯이, 사이버스페이스 또한 그러한 편리를 제공하기 때문일까? 물론 이것들도 중요한 요인들이 될 수 있다. 그러나 무엇보다도 한국의 청소년들이 사이버스페이스에 몰입되는 가장 중요한 이유는 그들의 개성과 세계를 억압하는 대학 입시지옥이라는 제도에 있을 것이다. 가상현실(virtual reality)은 현실감과 '일인칭'적인 느낌을 가질 수 있게 한다. 그렇다면 입시지옥 아래에서 감수성이 예민한 시기에 자기상실을 경험하고 있는 한국의 청소년들에게는 사이버스페이스가 바로 자기안식을 주는 피난처요, 복음인 것이다. 왜냐하면 사이버스페이스가 그들 자신의 일인칭적 스페이스를 실현할 수 있는 가상적 또는 대리적 공간을 제공하고 있기 때문이다.

종교계도 이러한 인터넷의 열풍과 사이버문화에 대하여 민감하게 반응하고 있다. 개신교의 발 빠른 목회자들은 디지털문화의 출현을 심지어 복음으로 받아들이고 있다. 그들은 루터 이후 '인쇄된 종이책'이 그리스도교의 보이지 않는 '견인차'였던 것처럼 이제 종이 대신 디지털이 정보화 사회의 그리스도교의 견인차 역할을 할 것이라 주장하며 야단들이다.(김진년) 그리고 사이버스페이스를 '새로운 선교지, 새로운 종족'에 대한 선교의 탁월한 도구라고 간주하고 이를 활용하여, 여러 효과적인 새로운 선교의 패러다임을 개발하고 있다. 이제 대다수의 교회가 홈페이지를 가지고 있으며, 인터넷에 들어가면 유명한 목사들의 설교를 동영상으로 시청할 수 있다. 사이버스페이스는 신앙상담(pastoral care)에 이미 효과적인 자리를 제공하고 있다. 가상현실과 사이버스페이스를 사용하여 예배를 하는 본격적인 사이버교회가 곧 출현할 것이고, 설교는 물론 성만찬과 같은 성례전도 행할 수 있게 될 것이다.

그러나 만약 교회가 사이버스페이스가 주는 근본적인 신학적 의의를 파악하지 못한 채, 이를 영토, 영공, 영해에 이어 '제4의 영역'으로 간주하고 전도와 선교를 활성화하는 대상으로만 사용한다면 그것은 문제이다. 따라서 그 본질과 도덕성에 대해 철저한 평가가 선행되어야 한다. 종교만이 이 일을 할 수 있을 것이고, 특히 이것은 현대 그리스도교가 수행해야 할 필수적인 임무인 것이다. 그러므로 나는 정당한 평가가 이루어지지 않은 채 우리 삶의 하부구조가 되어 가는 사이버스페이스의 본질적인 문제, 즉 그것이 지닌 신학적이고 영성적인 의미에 대해 이 장에서 고찰해 보고자 한다.

2. 사이버스페이스: 이 시대의 성배?

"사이버스페이스의 철학자"라고 불리는 마이클 하임 Michael Heim 의 설명을 먼저 살펴보자. 하임은 기술과 인간의 관계가 발전해온 모형을 결합, 인터페이스, 그리고 사이버스페이스의 세 단계로 규정한다. (Heim)

1) 결합

우리는 컴퓨터를 인간과 대립적인 인공지능기계로 볼 수 없는 시대에 살게 되었다. 컴퓨터는 이미 우리의 인식을 이끄는 하나의 '구성요소'가 되어 버렸다. 컴퓨터는 우리의 일상적 삶의 일부가 되었으며, 인간과 컴퓨터가 어느덧 공생하는 관계에 이르게 된 것이다. 기술은 결국 인간 실존의 가장 깊숙한 곳에 들어와 인간의 본질을 지배하게 된 것이다. 컴퓨터가 이미 자연과학의 인식 태도를 변형해 버린 것처럼, 워드프로세서는 인쇄기보다 훨씬 더 강하게 언어와 인간의 관계를, 나아가서 인간성 자체를 변화시키고 있다.

2) 인터페이스 Interface

각종의 인공지능화 된 전자제품들이 일상 생활용품이 되었고, 우리는 그 편리함을 즐기며 살아가고 있다. 우리의 일상적 삶 속에서 입력하는 인간과 다시 정보를 제공하는 기계 사이에 피드백의 고리가 연결된 것이다. 사용자인 인간과 시스템이 컴퓨터의 상호작용을 통하여 호혜적으로 접속(interface)된다.

3) 사이버스페이스 Cyber space

인터페이스는 사이버스페이스로 들어가는 '문'이 된다. 인간은 이제 기계와 연결되어 접속하고 있을 뿐만 아니라 자기 몰입적인 사이버스페이스 속으로 진입할 수 있게 되었다. 그리하여 인간은 아무 제약도 받지 않는 사이버스페이스 내에서 끝없는 여행을 할 수 있게 되었다. 이 사이버스페이스에서 우리는 현실적인 물리적 우주뿐만 아니라 가능 세계와 상상의 세계까지도 전자적으로 표상할 수 있게 된다.

하임은 "사이버스페이스가 플라톤주의의 산물이다."라고 주장한다. 이는 사이버스페이스 속의 정보(inFORMation, 형상화하기)가 플라톤이 말한 "형상"(FORM)들의 아름다움을 계승하고 있다는 것이다. 사이버스페이스는 서구철학이 갈망해왔던 형이상학의 이상향이라는 것이다.

그리고 사이버스페이스가 에로스적인 측면을 가지고 있다는 것도 중요한 지적이다. 사이버스페이스가 분출하는 흡인력은 마치 캄캄한 밤에 5천 피트 상공에서 로스앤젤레스 시가지를 내려다 볼 때 느끼는 강렬한 욕망과 같다고 한다. 사람들은 겁을 먹으면서도 '불나방'처럼 불꽃에 뛰어 들어가고 싶은 열정에 사로잡힌다. 이처럼 입시지옥에 갇혀 있는 우리 청소년들도 사이버스페이스에 매혹되는 것이다.

심지어 하임은 사이버스페이스에서 경험하는 에로스적 황홀감과 자기복종의 절정감을 16세기 가톨릭 신비주의자 십자가의 요한(St. John of the Cross)이 영성의 절정에서 체험한 '생동하는 사랑의 불꽃'과 '어두운 영혼의 밤'에 견주어 말한다. 이 하임의 비교는 과장적인 것이기는 하지만 사이버스페이스가 강력한 영성적 측면을 가지고 있다는 것을 보여준다. 이 플라톤적이고 신비적인 사이버스페이스는 사용자들로 하여금 결국 기계적 영지주의(Gnosticism)에 이르게 한다. 그리고 이 기계적 영지주의는 몸을 고깃덩어리로 보는 극단적인 육체경멸주의를 유발한다.

하임은 사이버스페이스가 이 시대의 "탐구의 성배"라고 주장한다. 맬러리의 소설 『아서 왕과 원탁의 기사』에서처럼 성배는 신의 은총과 구원을 향한 모험과 탐구를 상징한다. 그러나 성배는 구원을 약속하나 항상 치명적으로 위험한 과정들을 수반한다. 성배를 탐구함에 있어서 신의 은총을 받지 못 할 경우에는 오직 죽음과 파멸만이 있을 뿐이다. (해롤드 퍼드의 영화〈인디아나 존스 - 최후의 성전〉를 보라.) 그리고 그 멸망의 원인은 인간의 탐욕에 있다. 성배는 결국 탐구자들의 탐욕을 테스트하는 것이다. 성배는 그리스도교적 상징이다. 그러나 중세의 기사들이 성직자들보다 먼저 성배를 발견했듯이 현대의 기사들인 과학자들이 이번에도 사이버스페이스를 종교인들보다 먼저 발견하였다. 사이버스페이스가 이 시대의 성배라면 이에 수반하는 중요한 질문은 "어떻게 탐구자들의 탐욕을 제어 할 것인가?"하는 것이다. 탐구자들의 탐욕이 제어되지 않을 때 그 탐구의 결과는 멸망일 수밖에 없다.

3. 사이버스페이스: 또 하나의 바벨탑?

콘크리트 정글과 같은 도시와 시멘트화 되고 콘테이너화 되어버린 현대문명 속에서 황폐한 삶을 살아가는, 주체성과 자기안식의 공간을 상실하고 있는 현대인들에게 사이버스페이스는 자기실현의 안락한 공간을 제공하는 '신의 선물'이라고 할 수 있다. 입시지옥이라는 시스템에 갇혀 있는 우리 청소년들과 마찬가지로 기계문명이라는 거대한 시스템의 홍수 속에 빠져 질식해 가는 현대인에게 사이버스페이스는 숨통을 뚫어 주고, 쉼터를 제공하는 하나의 '구원의 방주'로 간주될 수 있는 것이다.

그러나 벌써 미래의 사이버스페이스 호가 뿜어내는 색깔은 장미빛인 것만은 아닌 것 같다. 하임도 사이버스페이스가 가져다 줄 문제점들을 나열한다. 첫째 인간 공동체의 파괴, 둘째 육체적 실존의 상실과 육체에 대한 경멸감, 셋째 도덕감의 상실과 컴퓨터 범죄의 만연, 넷째 순진함의 상실과 야만성의 증폭 그에 따른 개인성의 상실, 다섯째 정보 분별력의 저하와 사이버스페이스의 정보 쓰레기 공간화 등.

더욱이 사이버스페이스에는 이들 보다도 훨씬 큰 신학적 문제가 있다. 인간에게는 육체와 정신을 쉬게 할 공간이 필요하다. 구약성경은 바벨탑 이야기를 전해준다.(창 11:1-9) 신은 인간에게 육체를 쉬게 할 공간을 마련해주기 위하여 집을 지을 수 있는 기술을 주었지만, 인간은 이 기술을 사용하여 흩어지지 않고 다 같이 거할 바벨탑을 높이 쌓고 신에게 대적하고자 했다. 그때까지 모든 인간은 동일한 언어를 공유하고 있었는데, 신이 이 공통의 언어를 혼잡케하여 서로간의 의사소통을 방해함으로써 바벨탑의 건축을 막았다. 지금까지 인간은 정신을 쉬게 할 공간을 만들 기술을 발전시켜 왔다. 이제 다시 한 번 인간은 전자언어로 언어를 통일시키고 의사소통을 재개하며 세계 전체가 연결되는 정신의 집 사이버스페이스를 짓고자 한다. 그렇다면 사이버스페이스는 인간이 신에게 대적하고자 짓고 있는 또 하나의 바벨탑인가?

하임은 라이프니츠의 단자론에서 사이버스페이스의 원리를 발견한다. 소우주로서 단자들은 중앙시스템 운영자라고 칭할 수 있는 중앙의 무한단자의 감독과 조절에 의하여 하나의 조화된 세계를 구축한다. 중앙시스템 운영자를 거치지 않고는 어느 단자도 실재가 될 수 없으며, 그리하여 중앙의 무한단자는 신과 같은 절대적 존재자로 군림하게 된다. 이것이 바로 이른바 컴퓨터 신(Computer God)의 출현이다.

공상과학 영화 〈론머맨〉the Lawnmower Man의 마지막 장면은 이 기계 신의 가공스러운 모습을 영상화하여 보여준다. 안젤로라는 가상현실을 연구하는 과학자가 정신연령이 6살밖에 안 된 잔디깎이 조브를 대상으로 지능을 발달시키는 실험에 성공을 한다.(예컨대, 라틴어를 두 시간만에 마스터한다.) 컴퓨터체계에 완전히 투사된 조브, 이제는 물리적 신체의 한계를 벗어나서 가상세계에 대한 통제력을 획득하게 된다. 그러한 막강한 능력을 갖추게 된 조브는 지금의 자신을 만들어 낸 안젤로를 사이버스페이스 안에 끌고 들어가 십자가에 매달아 놓고, "내가 바로 신이다!"라고 외친다. 이처럼 이 시대의 현대인들도 바벨탑을 만든 조상들처럼, 조브를 만든 안젤로처럼, 인간은 사이버스페이스를 통하여 다시 한번 신에게 대적하고자 하고 있는 것일까?

4. 사이버스페이스와 그리스도교의 역할

그렇다면 사이버스페이스에서 그리스도교가 해야 할 역할은 무엇인가? 기업들처럼 사이버스페이스를 종교적 마케팅(선교와 포교)의 극대화를 위한 최고의 병기로 사용하는 것인가? 효과적인 사이버종교 벤처기업들을 최대한 창출하는 것인가? 물론 그리스도교가 인터넷 세상의 왕따, 곧 '따티즌'TTatizen이 되어서는 안 된다. 그러나 사이버스페이스에서 그리스도교가 행해야 할 더욱 근본적인 역할들이 있다. 이 시대의 화두이자 성배인 사이버스페이스의 보편적 중요성을 고려해 볼 때 이것은 모든 종교들의 공통된 문제라고 할 수 있다. 사이버스페이스는 각 종파들이 서로 영토를 더 많이 차지하려고 다투는 반목과 분쟁의 공간이 아니고, 그 공간에서 비인간화되고 반생명화되어 가는 인류와 생명을 더불어 살리는 평화와 협동의 공간이 되어야 한다. 그리고 종교들 간의 상극의 심연이 아닌 상생의 가교가 되어야 한다. 나는 여기서 사이버스페이스에서 우리가 공동으로 취해야 할 역할 네 가지를 우선 제안하고자 한다.

첫째, 사이버스페이스에서 인간이 또 다시 사이버 바벨탑을 짓지 않도록 막아야 한다. 무엇보다도 조브와 같은 사이버 기계신의 출현을 막아야 한다. 이 시대의 성배인 사이버스페이스가 은총이 아닌 저주로 바뀌는 일을 막는 것이 사이버스페이스를 탐구의 성배로서 '인류의 미래'라는 성전에 봉헌하는 일이다. 그런 의미에서 일부 급진적 신학자들이 제시하는 "사이버 은총론"(cybergrace)을 참작해 볼 필요가 있다. (Cobb) 그러나 사이버스페이스를 보는 우리의 태도는 결코 신기한 장난감을 보는 어린아이의 호기심에 가득 찬 눈처럼 천진난만해서도 안 될 것이다. 성배가 구원과 은총의 도구가 되느냐 또는 파멸과 저주의 도구가 되느냐 하는 것은 결국 인간에게 달려있다. 그 갈림길의 열쇠는 인간의 탐욕과 교만이다. 그러므로 그리스도교는 계속해서 인간에게 탐욕을 제어하고 겸손하도록 가르쳐야 한다.

이런 맥락에서 얼마 전 세상을 떠들썩하게 했던 사이비 종교집단 '천국의 문'(Heaven's Gate)은 매우 의미심장한 암시를 하고 있다. 이 테크노종교집단은 대부분 컴퓨터전문가들로 구성되었고, 컴퓨터네트워크, 곧 사이버스페이스가 그들 종교 활동의 주된 매개체이었다. 그들은 마치 매우 중요한 공상과학 영화 〈매트릭스〉The Matrix의 주인공 네오와도 같이 사이버스페이스 안에서 안식처를 발견하고 그 곳에 들어가려고 하였는지도 모른다. 우리는 다 함께 사이버스페이스가 이와 같이 사이비 공간이 되는 것을 막아야 한다.

둘째, 서로 협력하여 사이버스페이스를 성화시켜 나가야 한다. 벌써부터 한국의 사이버스페이스는 선전물 쓰레기로 가득 차고, 인간의 이글거리는 욕망들에 의해 썩어가고 있다. 한국의 이중적 문화와 이중적 도덕성의 어두운 골목에서 도사리고 있던 흑암의 세력들이 깨끗하게 비어있는 사이버스페이스에 다른 친구들과 함께 들어가 우글거리며 요동하기 시작한 것이다.(마 12:43-45) 그러므로 사이버스페이스에서의 종교의 역할은 각자 서로의 영토확장을 위한 전투에 있는 것이 아니라, 서로 협력하여 공동전선을 구축하고 이 어두움의 세력들을 물리치는 '틈의 엑소시즘'exorcism을 행하는 일이다. 그리고 그것은 벌써 생태계처럼 오염되고 파괴되어 가는 사이버스페이스를 성화하는 일이다.

셋째, 사이버스페이스에 의해 상실될 수 있는 인간의 육체성과 자연의 생명성을 보호해야 한다. 인간이 2차 세계인 사이버스페이스에 몰입되면 그 본래 1차 세계에 대한 근본적인 감각을 상실하게 된다는 것은 사실이다. 그야말로 비의 감각을 상기시키기 위하여 "날씨 극장"을 모든 곳에 세우고, 교육시켜야 할 때가 다가오고 있는 것이다. 이 육체성, 즉 인간의 개체성과 끈끈한 인간미(人情)의 보전이 사이버 시대의 한국종교에게 주는 특별히 중요한 역할일 것이다.

넷째, 사이버스페이스의 전자제국주의를 극복하고 한민족의 주체성을 지켜야 한다. 사이버스페이스의 전자제국주의적 경향에 대한 논쟁은 이미 치열하다. 인터넷상의 모든 검색이 모니터당하고 있고, 사이버스페이스 상의 개인적 프라이버시는 사실상 존재하지 않으며, 인터넷상의 "영어제국주의"에 의하여 다른 민족들의 언어들이 타격을 받고 있다. 한국종교는 한글과 우리의 고유한 문화를 보존하는 문화언어적 담지자(틈)가 되어 사이버 전자제국주의에 의한 민족성의 말살을 막아야 할 것이다.

참고문헌

김진년. "새로운 시대에 필요한 목회 패러다임."「기독교사상」494(2000, 2).
이지현. "인터넷디지털 키드의 새로운 문명."「기독교사상」497(2000, 5).
Gibson, William. 노혜경 역(1996). 『뉴로만서』(*Neuromancer*, 1984). 서울: 열음사.
Heim, Michael. 여명숙 역(1997). 『가상현실의 철학적 의미』(*The Metaphysics of Virtual Reality*, 1993). 서울: 책세상.
Hesel, Sandra and Judith Roth. eds. 노용덕 역(1994). 『가상현실과 사이버스페이스』(*Virtual Reality: Theory, Practice and Promise*, 1991). 서울: 세종대 출판부.
Cobb, Janiffer J.(1998). *Cybergrace: The Search for God in the Digital World*. Crown Pub. Inc.

제2장
가상현실

1. 가상현실과 사이버스페이스

　　사이버스페이스와 함께 사이버 시대가 우리에게 제공하는 또 하나의 충격적인 테크놀로지는 가상현실(Virtual Reality, VR)이다. 공상과학(SF) 소설이나 영화에서 그려져 왔던 가상현실은 이제 상상의 단계를 넘어 현실화 되어가고 있다. 1989년 래니어Jaron Lanier에 의해 고안되었던 가상현실은 점차 군사, 오락, 의료, 교육, 건축설계, 순수과학, 공학 등 다방면에 걸쳐 활용되고 있다. 가상현실은 아직 발전하는 단계에 있기 때문에 정의를 내리기가 쉽지 않지만, 간단히 말해서, "컴퓨터의 기술을 응용하여 실재가 아닌 인공적인 환경을 구축하고 그 속에서 인간이 새로운 체험을 하게 하는 새로운 기술"이다.(Helsel, 199) 또는 "참여자가 수신한 정상적인 감각입력을 컴퓨터가 산출한 정보와 대치시킴으로써, 참여자가 실제로 다른 세계에 있다고 확신하도록 만드는 것"이라고 정의할 수 있다.(Heim, 1997, 234)[1]

---

1) 하임은 다음 다섯 요소들을 가상현실의 특징으로 강조한다. (1) 인공현실(마이

가상현실은 보통 가상환경, 인공현실, 사이버스페이스와 함께 혼동하여 사용한다. 이 용어들은 기술적인 것들이어서 일반인들이 이해하기가 어렵다. 가장 쉽게 이해하는 방법은 이들과 관련된 공상과학 영화를 보는 것이다. 윌리엄 깁슨은 사이버펑크의 효시라고 일컬어지는 그의 소설 『뉴로만서』에서 '사이버스페이스'라는 새로운 개념을 정착시켰다. 이 소설에서 사이버스페이스는 컴퓨터에 의해 전 지구적 네트워크로 구축된 다차원적 가상현실이다. 깁슨은 이 사이버스페이스를 통해 접근하는 가상공간을 매트릭스 matrix라고 명명한다. 이해를 돕기 위해서, 2000년에 한국에서도 상영되어 2백만 이상의 관객을 동원한 공상과학 영화 〈매트릭스〉The Matrix를 먼저 살펴보자.(감독: Andy Warchowski, Larry Warchoski, 제작사: Warner Brothers, 1999)

2. 매트릭스

〈매트릭스〉의 주인공(Keanu Reeves)은 이중적 삶을 살아간다. 낮의 그는 앤더슨 Thomas Anderson이라는 이름을 가진 컴퓨터 계통 회사에 근무하는 한 평범한 소프트웨어 프로그래머이다. 그러나 밤의 그는 네오 Neo("새로움"이라는 뜻)라는 별명을 가지고 지하 시장에서 돈을 버는 최고 수준의 해커이다. 그런데 최근 들어 그는 뭔가 세상이 잘못되어 있다는 생각을 절실하게 느끼기 시작한다. 끊임없이 두 힘 사이에 끼어 몹시 애를 먹는 악몽에 시달린다. 그리고 깨어난 후에도 그는 그 악몽이 꿈인지 생시인지를 확실히 구분하지 못한다.(그 꿈들은 실지로 그에게

론 크루거에 의하면 "컴퓨터로 조작된 반응환경") (2) 상호작용성(예컨대, 마우스의 조작) (3) 몰입(매체에 의해 가상환경 속에 몰입되는 느낌) (4) 망으로 연결된 환경 (5) 원격현전(실재적인 물리적 환경보다도 가상적인 매개된 환경 속에 더 실재감을 느끼는 현상)

일어났던 사실들이었지만 투약에 의해 꿈을 꾼 것처럼 조작된다.)

결국 그는 인공지능(Artificial Intelligence, AI)에게는 인류 역사상 가장 위험한 인간으로 알려진 모르피우스[Morpheus]('꿈의 신'이라는 뜻)라는 인물에게 인도된다. 모르피우스는 그에게 그가 사는 낮의 생활은 진실이 아니고, 인공지능의 큰 힘에 의하여 조작되는 매트릭스라는 가상현실, 곧 꿈속이라고 설명한다. 인공지능에 의해 눈이 가려져 보지 못하지만, 그것은 노예 생활이라고 설명한다. 오히려 자기가 온 그 곳(앤더슨의 입장에서는 사이버스페이스)이 실재이며, 모르피우스는 네오에게 그 곳으로 가서 그에게 운명적으로 이미 주어진 진정한 임무(매트릭스에서 인류를 구원하는 일)를 함께 수행하기를 권고한다. 그리고 모르피우스는 네오에게 어느 세계를 택할 것인지를 그 자리에서 요구한다.

결국 네오는 앤더슨이라는 정체성을 포기하고 새로운 네오의 길을 선택한다. 이전에 실재세계로 알았던 매트릭스를 탈출한 그는 그 곳 안에서 그가 전에 태어나서 머물고 있었던 세상 매트릭스와 인터페이스[interface]할 수 있는 사이버 인간(cyborg)으로 전환된다. 네오와 동지들은 전화를 통하여 매트릭스와 사이버스페이스의 두 세계를 넘나든다. 네오는 가상현실 속에서 각종 교육 프로그램들을 통하여 강력한 전사가 되는 훈련을 받게 되고, 매트릭스를 지키는 막강한 힘을 지닌 인공지능(AI) 통제요원들과 대결하게 된다. 그리하여 최종적으로 네오는 매트릭스의 올무로부터 인간을 구원하는 사명을 담당하기에 충분한 능력을 갖게 된다.

비록 한 공상과학 영화에 불과하지만, 〈매트릭스〉는 가상현실의 여러 가지 특성들을 재미있게 영상화하여 보여준다. 가상현실 속의 인간에게 있어서 물리적 법칙과 신체적 한계가 더 이상 제약으로 존재하지 않는다. 이는 무술 프로그램의 입력을 마친 네오가 가상현실 속에서 모르피우스와 대련하는 장면을 통해 볼 수 있다. 이렇게 완전히 마음으로 통제되는 가상현실("잉여자기이미지의 디지털화")에 진입했음에도 불구하고, 아직도 이전 세상에서 익숙했던 신체적·물리적 법칙의 타성에서 벗어나지 못한 네오에게 모르피어스는 두 가지 중요한 사실을 일깨워 준다. 가상현실에서는 근육의 물리적인 능력에 따라 힘이 결정되지 않고, 또한 숨을 쉬지 않고 있다는 사실이다. 그리고 네오는 마음이 곧 사실이 되는 세계 속에 자기가 존재하게 된 것을 발견한다. 그야말로 숟가락이 마음먹은 대로 구부러지는 "공즉시색·색즉시공"空卽是色·色卽是空의 가상세계에 도달한 것이다. 이는 가상현실이 불교가 말하는 무無의 경지와 같은 궁극의 세계를 디지털적으로 생산해 낼 수 있다는 것을 암시한다.

실재란 무엇인가? 만약 실재의 여부가 인간이 느끼는 촉각, 후각, 미각 등 오감적 자극에 달려 있다면 가상현실의 미래 기술은 그것들을 충분히 조작해 낼 수 있을 것이다. 왜냐하면 그 감각적 자극들은 뇌에게 전달되는 전자적 신호들 또는 정보들에 불과하고, 그것들을 전자적으로 조작해 낼 수 있기 때문이다. 〈매트릭스〉는 계속해서 앤더슨과 네오, 꿈의 세계(dream world)와 실재 세계(real world), 이세상과 사이버세상, 사이버스페이스와 가상현실(Matrix)을 서로 대비해 가면서, 어느 것이 실재인지 분간하기 어렵게 만든다. 이 영화는 실재라고 생각했던 이 세상은 컴퓨터로 조작되는 꿈의 세상, 곧 가상현실의 매트릭스이고, 오히려 전화로 연결되는 사이버스페이스가 실재라고 주장한다. 과연 어느 것이 꿈이고 실재인가?

3. 〈매트릭스〉와 장자의 꿈: 실재성, 사이버 시대의 화두

그러므로 "어느 것이 실재인가?"라는 실재성의 문제는 사이버스페이스가 인간의 일상적인 삶의 한 부분으로 정착될 때 발생하는 가장 중요한 존재론적이고 신학적인 질문일 것이다. 현재 많은 젊은이들이 대부분의 시간을 컴퓨터와 함께 보내고 있고, 앞으로의 인간은 사이버스페이스와 더욱 밀착하여 인터페이스되어 살게 될 것이다. 어떻게 보면 인터넷게임에 파묻혀 사는 오늘의 청소년들에게는 이미 컴퓨터게임 안의 세계가 실재이고 일상의 세계는 비실재로 둔갑해 버렸는지도 모른다. 다시 말하면, 그들에게 흥미를 자아내고 삶의 의미도 제공하는 사이버스페이스가 실재이며, 관습적이고 억압적인 일상 삶의 라이브공간은 사실상 비실재가 되어 버린 것이다.

20세기 후반 그리스도교 영성운동에 많은 영향을 끼친 그리피스 Bede Griffiths라는 영국계 가톨릭 수도사는 인도인들과 서양인들의 근본적인 사유의 차이점을 이렇게 말한 바 있다. "내가 잘 아는 서양인들은 이 세상을 실재(real)라고 인식하고 신(神)을 비실재로 인식하는 반면, 인도인들은 신을 실재로 받아들이고 이 세상을 비실재적인 것으로 인식한다." (Griffiths) 이 통찰은 인도를 방문한 외국인들이 가지게 되는 충격에 대한 가장 적절한 대답일 것이다. 인도를 방문한 사람들은 인도인들이 그들의 엄청난 종교문화적 유산에도 불구하고 현재 처해 있는 비근대적인 삶의 형태에 놀라움을 금치 못한다. 더욱 놀라운 것은 그러한 가난과 공해와 소음의 사회적 악조건 속에서도 그들이 보여주는 평안한 얼굴과 살아있는 공동체적 생동감이다.

이러한 인도인들의 실재에 대한 인식은 옳은 것인가? 유신론적 종교는 시공간적 유한성을 가진 현 세상을 실재라고 보지 않고, 그 유한성을 초월한 궁극적인 신의 세계(하나님의 나라)를 추구하는 경향이 있다. 다른 종교들도 오랫동안 "이 세상이 과연 실재인가?"하는 질문을 해왔다. 그리고 대부분의 종교들은 "이 세상이 궁극적인 실재가 아니다."라고 가르쳐 왔다.(심지어 꿈이라고 주장하기도 한다.) 특히 장자(莊子)의 〈제물〉 편에 나오는 나비 꿈(蝴蝶夢)의 비유가 이 실재성의 문제에 대해서 예리하게 파고든다. 꿈과 깨어 있음, 상상과 실재의 구분도 사실상 인위적인 관습적 제도에 의해 결정되는 것이 아닐까?

> 전에 장주는 꿈에 나비가 되었다. 훨훨 나는 것이 분명히 나비였다. 스스로 즐겁고 뜻대로라 장주 인줄을 알지 못했다. 그러다가 조금 뒤에 문득 깨어 보니 분명히 장주였다. 장주가 꿈에 나비가 된 것인지, 나비가 꿈에 장주가 된 것인지를 알지 못하였다. 장주와 나비는 반드시 무슨 구분이 있을 것이니, 이를 물화物化라고 한다.(장기호, 208)

그렇다면 종교와 사이버스페이스 〈매트릭스〉는 결과적으로 현실은 실재가 아니라는 동일한 결론에 도달하는 것인가? 이것은 미래에 가상현실이 가공할 기계적 능력을 가지고, 종교적 정보와 상상력의 디지털화를 통하여, 종교적 영역을 침범하게 될 것을 암시한다. 종교가 추구해 왔던 세계가 가상현실에서 디지털화 되어 구축될 수 있다는 것이다. 더욱이 사이버스페이스는 기계문명이라는 현실로 꽉 차있는 컨테이너 속에서 질식하고 있는 현대인들에게 가상적 '틈'(space)을 제공할 수 있다. 현대사회는 인간이 자기실현을 성취하며 살아가기에는 너무나도 복잡하고 골치 아픈 세상이 되어버렸다. 그런 맥락에서 가상현실은 자기실현을 달성하기 위해 가상적이지만 비교적 안락한 정신적 공간을 제공한다. 그래서 청소년들은 이미 컴퓨터게임에 흠뻑 빠져 버리게 된 것이다. 그와 마찬가지로 소외된 현대인들은 딱딱하고 불편하고 아날로그적인 전통적 종교에서보다는 오히려 이 디지털적 가상현실의 종교세계 속에서 종교적 욕구를 충족시키고자 할 수 있을 것이다.

가상현실이 갖는 또 다른 중요한 문제는 이것에 몰입하여, 육체에 대한 경멸감을 느끼고 육체적 실존마저 포기하려고 하는 경향이다. "사이버스페이스의 대체 생명은 육체를 감옥처럼 느끼게 만든다. 성스러운 곳으로부터 어둡고 혼란으로 가득 찬 세계로 추락한 듯 느끼게 한다. 육체 속의 생명 구덩이에서 볼 때, 가상 생명은 고결한 생명인 듯 보인다."(Heim, 168) 그래서 사이버영화나 소설에 공통적으로 나타나는 것이 바로 육체와 의식의 분리, 즉 육체이탈(disembodiment)이라고 한다. 육체이탈은 인터페이스 기술이 발전하면서 인간과 기계가 점차 연합되어, 결국 인간이 육체를 버리고 기계 속에 들어가 버리는 것을 말한다. 그리고 육체성(육체의 역사와 메모리)을 부정하고 육체를 이탈한 정신만의 인간이 된 후, 결과적으로 초인간적 가상육체를 가진 사이보그로 전환된다는 것이다.

물론 이 묘사는 아직 공상과학물의 수준에 불과하다. 그러나 많은 경우 미래는 공상과학 영화나 소설 작가들의 천재적 상상력에 의해 결정된다. 미 항공우주국(NASA)이나 국방성 관계자에게 인기 텔레비전 시리즈인 〈스타트렉〉Star Trek이 주는 영향은 지대하다고 한다. 심지어 미국 우주탐사 프로그램에 깔려있는 기조를 〈스타트렉〉에서 찾아볼 수 있다고 한다.(Heim, 197-198) 그러므로 특히 목회자들은 공상과학 영화들을 주목하여 살펴보아야 할 것이다. 또한 동네 아이들의 춤과 노래는 호동왕자의 시대뿐만 아니고 오늘날에도 때때로 미래를 예언하기도 한다. 청소년들에게 유행되었던 테크노댄스는 앞으로 도래할 사이버스페이스 안의 인간, 곧 사이보그의 움직임을 몸짓으로 이미 드러내었던 것이 아닐까? 육체이탈을 통해 초인간화된 사이보그를 기술적으로 실현해서 포스트휴먼posthuman을 성취하고자 하는 운동, 곧 초인간주의(trans-humanism) 또는 엑스트로피언주의(extropianism)가 현실적으로 이미 대두되고 있는 실정이다.(이재현, 242-250)[2]

---

2) 엑스트로피extropy는 엔트로피entropy에 대립되는 개념으로 시스템의 지능, 정보, 질서, 생명력이 개선되는 정도를 뜻한다고 한다.

4. 몸과 숨의 영성

그리스도교 신앙은 육체의 부활을 확신한다. 그래서 그리스도교는 예수 그리스도의 육체성을 부인하는 가현설(docetism)과 끊임없이 싸워왔다. 그러나 이제부터 그리스도교 신앙은 계속해서 미래에 닥쳐올 가상현실의 비실재화, 가상종교화, 비육체화에 대항하여 싸워야 할 것이다. 이것이 사이버 시대에 그리스도교가 다른 종교들과 협력해서 실행해야 할 중요한 사명일 것이다.

우선 그리스도교는 계속해서 이 세계가 하나님이 지으신 선한 창조세계라고 주장해야 할 것이다. 가상현실은 신의 창조능력에 대한 인간의 모방이라고 볼 수 있다. 그러나 그것은 어디까지나 인간의 과학기술이 조작해 낸 가상적이고 인위적인 환경일 뿐이다. 지금 우리가 살고 있는 이 우주가 꿈이 아닌 참 현실이며, 가상현실의 매트릭스가 아닌 참 실재라는 믿음을 인류에게 심어주어야 한다. 그리스도는 결코 지구라는 가상현실 매트릭스에 투입된 신의 디지털화된 원격현존(telepresence)이나 아바타avatar가 아니고, 하나님께서 그야 말로 실재인 지구의 역사 속으로 내려오셔서 몸과 숨의 육체를 가진 인간 예수로 성육신한 것이다.

기계적으로 디지털화 되고 가상화되어 가는 사이버 시대에 이 우주의 실재성, 종교의 가치성, 인간의 육체성을 보존하는 임무를 수행하기 위해서, 전 장에서 주장한 사이버스페이스에서의 수행해야 할 네 가지의 역할에 덧붙여, 그리스도교는 또한 새로운 '몸과 숨의 영성'을 개발해야 한다고 나는 제안한다. 서구 철학자인 하임이 가상현실의 탈 육체성을 방지하기 위한 대안을 도교의 생체 에너지에서 찾았다는 것은 우리에게 매우 시사하는 바가 크다. 다시 말하면, 기氣에서 그 대안을 찾고자 하는 것이다. 사이버 시대에 우리는 다시 한 번 기, 곧 숨의 중요성을 알아야 한다.

　　숨은 나와 우주의 교감이요, 교제, 곧 나와 우주의 인터페이스인 것이다. 숨은 내 몸에 있을 때는 숨이요, 내 몸 밖에 있을 때는 바람인 것이다. 그러므로 한자어 기氣나 희랍어 프뉴마 pneuma(보통 靈으로 번역)는 숨과 바람이라는 뜻을 동시에 내포하고 있다. 숨은 또한 삶과 죽음의 문턱(인터페이스)이다. 그리고 기는 숨 자체이며, 매개체이며, 에너지인 것이다. 기는 나와 우주의 생체에너지이고 그 사이를 연결하는 네트워크이다. 하임이 희미하게 찾아 낸 것처럼, 사이버 시대에 필요한 영성은 숨의 영성, 그리스도교적으로는 성령으로서 기의 영성일 것이다.

　　사이버 시대에 그리스도교 신앙을 유지하기 위해서, 사이버스페이스에 접속하여 정보를 검색하는 것보다 더욱 열심히, 우리는 기도와 명상을 통해 몸과 마음(육체와 영혼)의 내부 속에 깊게 몰입하여 우주스페이스 그리고 나아가서 하나님의 나라와 교감을 가져야 한다. 그리하여 사이버스페이스의 '무한한 감옥'에서 질식해 갈 인간의 영혼에 끈끈한 인정을 불어넣고, '고깃덩어리'로 전락되는 인간의 몸과 이웃 생명들을 살리는 몸의 영성을 개발해야 할 것이다.

　　더욱이 그리스도교는 가상현실 속에 몰입하여 급기야는 육체를 부인하고 육체이탈을 통하여 사이보그의 포스트휴먼이 되려는 초인간주의를 저지해야 할 것이다. 초인간적인 기계인간, 곧 사이보그가 되는 것은 그리스도교가 믿는 인간의 부활이 아니다. 부활하신 예수께서는 제자들에게 자신의 몸(못 자국이 있는 손과 창 자국이 있는 옆구리)을 친히 보여주시면서 숨을 깊게 내쉬며 "성령을 받으라."고 말씀하셨다.(요 20:20, 2:22) 그리스도께서 왜 그리하셨을까? 사이버 시대를 맞이한 그리스도인들은 그 뜻을 다시 한 번 새롭게 음미해 보면서 '몸과 숨의 영성', 곧 새로운 성령론을 찾아내야 할 것이다.

참고문헌

김지하(1995). 『틈』. 서울: 솔출판사.
이재현(2000). 『인터넷과 사이버 사회』. 서울: 커뮤니케이션북스..
장기근·이석호 역(1976). 『노자·장자』. 서울: 삼성출판사.
Gibson, William. 노혜경 역(1996). 『뉴로만서』(Neuromancer, 1984). 서울: 열음사.
Heim, Michael. 여명숙 역(1997). 『가상현실의 철학적 의미』(The Metaphysics of Virtual Reality, 1993). 서울: 책세상.
Hesel, Sandra and Roth, Judith. eds. 노용덕 역(1994). 『가상현실과 사이버스페이스』(Virtual Reality: Theory, Practice and Promise, 1991). 서울: 세종대 출판부.
Griffiths, Bede(1982). *The Marriage of East & West: A Sequel to the Golden String. Springfield, Ill.*: Templegate.

제2부
생명과학과 인류의 미래

제1장

인간복제

1. 인간복제(Human Cloning)의 충격

　　1997년 2월 영국 스코틀랜드에 있는 로슬린연구소의 이안 월머트Ian Wilmut 박사는 성숙한 양의 체세포에서 새끼양 '돌리'를 복제하는데 성공했다고 발표했다. 본래 생물학에서의 복제는 새로운 동물을 생산하는 것이 아니라 DNA를 복사하는 것을 말한다. DNA 복사는 생명과학의 모든 분야에서 사용되는 기본적인 방법이다. 그러나 돌리의 경우가 특별한 것은 세포핵 전체를 곧 양의 유전체(genome) 전체를 복사했다는 점이다. 이러한 전체적 복사를 체세포핵치환(somatic cell nuclear transfer)이라고 부르고, 보통 복제라고 할 때에 이것을 지칭한다.

　　그 당시 이 발표는 세계를 경악케 하였다. 복제양 돌리의 출현은 '분화가 끝난 세포(체세포)의 비가역성'이라는 지금까지의 정설을 깨뜨린, 생명과학의 발전에 있어서는 획기적인 사건이었다. 그동안 불가능하다고 믿겨졌던 기술, 즉 성숙한 체세포로부터 새로운 개체의 발전을 위해 필요한 배아기의 세포로 되돌리는 것이 가능해졌으며, 포유동물의 복제가 현실화된 것이다. 무엇보다도 사람들을 놀라게 한 것은 이것이 내포하고 있는 인간복제의 가능성이었다. 타임지와 같은 시사 주간지도 이 인간복제의 가능성을 "영혼의 전율"(soulquake)이라는 머리기사로 다루면서 "영혼은 복제될 수 있는가?"와 같은 질문을 제시했다. 인간복제의 문제는 대두되자마자 과학적 주제만이 아닌 중요한 신학적 주제로 부각된 것이다. 스코틀랜드 교회를 포함한 세계 교회들은 이 사건에 대해 민감하게 반응하였고, 대부분 신학적 반론을 제기하며 인간복제를 맹렬히 반대했다.

돌리 탄생이후, 생명과학자들은 경쟁적으로 복제동물들을 생산해냈다. 1998년 미국 하와이대 야나기마치 박사팀은 체세포로부터 생쥐를 복제하였고, 1999년 서울대 황우석 교수팀이 젖소 영롱이를 복제하는데 성공했다고 했다. 2000년 호주에서는 양 마틸다가 복제되었으며, 2001년 미국 어드밴스드 셀 테크놀로지사는 최초로 멸종위기의 동물을 복제했다. 그리고 2002년 프랑스 국립농업경영학연구소는 토끼를 복제하였고, 미국 텍사스 A & M대에서는 고양이를 복제하는데 성공했다. 심지어 2002년 12월 26일 미국 클로네이드사는 사상최초로 인간복제를 통해 복제아기 이브가 탄생하였다고 선언했지만, 이는 신빙성이 없는 것으로 판명되었다.

그러던 중 미국 피츠버그대의 제럴드 섀튼 박사가 기술적으로 영장류의 복제는 불가능하다고 주장하고 나섬으로써, 인간복제 문제가 자동적으로 소멸하는 듯 했다. 그러나 2004년 2월 서울대 황우석·문신용 교수팀이 세계최초로 사람난자에서 인간 배아줄기세포 배양에 성공하였다고 발표함으로써 세계를 또 한 번 놀라게 했다. 다름 아닌 한국 과학자들의 손에 의해 인간복제의 가능성이 다시 대두된 것이었다. 뿐만 아니라 얼마 후 황우석 교수 연구팀은 섀튼 박사 연구팀을 도와 원숭이 배아복제에 성공했다. 물론 얼마 못가서 황 교수를 중심한 성과들의 허구성이 드러남으로써 세기적 스캔들이 되고 말았지만, 아무튼 한국이 인간복제의 가능성이 가장 큰 나라로 두각을 나타내게 된 것을 부인하기 어렵다.

　　사실 외국 언론들은 인간복제가 가장 먼저 이루어질 국가로 한국을 꼽고 있다. 세계수준의 복제기술, 혈연중심의 유교적 배경, 해외자본을 유치하려는 정부정책, 과학자들의 생명윤리의식 결여, 인간 배아복제를 허용하는 법률 등을 그 이유로 내세우고 있다. 그동안 한국정부가 추진해 오던 '생명윤리 및 안전에 관한 법률안'이 국회를 통과하여 2004년 1월 29일 법률로서 공포되었다.(2005. 01. 01. 시행) 더욱이 2005년 1월 주관 부처인 보건복지부는 이 법률에 따라 인간 배아줄기세포 연구를 정식으로 승인했다. 이와 같은 움직임은 세계 최초 복제인간 생산국으로서 한국에 대한 해외 언론의 예측을 그대로 실행하고 있는 듯하다. 그러나 이 법안과 연구승인의 과정에는 수반되는 많은 문제점들이 있다. 일부 그리스도교 단체들이 이에 강력히 반발하였으나, 너무 보수적인 입장에서 일방적인 반대만 일삼아 실효를 거두지 못했다. 그러나 더욱 우려되었던 것은 대부분의 교회와 그리스도인들이 이 중대한 문제를 무관심하게 방치하고 있었다는 점이다.

　　한국교회와 그리스도인들은 이러한 무관심에서 벗어나 하나님이 창조하신 피조세계 특히 생명의 존엄성을 지키는 청지기의 임무를 자각하고 생명과학의 건전한 육성을 위하여 이와 관련된 공적논의와 법률제정 과정에 더욱 적극적으로 참여해야 할 것이다. 무엇보다도 한국이 세계 최초의 복제인간 생산국이 되는 것은 막아야 할 것이다. 그러기 위하여 먼저 우리의 신학적 입장을 정리해 둘 필요가 있다. 인간복제와 관련되어 많은 신학적 문제들이 있지만, 이 장에서는 그 중에서도 가장 핵심적이라고 생각되는 세 가지 주제, 곧 유전자신화, 복제인간의 영혼, 복제아이의 존엄성과 가족관계 등에 관하여 논하고자 한다.

2. 유전자신화

　　유전자결정론은 하나의 신화이며 사실이 아닌 허구이다. 생명과학에 관한 논의에 있어서 빠지기 쉬운 두 가지의 검증되지 않은 사상적 기조가 있다. 첫째는 생명체의 기본단위가 유전자(DNA)이므로 모든 것을 유전자의 시각에서 보아야 한다는 유전자환원주의이고, 둘째는 생명체에 대한 모든 것이 유전자에 이미 프로그램 되어 있으며 그 것에 의해 진행된다는 이른바 유전자결정론이다. 많은 유전생물학자가 이 유전자환원주의와 결정론을 지지하고 있으며, 그 대표적인 학자는 옥스퍼드대학 교수 리처드 도킨스이다. 그는 인간을 비롯한 모든 생명체를 유전자에 의해서 프로그램 된 '생존기계'(survival machine)에 불과하다고 주장한다. 그러나 더욱 중요한 것은 복제양 돌리의 출현으로 부각된 인간복제의 가능성에 격분하거나 두려워하는 사람들 또한 자기도 모르는 사이에 이 유전자결정론에 빠진다는 사실이다. 인간복제에 대한 두 극단적 입장들 - 적극적 지지와 맹렬한 거부 - 모두가 유전자 결정론에 근거하고 있다. 그러나 이 유전자결정론은 사실이 아닌 허구이며, 하나의 신화에 불과하다.

　　이 유전자 결정론에 대립되는 또 다른 극단적인 입장은 환경결정론이다. 인간의 사회적 행동을 결정하는 요인에 대하여 유전자결정론자는 그것이 유전적 본성이라고 주장하고, 환경결정론자는 환경이라고 주장한다. 그런데 인간이 한 인격적 주체로서 형성되기 위해서는 세 가지의 구성 요소가 필요하다. 첫째는 그 사람의 유전자적 특성이고, 둘째는 그 사람이 처해 있는 환경이며, 셋째는 그 사람이 가지고 있는 마음이다. 만물의 영장인 인간이 지닌 특성은 주어진 환경과 유전자적 제한을 의지로서 극복할 수 있다는 점이다. 특히 그리스도인에게 신앙은 환경과 유전적 제한을 초월하는 힘을 가지고 있다. 그리고 그리스도인의 세례와 중생은 생물학적 인간에서 영적 인간으로 거듭남을 뜻한다.

생물학적 특성을 결정하는 유전자(DNA)의 염기서열은 이 세 요인들 중에 하나일 뿐이지 결코 유일한 요인이 아니다. 한 사람의 인격은 유전자와 그를 둘러싼 환경과 그의 마음에 의하여 총체적으로 형성되는 것이지, 결코 유전자 만에 의하여 특징지어지는 것이 아니다. 예컨대, 환경이 다른 상황에서 히틀러의 복제인간이 만들어 졌다고 해서 그가 반드시 히틀러와 같은 미치광이 독재자가 되리라는 법은 없다. 마찬가지로 복제된 아인슈타인이 아인슈타인과 똑같은 역사적 천재가 될 확률은 매우 적다. 이것은 일란성쌍둥이의 경우를 보면 쉽게 알 수 있다.(복제와 일란성쌍둥이는 생물학적으로는 동일하고, 다른 점은 후자는 자연적인 유성생식에 의하여 동시적으로 태어났고, 전자는 일정한 시간 뒤에 인위적인 무성생식에 의하여 생산되었다는 것이다.) 일란성쌍둥이들은 비교적 유사한 환경 속에서 양육되었으면서도 서로 다른 특징과 개성을 가지고 있다. 더욱이 복제인간은 그에게 DNA를 제공한 사람과는 전혀 다른 환경 속에서 자라게 된다. 그러므로 전자와 후자는 전혀 다른 두 인격적 개체들이 되는 것이다.

우리는 먼저 인간복제의 가능성이 주는 경악과 흥분을 가라앉히고, 싫든 좋든 간에 그것을 엄연한 사실로 받아들여야 한다. 그리고 우선 우리 자신 속에 본의 아니게 숨겨져 있는 유전자의 신화를 추방시켜야 한다. 인간복제가 주는 충격에 놀라, 그것은 인간이 신의 영역을 침범하고 인간의 존엄성을 파괴하는 죄악이라고 분노하는 것은 그리스도인으로서 당연한 일이다. 그리스도인은 모든 생명의 근원은 하나님이고, 인간이 하나님을 대신하여 생명, 특히 인간을 조작할 수 없다고 믿는다. 그리스도인은 창조세계에 대한 하나님의 절대적 주권과 하나님이 창조한 생명의 존엄성을 존중해야 한다. 그러나 인간복제의 문제에 대하여 감정적으로 대하는 것은 더 이상 도움이 안 된다. 교회의 반대에도 불구하고, 원자탄은 결국 제조되어 사용되었고, 시험관 아기들도 이미 생산되고 있다. 이와 같이 교회가 아무리 반대한다고 할지라도 인간복제 및 유전자조작이 조만간 현실화될 것은 기정사실이다. 이러한 상황에서 교회가 가져야 할 신학적 전략은 인간복제에 대하여 흥분하여 무조건 반대하는 것보다는 관심을 가지고 냉정하게 그것을 연구하고 좋은 방향으로 유도하는 구체적 방법을 궁리하는 일이다.

3. 복제인간의 영혼

복제인간에게도 영혼이 있을까?. 그렇다. 복제인간도 그의 고유한 영혼을 가지고 있다. 일반 그리스도인들은 물론 목회자들도 이 질문 자체를 충격으로 받아들일 것이다. 그러나 우리는 인간복제를 받아들일 것인가 하는 본질적인 문제와는 별도로 이것을 검토할 필요가 있다. 당분간 한국의 어느 교회도 인간복제를 허락하지 않을 것이다. 그렇다고 해서, 세계적 수준의 생명공학을 보유하고 있는 한국 땅에 복제인간이 생산되어 현실적으로 나타날 가능성이 전혀 없는가? 이미 장기이식에 관련된 범죄가 한국에서 급속도로 증가하며 기승을 부리고 있다. 만약에 이 땅에 어떤 경로이든 간에 복제인간들이 현실로 나타났을 때, 교회는 어떻게 이들을 취급해야 하는가? 교회는 이 복제인간을 받아들여야 하는가, 말아야 하는가? 이것은 결코 추상적인 질문이 아닌, 앞으로 한국교회가 직면하게 될 목회적 돌봄(pastoral care)에 관련된 문제이다.

만약 복제인간들이 폐쇄적 혈통주의가 지배하는 인종차별적 한국사회에 태어난다면, 그들은 사회로부터 엄청난 차별과 핍박을 받을 것이다. 그렇게 고통받는 복제인간들이 하나님의 복음을 발견하고 갈급해서 교회의 문을 두드렸을 때, 교회는 복제인간이라고 해서 그들의 교회 출입을 거절할 권한이 있는가? 가난한 자와 고아와 과부를 특별히 사랑하는 성서의 하나님, 독생자 예수그리스도를 십자가에 내어 주시기까지 생명을 사랑한 하나님께서는 그러한 배타적 태도를 용납할 것인가? 아무도 이미 태어난 복제인간을 복제품이라고 해서 그 생명의 존엄성을 무시할 권한이 없다. 미국감리교 유전과학위원회는 다음과 같은 중요한 성명을 발표했다.

> 기독교인으로서 우리는 어떠한 방식에 의하여 생식되었든 간에 모든 인간은 하나님의 자녀들이고 하나님의 형상을 품고 있다고 천명한다. 만약 사람들이 복제되었다면, 그들도 모든 다른 사람들과 더불어 고유한 가치, 존엄성, 도덕적 지위와 동등한 사회적 권한을 소유해야 할 것이다. 어떤 사람도 생식 원천을 이유로 차별 받아서는 안 된다. 복제된 인간들에게도 다른 인간들과 완전히 동등한 자율, 동의, 기회균등의 원칙들이 주어져야 한다.(Cole-Turner, 144)

복제인간의 영혼은 단지 그에게 유전자를 제공한 사람의 영혼을 복사한 복사체(xerox copy)인가? 그렇지 않다. 일란성쌍둥이들이 서로 다른 인격과 영혼을 가지고 있듯이, 복제인간 또한 그에게 유전자를 제공한 인간과는 서로 다른 인격과 영혼을 갖게 될 것이다. 성서는 인간이 하나님의 형상에 따라 '흙'(육체)과 하나님의 '생기'(영혼)로 창조되었다고 한다.(창 1:27, 2:7) 유전과학은 인간의 육체를 결정하는 요인이 DNA라고 밝히고 있다. 그렇다면 영혼도 DNA에 의하여 만들어지며 결정되는 것인가? 아니다. 성서에 의하면 그것은 하나님의 생기에 의하여 결정된다. 영혼은 DNA에 의하여 결정되는 것이 아니며 하나님과의 관계성에 의하여 결정되는 것이다. 우리는 기본적으로 인간복제를 거부하여야 한다. 그럼에도 불구하고, 일단 복제인간이 우리 앞에 나타났을 경우, 우리는 그도 고유한 영혼을 가진 하나의 인격체로서 존중하고 돌봐야 한다.

4. 복제아이의 존엄성과 가족관계

　　인간복제가 초래할 가장 큰 문제는 아이들의 존엄성에 관련된 윤리적 문제이다. 인간복제, 휴먼지놈연구 등 생명공학의 발전은 결국 인간생명을 시장에서 팔고 사는 상품으로 변형시킬 가능성이 매우 크다. 복제는 머지않아 인공 수정, 기증 정자, 기증 난자, 시험관 수정, 대리모 등과 결합하여 임신의 한 방법으로 사용될 수 있을 것이다. 생식 관련 병원들은 이러한 서비스와 함께 복제를 선전하며 잠재적 부모들에게 구매의욕을 부추길 것이다. 의료, 건강 보호 등 구호를 내걸고 그럴듯하게 포장하겠지만, 생명과학기술은 구매자를 자극하여 큰 시장을 만들고 그에 의해 부와 권력을 축적하려고 하는 탐욕스러운 사람들의 점유물이 될 수 있을 것이다. 혈통주의가 세계에서 가장 강한 한국사회에서 생명공학은 큰 시장을 확보하게 될 것이다.

　　물론 불임 부부가 자녀를 가지기 위해 애쓰는 헌신과 노력을 폄하해서는 안 된다. 불임 치료는 필요하며, 그것이 성공할 때 기뻐하는 것은 당연한 것이다. 자식이 출산되어 한 가족이 구성되었을 때 느끼는 삶의 환희, 아이들을 통한 사랑의 실천은 그리스도인의 삶에서도 매우 중요한 요소이다. 그러나 생식에 관련되어 인간복제와 생명공학의 발전이 가져 올 위험성은 아이들에 대한 '품질관리'(quality control)의 가능성이다. 선호하는 대상 인물이나, 좋은 머리 또는 뛰어난 능력을 가진 사람에게서 DNA를 빌려와 복제임신을 하려는 사람들이 출현할 것이다. 특히 한국 학부모들이 빠져 있는 편집광적 일류대학병을 고려할 때, 그들이 좋은 학벌을 가진 자녀를 만들기 위해 복제임신을 선택할 가능성은 아주 높은 것이다.

　　복제기술과 유전학의 진보는 "맞춤 아기"(designed babies)의 시대를 열게 할 것이라는 전망이 나오고 있다. 자녀생식(reproduction)

은 물품생산(production)과 점점 더 유사해져 갈 것이며, 아기들은 점점 상품들로 전락하게 될 것이다. 또한 아이들을 통하여 불멸을 찾으려고 자기 자신을 복제하고 싶어하는 과대망상중 환자들도 출현하게 될 것이다. 인간복제가 현실화 될 때, 다음과 같은 구체적인 상황이 연출될 수 있다.

> 미래의 한 부부가 한 생식 의료원의 대기실에서 이상한 앨범을 보고 있다. 이 앨범에는 특별한 DNA 형식을 가진 아이들의 사진들로 꽉 차 있다. 이 의료원은 이런 유전형의 복제를 위해 로열티를 지불하고 판매할 허가를 받았다. 먼저 그 부부는 그들의 미래 아기의 DNA 프로필을 선택한다. 그리고 그 부부는 분명히 품질 기준을 따져 볼 것이다. 만약 선택된 DNA의 복제가 실패한다면 - 기술이 종종 실패하듯이 - 그들은 낙태할 것인가? 만약 그 아기가 태어나긴 했지만 기대에 부응하지 못할 경우, 그 아기를 공장으로 되돌려 보낼 수 있을 것인가? 그 부모는 환불이나 할인을 요청할 것인가? 어느 정도로 이 아이들을 상품으로 취급할 수 있을 것인가?(Cole-Turner, 23)

이 시나리오가 실질적으로 연출될 날이 얼마 남지 않았다는 사실은 쉽게 감지할 수 있을 것이다. 그렇다면 교회와 신학이 이에 대해 할 일은 무엇인가? 분노하며 두려워하면서 맹목적인 반대만 계속 할 것인가? 냉정하게 사태를 직시하며 서로 연대해서 새로운 윤리적 비전과 구체적 대책을 마련하여 그것들을 공론화하고 법률화 할 것인가?

이러한 윤리적 문제들과 더불어 인간복제가 가져올 심각한 도전은 가족개념에 대한 문제이다. 아버지의 복제인간이 생산되었을 경우, 자식들은 아버지와 쌍둥이인 이 가족구성원을 어떻게 받아들여야 하는가? 이미 다수가 이복남매, 계모, 계부로 구성되어 있는 서양사회에서도 이것은 충격으로 받아들여지고 있다. 하물며 대부분의 가정이 세계에서 거의 유일무이하게 가장 오래된 족보를 소유하고 있으며, 여전히 가부장적인 한국사회에서 이것은 엄청난 혼란을 초래할 것이다. 한국인들의 일반적인 가족 개념은 혈연주의, 즉 유전자적 연속성을 근본으로 하고 있다. 그러나 복제인간의 출현은 이러한 전통적 가족개념에 대한 근본적인 변화를 촉구한다.

복제인간의 가족 내 출현은 비록 바람직한 것은 아니지만, 그것은 그리스도인들에게 귀중한 질문을 제기하고 있다. 과연 한국인이 지닌 가족에 대한 폐쇄적 혈연주의가 성서적이고 그리스도교적인가? 그것 또한 다른 형태의 유전자환원주의와 결정론이 아닌가? 어머니와 형제들이 찾아 왔다는 소리를 들었을 때, 예수께서는 반기기보다도 오히려 누가 가족이냐고 힐문하면서 하나님의 말씀을 듣고 따르는 자들이 바로 진정한 가족이라고 말하셨다.(마 12:46-50, 막 3:31-35, 눅 8:19-21) 그리스도는 복음서를 통하여 혈연적 관계(유전자적 연속성)를 넘어선 개방적 가족 개념을 이미 오래 전에 천명한 것이다. 신학적으로, 가족공동체의 근본은 혈연보다는 말씀, 유전자적 연속성에 의한 생물학적 연결보다는 말씀에 합당한 행위를 하는 것, 곧 사랑의 실천에 있다.

그러므로 성서적으로 볼 때 우리의 폐쇄적인 혈연중심적 가족사상은 잘못된 것이다. 오히려 성서가 주장하는 가족은 그러한 혈연적인 관계를 뛰어 넘어서 선한 사마리아인과 같이 사회에서 소외되고 억압받고 있는 버려진 자와 아픈 자를 향한 구체적 사랑을 실천하는 인간관계에 기초를 두고 있다. 이러한 성서적 시각에서 본다면, 복제가족구성원이 생겼다 할지라도 그리 큰 문제가 되지 않는다. 우리는 이것을 오히려 폐쇄적 혈연주의를 극복하고 그리스도가 가르쳐 주신 개방적 가족사랑을 실천할 수 있는 기회로 받아들일 수 있다.

우리는 해마다 아기 예수의 탄생을 축하하는 크리스마스를 지낸다. 이 아기 예수의 출생비밀은 무엇인가? 예수가 과연 요셉의 유전자를 계승한 가족의 일원이었던가? 이 예수의 탄생 비밀은 아직도 혈연적 가통을 중시하는 유교적 한국 사회에서 전도에 걸림돌이 되고 있다. 그러나 이것이 바로 그리스도교의 핵심인 그리스도의 성육신 사건이 아닌가? 더욱이 그리스도의 십자가와 부활사건은 우리에게 생물학적 인간에서 벗어나 영적 인간으로 거듭날 수 있는 자유와 특권을 부여하지 않았는가? 이와 같이 그리스도교의 그리스도론은 전통적 가족관념을 해체하며, 모든 형태의 유전자 신화(환원주의와 결정론)를 거부한다. 그렇다면 인간복제가 우리에게 주는 도전은 결국 이 그리스도론적 전환에 동참하여 그리스도교 신앙을 더욱 심화하라는 것이 아닐까?

참고문헌

Kahn, Axel and Papillon, Fabrice. 전주호 역(1999). 『인간복제: 미래 과학의 새로운 패러다임』(*Copies conformes: le clonage en question*, 1998). 서울: 푸른 미디어.

Nussbaum, Martha C. and Cass R. Sunstein. eds. 이한음 역(1999). 『당신도 복제될 수 있다: 인간복제를 둘러싼 찬반 논쟁과 가상미래』 (*Clones and Colones: Facta and Fantasies About Human cloning*, 1998). 서울: 그린비.

Pence, Gregory E. 이용혜 역(2001). 『누가 인간복제를 두려워하는가?』 (*Who's afraid of human cloning?*, 1998). 서울: 양문.

_____. ed. 류지한 외 역(2002). 『인간복제, 무엇이 문제인가: 인간 복제의 윤리학』(*flesh of my flesh: the ethics of cloning humans: a reader*, 1998). 서울: 울력.

Silver Lee M. 하영미·이동희 역(1998). 『리메이킹 에덴: 복제생명, 재앙인가 축복인가』(*Remaking Eden*, 1997). 서울: 한승.

Cole-Turner, Ronald(1997). ed. *Human Cloning: Religious Responses*. Louisville: Westminster John Knox Press.

Peters, Ted(1997). *Playing God? Genetic Determinism and Human Freedom*. New York and London: Routledge.

제2장
휴먼지놈 프로젝트

    2000년 6월말 그 초안을 발표해서 세계를 흥분시킨 휴먼지놈 프로젝트Human Genome Project는 1987년 미국에서부터 시작된 초대형 규모(30조원 이상)의 세계적 연구프로젝트로서 유전자의 새로운 세계를 열어준 획기적인 사건이다. 그리고 2003년 4월 15일, 휴먼지놈 프로젝트에 참여한 과학자들은 제임스 왓슨과 프랜시스 크릭이 인간 DNA 이중나선 구조를 밝혀낸 지 50년만에 인체 생명설계도 최종본을 완성했다. 지놈genome이란 유전자(gene)와 염색체(chromosome)의 합성어로 한 생물체가 지닌 유전자의 전체구조를 말한다. 이 휴먼지놈 프로젝트의 목적은 인간유전자의 구조를 밝히는데 있고, 구체적으로 DNA의 배열서열(sequencing), 지도그리기(mapping), 유전성질환진단(diagnosing) 등의 세 가지 목적을 가지고 있다.

    인간의 몸은 약 100조 개의 세포로 구성되어 있는데, 세포마다 하나의 핵이 있고, 이 세포핵 속에는 23쌍, 곧 46개의 염색체가 들어있다. 각 염색체에는 단백질들을 정교하게 감싸고 있는 뉴클레오타이드의 사슬 안에 2 미터 정도의 긴 분자가 있는데 이것을 DNA(deoxyribonucleic acid, 디오시리보핵산)라고 한다. DNA는 이중나선의 모양을 가지고 있는데, 마치 문장 속에 문자와 같은 네 종의 염기, 즉 A(Adenine), T(Thymine), C(Cytosine), G(Guanine)가 쌍을 이루며 일정한 순서로 배열되어 있다. 이 염기쌍들의 배열순서(sequence)가 인체의 복잡한 기능과 후손에게 전달할 유전정보에 대한 암호이다. 휴먼지놈 프로젝트의 첫 번째 목적이 바로 이 문자들의 배열순서를 밝히고 암호를 해독하는 데 있다. 그러나 그 경우의 수가 엄청나게 커서(30억 쌍), 이 작업을 위해서는 굉장한 용량의 컴퓨터와 오랜 시간이 요청된다.

인체가 기능하기 위해서는 수많은 단백질의 생산이 필요한데, 이 단백질생산의 종류와 시기가 DNA 속에 배열되어 있는 염기쌍들의 조합에 의하여 결정된다. 한 개 또는 여러 개의 단백질 생산에 관련되는 염기쌍들의 배열 조합이 바로 유전자(gene)이고, DNA는 수천 개의 단백질생산에 대한 정보를 보유한 집합체이다. 23쌍의 DNA를 가진 인간의 유전자 수는 2만 5,000-3만 개 정도이다.(초기에는 약 10만 개로 추정) 휴먼지놈 프로젝트의 두 번째 목적은 이 유전자들의 배열순서를 밝혀내서 DNA의 지도를 그려보는 것이다.

휴먼지놈 프로젝트의 세 번째 목표는 질병에 이르게 하는 원인이 되는 유전자를 찾아내는 것이다. 이것이 바로 휴먼지놈 프로젝트가 여론의 지원을 받고 미국정부로 하여금 막대한 연구비를 투자할 수 있게 만든 결정적인 요인이다. 유전적 질병들에 관련된 유전자들을 찾아내서 그 발병요인을 제거하면 인간의 건강과 질병치료에 엄청난 이득을 줄 수 있다. 이것은 또한 의학이 지금까지의 질환자들에 대한 대응적 방식(reactive mode)에서 사람들을 건강하게 유지시키는 예방적 방식(preventive mode)으로 완전히 전환됨을 의미한다.

다시 말해서 결함을 가진 유전자에 대한 지식을 활용하여 이에 합당한 진단체계와 치료법을 개발하는 것이다. 그 한 방법은 잘못된 유전자에게 건강한 유전자를 첨가하거나 전자를 후자로 대체해버리는 체세포유전자 치료법(somatic gene therapy)이다. 그러나 기분화된 체세포가 재생산을 할 수 없고 시간이 차면 소멸하게 되므로 이 방법은 장기적인 효과가 없다는 결함을 가지고 있다. 그래서 수정 전에 있는 생식세포(정자와 난자)의 결손 된 유전자코드를 아예 변경시켜버리는 생식세포유전자 치료법(germline therapy)이 대두된다. 이 치료법은 차세대들에게는 영속적인 도움을 줄 수 있지만, 현재 고통을 당하고 있는 환자들에게는 도움을 줄 수 없다. 더욱이 아직 태어나지 않은 아기들의 유전형(genotype)을 변경하게 되면 유전공학(genetic engineering)이 그야말로 인간본성을 임의대로 조작하는 수준에 이르게 된다.

이렇게 되면 유전공학은 하나님의 형상으로 창조된 인간의 본성에 관한 일체를 하나님의 통치행위에 관련된 신성한 영역으로 간주하던 그리스도교 신앙과 직접적인 충돌을 일으키게 된다. 구체적으로 다음과 같은 질문들이 유발된다. "DNA와 인간지놈은 신성한 것인가?", "우리의 유전자는 하나님이 부어주신 것이며, 우리의 낱세포 안에 활동하고 있는 유전자코드는 모두 하나님의 창조물인가?", "우리는 우리의 유전자코드를 조작할 자격이 있는가?", "우리가 우리자신을 설계하기 위하여 각종 공구를 들고 우리의 DNA 안에 침범하여 조작한다면 이는 우리가 대신 신놀음(playing God)을 하는 죄를 범하는 것이 아닌가?"(Peters, 1997, 1) 이 외에도 휴먼지놈 프로젝트는 윤리적으로 많은 문제점을 수반하며, 이들에 대한 격렬한 논쟁들이 벌어지고 있다. 이 장에서는 그 중에서도 유전자 차별, 임신중절, 특허권, 그리고 앞서 언급한 생식세포유전자 치료법에 대한 논쟁들을 살펴보고자 한다.

1. 유전자 차별(Genetic Discrimination)

휴먼지놈 프로젝트는 인간 지놈에 관한 상태, 특히 질병요인을 밝혀낸다. 이제 사람들은 간단하게 유전자 스크리닝(genetic screening)

을 통하여 질병을 유발하는 유전자를 가지고 있는지를 미리 식별할 수 있다. 그러나 유전자검사는 질병을 사전에 예방할 수 있다는 큰 장점을 지닌 동시에 유전자 차별을 초래한다는 큰 단점을 가지고 있다. 우선 질병의 유전자적 요인을 밝혀내는 속도만큼 빠르게 현실적으로 그 요인에 대한 적당한 치료법을 개발할 수 없다. 현재 의학수준으로서는 불치병의 유전자를 사전에 발견하였을 때, 그것은 그 당사자는 물론 주위에 있는 사람들에게 엄청난 충격과 지나친 과민한 반응을 불러일으킬 수 있다.

또한 개인의 유전자 결함이 노출되었을 때, 의료보험과 취업에 큰 불이익을 당할 우려가 있다. 미국의 경우, 고용조건에 유전자검사를 요구하는 대기업들이 나오고 있으며, 보험회사들은 벌써부터 헌팅톤씨병, 다운증후군, 겸상적혈구빈혈증, 동맥경화증, 근이양증 등 유전성 질환에 대한 커버리지를 제한하거나 아예 거부하고 있다. 치료비가 비싼 질병과 관련되는 유전자를 가진 사람들은 고용, 보험, 의료 혜택에서 차별받고 거부되어 버릴 가능성이 크다. 휴먼지놈 프로젝트가 인간복지 향상에 대하여 장밋빛 미래를 제시하지만, 동시에 이와 같이 차별받고 소외되어 버릴 새로운 빈곤층을 조성하게 하는 역기능을 가지고 있다.

유전자 차별을 방지하기 위하여 대부분의 윤리학자들은 사적 자유권과 비밀의 원칙을 주장한다. 유전자검사는 자발적으로 행해져야 하지 강제적으로 시행되어서는 안 된다. 그리고 개인의 유전자에 관한 정보는 철저하게 비밀로 지켜져서 사람들로 하여금 동등한 취업, 보험, 의료 혜택을 받을 수 있도록 해야 한다. 대부분의 교회들도 고용, 건강, 보험, 교육 등에 관한 유전자 차별을 초래하는 유전자검사를 전면적으로 거부하고 있다.(WCC, 1989 참조)

2. 임신중절

　　유전자에 관한 지식과 생식에 관한 기술의 발전은 임신과 중절에 대한 중요한 윤리적 문제를 초래한다. 체외수정 된 난자의 4차 세포분열 시 결함이 있는 유전자를 선별할 수 있는 기술이 이미 개발되었다. 이제 부모들은 실험실에서 여러 난자들을 수정케 하고, 유전자검사를 통하여 유전자구성을 살펴본 후, 그 중에서 가장 마음에 드는 것만을 자궁에 착상시키고 나머지 것들은 폐기해 버리는 방법이 가능하게 된다. 그렇다면, 이렇게 폐기된 것들은 생명이 아닌가? 이것 또한 낙태가 아닌가? 마음에 드는 아이들만 골라서 생산하는 것은 하나의 우생학(eugenics)이 아닌가? 결국 인간의 존엄성이란 과연 무엇인가? 라는 질문에 이르게 된다.

　　자궁착상 전 유전자검사에 있어서 가장 중요한 쟁점은 '원하지 않는 배아를 폐기할 수 있느냐?' 하는 것이다. 이를 반대하는 입장은 난자가 수정될 때를 인간의 존엄성과 인권이 성립되는 시기라고 보고, 모든 배아들이 동등하게 자궁에 착상되어 양육되어야 한다고 주장한다. 그러나 착상 전 유전자검사와 배아폐기를 찬성하는 입장은 그 배아들은 아직 미분화된 세포에 있는 것으로 하나의 인격으로 대우받기에는 너무 이르다고 반박한다. 휴먼지놈 프로젝트와 함께 질병을 유발하는 유전자에 대한 지식이 증가하면 할수록, 이에 따라 유전자검사 방법도 더욱 발전하게 될 것이다. 이들은 결국 임신부의 정기검사 항목으로 포함될 것이다. 출산 전 다운증후군과 낭성섬류증 같은 치료가 어려운 병에 연관된 유전자를 발견하게 될 경우, 대부분의 산모는 낙태를 결정할 것이다. 그렇다면 실질적으로 임신은 실험적인 것이 되고, 출산은 유전자검사에 의하여 결정되게 된다.

　　로마 가톨릭교회는 이에 대해 매우 강경한 입장을 취하고 있다.

임신이 되는 순간부터 생명은 보호받아야 하며, 낙태는 큰 죄악이라고 주장한다. 교황 요한 바오로 2세는 착상 전 배아 수정 또는 폐기는 도덕적으로 받아들일 수 없다고 선포했다. 개신교회들은 불가항력적인 상황에 의하여 임신했을 경우에 여성의 낙태에 대한 선택권을 인정하기 위하여 비교적 온유한 입장을 취하고 있지만, 종합적인 입장은 아직 불분명하다. 예컨대, 세계교회협의회는 수정되는 시점이 생명의 시작이라고 인정하지는 않지만, 착상 전 배아 폐기를 구체적으로 승인하지 않고 있다.

3. 유전자특허권

휴먼지놈 프로젝트와 관련되어 발견되고 개발된 유전자에 대한 지식의 특허권 부여 여부를 놓고 그동안 미국에서는 과학자들, 생명기술회사들, 정부 사이에 열띤 논쟁을 해왔다.(J. Craig Venter의 cDNA case가 대표적 사례) 여기서는 이에 관한 복잡한 기술적 내용은 생략하고, 논쟁의 초점을 살펴보고자 한다.

테드 피터스에 의하면 이 논쟁의 중요 쟁점은 세 가지이다. 첫째, cDNA(실험을 용이하게 하기 위해 만든 DNA의 복제품) 배열순서가 유전자에 대한 특허를 받을 만한 지식이라고 간주할 수 있는가? 그러나 특허를 신청한 벤터 본인이 인정하였던 데로 이 지식은 아직 부분적인 것에 불과하고, 그들이 어떤 기능을 하는지에 관하여는 전혀 파악하지 못한 채 있다. 따라서 특허권을 부여하기에는 아직 시기적으로 너무 이르다는 반론이 설득력을 가지고 있다.

둘째, 이 지적 지식이 특허를 받을 만큼 특별한 것인가? 한 발명이 특허를 받기 위해서는 다음 세 가지 조건을 갖추어야 한다. 새로워야 한다, 명백하지 않아야 한다, 효용성이 있어야 한다. 이 경우는 처음 두

조건을 어렵게 충족시킬 수 있을지 모르지만, 마지막 조건인 효용성이 있을지 여부는 아직 미지수이다.

셋째, 자연과정에 관련된 지적 지식이 특허권을 보유할 수 있는가? 하는 보다 근본적인 문제이다. 예컨대 천문학자가 새로운 은하계를 발견했다고 해서 그 지식에 특허를 줄 수 있는가? 미국 대법원은 자연현상에 관련된 사항에 대한 특허권 부여를 거부한 판례를 가지고 있다. (1948, Funk Brothers Seed Co. V. Kalo Inoculant Co.) 그렇다면, cDNA가 자연현상인가 아니면 인간의 발명품인가? cDNA는 DNA 그 자체가 아닌 복제품이므로 자연현상은 아니다. 그러나 그 연구의 목적은 DNA의 자연현상을 밝히려는데 있다. 그러므로 cDNA는 지적 지식을 확보하기 위한 과정에서 발생한 발명품이므로 특허대상이 될 수는 있지만, 인간 지놈 자체는 이미 자연에 일어나고 있는 과정에 해당하므로 특허대상이 될 수 없다.

이 사건은 곧 종교적 쟁점으로 부각되었다. 1995년 5월 18일 워싱턴 시에서 가톨릭, 유대교, 개신교, 이슬람, 힌두교, 불교 등을 포함한 80여 개의 종교단체들의 대표자들이 모여 다음과 같은 성명서를 발표하기에 이르렀다.

> 우리는 인간과 동물의 생명 형식에 관한 특허권을 반대한다. 우리는 최근 미국 특허청이 인간 육체의 부분과 유전공학적으로 조작된 다수의 동물에 대하여 특허권을 부여하기로 결정한 것에 대하여 우려를 금할 수가 없다. 우리는 인간과 동물이 인간이 아닌 신의 창조물로 믿으며, 그들을 인간의 발명품들로 간주하여 특허권을 부여해서는 안 된다고 믿는다.

종교인들과 과학자들 간에 공개 모임이 곧 성립되었으나 그 결과는 협의보다는 하나의 전쟁양상을 띠고 말았다. 종교단체들은 특허권부여를 새로운 유전자 노예시장의 합법화라고 격렬하게 비난하면서, 그것을 저지하기 위한 전쟁에 돌입하였다. 종교인들은 "생명형식을 개조하고, 새로운 생명형식을 창조하는 등 하나님의 주권에 반기를 들고 하나님과 같이 되려고 하는 음모를 우리는 [지금] 목격하고 있다"고 격분하였다.(Land, 1) 그러나 종교인들의 이와 같은 지나친 감정적 태도는 휴먼지놈 프로젝트와 유전과학이 인간 의료복지에 이바지할 수 있는 긍정적 측면들마저 봉쇄해 버릴 가능성이 있다.

4. 생식유전자 중재(Germline Intervention)

윤리학자들은 체세포유전자 치료법을 바람직한 것으로 보고, 휴먼지놈 프로젝트가 그 발전에 중요한 공헌을 해 줄 것이라고 기대하고 있다. 휴먼지놈 프로젝트는 인간이 질병을 통하여 받는 고통을 감소시켜주는 혜택(beneficence)을 보유하고 있다. 그러나 그들은 유전자의 질적 향상을 위해 유전자를 선별하고 조작하는 생식세포유전자 치료법은 반대한다. 왜냐하면 그것이 인간존엄성을 침해할 수 있기 때문이다. 그것은 우선 의학적으로 유해하고 도덕적으로 불안정하다. 이는 아직 확실히 그 결과를 알지 못하는 것에 대하여 미리 도덕적인 결정을 해야 하고, 나아가서 사람들 사이에 불공평과 차별을 증폭시킬 우려가 있다.

교회들도 유사한 입장을 표명하고 있다. 체세포치료에 대해서는 긍정적이지만 생식세포치료에 대해서는 대부분 부정적이다. 지금 내린 생식세포에 관한 불가역적인 결정이 장기적으로 어떠한 결과를 가지고 올 수 있을지 충분히 예측할 수 없기 때문이다. 차세대에 유전되지 않고 질병에 따른 고통을 감소시킨다는 조건 안에서 교회들은 유전자치료를 받아드린다. 생식유전자 중재에 대한 또 하나의 큰 우려는 새로운 우생학이 출현할 가능성이다. 이것이 과거 일본군과 나치 독일의 인종정책에 관련된 우생학의 악몽을 재현시킬 여지를 충분히 가지고 있다. 더욱이 유전공학기술의 발달은 "완벽한 아기"의 생산을 꿈꾸게 한다. 미국에서는 완벽한 아기 증후군(perfect child syndrome)이 이미 출현하고 있으며 그 위험성이 예고되고 있다.

생식유전자에 대한 중재에 반대하며 "신놀음 하지 말라"(Thou shalt not play God)라는 구호가 이곳저곳에서 나오고 있다. 피터스는 이 '신놀음'이라는 표현이 세 가지 의미를 가지고 있다고 주장한다. 첫째는 생명에 대한 새로운 발견이 가져오는 큰 놀라움에 대한 표현이다. 그동안 감추어졌던 생명의 비밀이 과학자들에 의하여 벗겨지고(계시되고) 있으며, 이 새로운 비밀을 밝히는 과학자들에게 신의 능력이 주어졌다는 것이다. 둘째는 의사들이 임상적 상황에서 환자의 생사를 판가름하는 생사여탈권을 가진 경지에 이르게 되는 것을 말한다. 셋째로는 오직 신만이 가질 수 있는 자리에 인간이 올라서는 것을 의미한다. 그 대표적인 예로 생식 유전자 중재를 볼 수 있다. 신놀음을 하지 말라는 구호는 이 셋째의 경우에 대항하여 나온 표현이다. 인간에 불과한 과학자가 생명에 대해 탁월한 지식을 얻었다고 오만해져서 그 본분을 망각하고 생명에 대해 신놀음을 하면 위험하다는 경고이다.(잠 16:18) 인간이 자기 스스로를 생명의 창조자라고 오해하게 될 경우, 인간은 곧 생명에 대한 공경심을 상실하게 되고, 그것은 결국 인간을 파멸에 이르게 한다.

그러나 "신놀음하지 말라"는 구호 속에 유전과학이 주는 충격에 지나치게 민감하여 자기도 모르게 유전자신화에 빠지는 경향이 있다는 사실을 알아야 한다.(앞 장 참조) 생명에 대한 공경심과 낭만적 자연주의는 구별되어야 한다. 성서는 오직 하나님만이 신성하며 모든 자연은 하나님의 피조물에 불과하다고 증거한다. 결국 DNA 자체가 하나님이 아니고, 하나님의 한 창조물에 불과하다. 휴먼지놈 프로젝트가 줄 수 있는 놀라운 과학적 발전은 인류에게 결코 나쁜 소식이 아니다. 그러므로 그 새로운 지식을, 하나님의 창조세계의 보존을 맡은 청지기로서 우리가 어떻게 절제하여 사용할 수 있는 가에 초점을 맞추어져야 한다. 그러기 위해서는 일차적으로 유전자신화에서 해방되어야 하며, 휴먼지놈 프로젝트와 유전과학이 주는 새로운 정보에 적극적인 관심을 가지고 냉철하게 그 진행을 모니터링 해야 한다. 결코 과학자들이 교만해져서 하나님 놀음을 하도록 허용해서도 안 되고, 더불어 낭만적 자연주의에 빠져서 그 연구 노력들을 무조건 방해해서도 안 된다. 우리는 휴먼지놈 연구가 제공하는 새로운 지식들이 먼저 하나님의 영광을 위하고, 나아가 인간 건강과 사회복지와 생태계의 보존을 위하여 지혜롭게 사용되도록 유도해야 할 것이다.

참고문헌

김훈기(2004). 『유전자가 세상을 바꾼다』. 서울: 궁리.
Murobushi Tetsuro. 장대익 편역(2002). 『게놈 비즈니스』(*Genome Business*). 서울: 국일증권연구소.
Reilly Philip R. 이종인 역(2002). 『천재의 유전자, 광인의 유전자』(*Abraham Lincoln's DNA and Other Adventures in Genetics*, 2000). 서울: 시공사.
Ridley Matt. 하영미외 역(2001). 『게놈』(*Genome*, 1999). 서울: 김영사.
Shiva, Vandana. 한재각 외 역(2000). 『자연과 지식의 약탈자들』. 서울: 당대.
Watson, James Dewey. and Andrew Berry. 이한음 역(2003). 『DNA: 생명의 비밀』(*DNA: The Secret of Life*, 2003). 서울: 까치글방.
General Board of Church and Society of the United Methodist Church, 100 Maryland Avenue, NE, Washington, D.C. 2002.
Land, Richard(1995). "Religious Leaders Prepare to Fight Patents on Genes." New York Times, May 13.
Peters, Ted(1997). *Playing God? Genetic Determinism and Human Freedom*. New York and London: Routledge.
World Council of Churches. "Biotechnology: Its Challenge to the Churches and the World." *Church and Society Commission Report*.(1989)

제3장
인간 배아줄기세포

1. 21세기 생명과학의 화두

생명과학이 1998년 인간 배아줄기세포 human embryonic stem cells를 분리해 내고 그 배양에 성공하자, 과학지 「사이언스」 Science는 이것을 그 해 "가장 획기적인 과학적 약진"이라고 평가했다. 줄기세포 연구는 미래의학의 핵심분야가 될 세포대체 요법이나 생체친화적 인공장기 개발의 공급원으로서 크게 각광을 받고 있으며, 당당하게 '21세기 생명과학의 화두'로서 등장했다. 예컨대, 배아에서 추출한 줄기세포를 가지고 가장 확실하게 치매와 파킨스씨병, 당뇨병 등 많은 난치병들을 치료할 수 있으며, 당뇨병의 경우 지금까지는 뇌사자가 기증한 췌장으로 대체하는 방법으로써 억지로 완치가 가능했지만, 앞으로는 줄기세포로 만든 췌장세포를 이식하여 줌으로써 얼마든지 완치가 가능해진다.

줄기세포(stem cells)는 인간과 후생동물의 조직 분화과정에서 볼 수 있는 세포로서 모든 신체기관으로 전환할 수 있는 세포를 말한다. 보통 줄기세포는 배아줄기세포(embryonic stem cells)와 성체줄기세포(adult stem cells)로 구분한다. 배아줄기세포는 자궁착상 전 또는 임신

7-10주 사이의 후기배아로부터 추출할 수 있으며, 성체줄기세포는 일반 성인의 몸에 제한적으로 존재하면서 각 장기나 조직의 증식과 분화에 관여한다. 그러나 그리스도교계가 적극 연구를 권장하고 있는 성체줄기세포에 대해서는 자기가 속해 있는 세포조직 이외에 모든 신체로 전환할 수 있는 다능성(pluripotent)이 증명되지 못하고 있는 실정이다. 따라서 골수에 있는 성체줄기세포는 오직 골수세포로만 전환이 가능하고, 대체목표로 다른 조직세포로서의 사용은 아직까지 거의 불가능하다. 그러나 인간 배아줄기세포로부터는 장기이식이나 결함이 있어 바꿔주어야 할 모든 부분의 대체용 조직세포의 배양이 가능하므로 배아 줄기세포 연구가 일약 생명과학의 스타가 된 것이다.

인간 배아줄기세포의 배양은 현재 다음 세 가지 방법으로 가능하다. 곧 폐기처분 될 냉동배아를 녹여 이용하는 방법, 복제하려는 사람의 체세포 핵을 떼어내서 핵이 제거된 인간난자에 이식하는 동종간 핵치환, 그리고 인간의 체세포 핵을 핵이 제거된 동물난자에 이식하는 이종간 핵치환 방법이다. 그러나 첫째 냉동배아의 방법은 복제가 아니므로 인간복제의 윤리적 문제는 피할 수 있으나, 장기를 이식할 때 빈번하게 발생하는 조직의 거부반응이라는 큰 문제점을 가지고 있다. 가장 완전한 줄기세포는 둘째 동종간 체세포 핵치환에 의해 만들 수 있는데, 이것은 바로 복제양 돌리에게 사용된 복제기술이고, 많은 인간난자와 배아를 폐기해야 하므로 심각한 윤리적 문제가 수반되며, 막대한 비용이 소요되어, 아직까지는 비실용적인 방법이다. 그래서 윤리적 문제가 어느 정도 해결되고 비용도 저렴한 돼지 등 동물의 난자를 사용하는 이종간 핵치환의 방법을 사용할 수 있으나, 이것 또한 잡종 생산 또는 반수반인의 탄생이라는 매우 어려운 윤리적 문제를 초래한다. 이와 같이 21세기의 생명과학의 화두이며 우리의 미래와 결정적으로 관련될 인간 배아줄기세포 연구와 관련되어 우리가 알아두어야 할 사항 세 가지를 이제부터 살펴보고자 한다.

2. 인간 배아줄기세포의 생명성

인간 배아줄기세포 연구에 있어서 그 주 연구소재가 될 포배기(blastocyst)는 보통 수정 후 14일 된 약 140개의 세포군을 말한다. 이를 어떻게 도덕적으로 규정할 것인가 하는 문제이다. 쉽게 말해서, 포배기는 단지 한 세포덩어리에 불과한 것인가, 아니면 인간생명을 담지하고 있는 한 인격체로 보아야 할 것인가? 전자는 인간 배아줄기세포 연구의 대폭적인 개방을 원하는 생명과학자들이 주장하는 입장이고, 후자는 보수적인 종교계가 일반적으로 고수하는 입장이다. 그러나 인간에 대한 궁극적인 이해의 열쇠를 인간 배아줄기세포 연구가 쥐고 있는 한 이 연구를 전면적으로 금지할 수는 없는 노릇이다. 더욱이 이 연구가 장차 인간의 고통을 감소시켜주는 데 결정적 공헌을 할 것이 자명하다. 그러므로 인간복지의 측면에서도 인간 배아줄기세포 연구는 윤리적 당위성을 가지고 있다.

그렇다면 우리는 어떻게 입장을 정리해야 할 것인가? 테드 피터스Ted Peters 교수는 이에 관련된 입장들을 세 가지로 요약한다.(Peters, 1996, 96-100)

첫째, 유전적 입장(the genetic school)은 유전적 출발점, 곧 수정시점이 인간으로서 존엄성과 도덕성을 갖춘 인격체의 출발점이라고 주장한다. 둘째, 발전적 입장(the developmental school)은 인간생명의 출발은 수정과 더불어 시작되지만, 인격체로서의 완성은 수정체가 포배기를 거쳐 태아로 형성되어 가는 과정에 따라 발전적으로 일어난다고 본다. 셋째, 사회결과론적 입장(the social consequences school)은 인격체의 형성은 발전적이며, 인격체는 어떤 시점에서 완결되는 생물학적 사실이 아니라, 사회적으로 이루어진 규범에 의한 정의의 문제라고 규정한다.

여기서 이 셋 중에서 어떤 입장이 가장 옳은지에 대해서는 언급하지 않겠다. 단지 인간 배아줄기세포를 인간생명으로 볼 것인가 하는 것은 유전적 입장이 주장하는 것처럼 간단하게 대답할 수 있는 단순한 문제가 아니라는 점을 강조하고자 한다.(이 입장은 유전자결정론에 빠져있다.) 시험관 속의 배아에는 한 인간생명으로서의 인격적 존엄성이 담겨져 있지만, 동시에 그 인격보다도 어떤 의미에서 더욱 중요할 수도 있는 우리의 미래가 담겨져 있다. 그래서 인간 배아줄기세포 연구가 필요한 경우가 있을 수 있다는 것을 인정해야 할 것이다. 그러나 설사 이 연구가 불가피하게 시행되었을 경우라도, 포배기를 단순한 세포덩어리로 홀대해서는 결코 안 되고, 생명을 창출하는 배아로서 경외하는 마음을 가지고 조심스럽게 다루어야 할 것이다. 여기에 일종의 생명과학적 경畏사상이 필요할 것이다.

3. 인간 배아줄기세포 연구의 한계

인간 배아줄기세포 연구를 시행할 경우, 범위를 어디까지 허락해야 하며, 누가 어떻게 그것을 결정하고 규제해야 하는가 하는 문제이다. 먼저 해서는 안 될 범위에 관해서는 비교적 선명하게 금이 그어져 있는 편이다. 대부분의 국가들이 인간복제, 자궁내 착상, 인간-동물 사이의 이종간 핵치환을 금지하고 있다. 콜-터너Ronald Cole-Turner는 다음과 같이 좀 더 구체적인 한계를 제안했다. 첫째, 어떤 착상도 불가하다는 조건하에 시험관에서만, 둘째, 14일간 이내에 관련된 것에만, 셋째, 사전 검사, 모든 실험계획의 완전공개, 결과물에 대한 완전보고를 요구하는 정부의 공식 면허를 득하는 조건으로만, 넷째, 연구목표에 필요한 배아의 수량만, 다섯째, 타종의 배아로는 불가능한 인간배아학에 관한 기본적인 연구나 의학발전을 위하여 절대적으로 필요한 연구를 위해서만, 끝으로,

연구비, 지적소유권, 상업적 요인들이 적정하게 구성되어 있어 어떤 특정 인물, 기업 또는 국가가 인간배아의 기증, 연구, 또는 폐기에 따른 재정적인 이익을 가지지 않을 경우에 한해서만 허락되어야 한다.

그리고 인간 배아줄기세포 연구에 사용할 포배기를 기증한 여성들과 부부들의 권한이 충분히 보호되어야 한다는 점은 매우 중요하다. 연구소재를 제공한 기증자들에게 연구할 내용과 앞으로 그 연구의 결과가 사용될 사항들에 관하여 충분하고 상세한 설명을 해주어야 한다. 또한 기증자들로부터 그 내용에 대한 승인을 완전히 얻은 후에 연구가 시행되어야 한다. 특히 연구가 상업화 될 경우, 특허 및 상업이익에 대한 정당한 보상이 기증자들에게 보장되어야 할 것이다. 기증자들에게는 인간 배아줄기세포의 원 제공자로서 그 소산에 대한 권한이 정당하게 고려되어야 할 것이다.

규제에 대한 내용은, 이 분야에 전문적인 생명과학자나 대통령이라 할지라도, 한 개인이 결정할 사항이 아니고, 모든 시민이 공개적으로 참여하여 의견을 수렴하고 결정하는 과정을 거쳐야 한다. 이런 의미에서 한국정부가 대통령직속 생명윤리위원회를 설립한 것은 다소 늦은 감은 있지만 적정한 조치라고 하겠다. 그러나 아직 공개적 논쟁문화가 완전히 정착되지 못한 상황에서 이 위원회가 어떻게 모든 시민의 의견을 대변할 수 있게 될지는 아직 미지수이다. 따라서 앞으로 한국교회는 이 위원회에 대하여 많은 관심을 가지고 그 논의와 결정 과정에 적극적으로 참여하는 길을 모색해야 한다. 뿐만 아니라, 이 연구에 관련된 연구기관들과 산업체들도 법적 또는 제도적 감사기구와 별도로 각각 독자적인 자체 내 윤리자문위원회를 설립해서 그 윤리적 입장을 밝히고, 그들의 연구계획, 내용, 결과들에 대해 철저하게 공개적으로 검증하는 노력을 하도록 해야 할 것이다. 예컨대 인간 배아줄기세포 연구의 선두 바이오업체인 제론사 Geron Corporation는 1998년 11월 5일 인간 배아줄기세포 배양에 성공하기에 앞서 이 회사의 윤리자문위원회는 성명서를 발표했다.(Geron Ethical Advisory Board) 그러므로 한국 그리스도교계가 힘을 합쳐 미래를 위해 이 생명과학의 공개화를 중요한 하나의 생명운동으로 간주하고 앞장 설 필요가 있다.

4. 인간 배아줄기세포 연구와 사회정의

인간 배아줄기세포 연구와 사회정의의 관련성이 최근 중요한 문제로 부각되고 있다. 부시 미국대통령이 2001년 8월 복제연구에 대한 정부 지원금을 전면금지하는 방안을 채택한 연후, 미국에서는 공적기관이 아닌 사적단체, 특히 사설연구소와 산업체들이 이 연구를 떠맡게 되어 이 정책이 초래하는 불공정한 기술 분배의 문제가 심각하게 제기되고 있다. 다시 말하면, 특정한 이익집단인 주주에게 상업적 이익을 제공해야하는 사기업에서 이루어지는 인간 배아줄기세포 연구가 사회전체에게 그 혜택이 균등하게 돌아가게 할 수 있겠느냐 하는 근본적인 문제이다. 또한 인간 배아줄기세포 연구의 혜택에 관한 분배정의는 국제적인 차원에서도 이루어져야 하는데, 이것을 구체적으로 어떻게 실행할 것인가 하는 것이 또 하나의 중요한 쟁점이다.

카렌 레바크 Karen Lebacqz 교수는 이와 관련하여 대충 네 가지로 그리스도교 윤리적 입장을 정리한다.(Lebacqz)

첫째, 문화에 따라 선(goods)에 대한 의미와 가치가 달리 규정되기 때문에, 의학연구 및 치료방법에 대한 정의 또한 문화적 상황에 따라 달리 책정되어야 한다는 상대주의적 입장이다.(Michael Walzer) 그러나 이 입장은 한 동질문화 내에서도 선을 규정하는 과정에서는 어쩔 수 없이 힘의 역학관계가 작용하게 되는데, 이 점을 간과했다는 약점을 가지고 있다.

둘째, 분배정의를 충분히 달성할 수 있도록 공정하고 민주적인 과정을 수립해야 한다는 절차주의적 입장이다.(John Rawls, Norman Daniels) 그러나 이 입장은 협의과정에 모든 사람들이 동등한 권한을 가지고 의사결정에 참여할 수 있다고 전제하고 있는데, 이것이 가능한 곳은 지구상에서 그리 많지 않다.

  셋째, 사랑과 자비를 숭상하는 종교전통들이 '가난한 자에게 우선권'을 주고 있듯이, 신기술이나 신 치료법이 이러한 소외된 자들에게 적용되지 않는 한 사회정의가 이루어졌다고 할 수 없다는 급진적 입장이다.(Laurie Zoloth) 그러나 지금까지 전례로 봐서 자칫 잘못하면 이 입장도 또 다른 하나의 포장된 문화제국주의로 변질될 가능성이 있다.(자기가 원하는 방식대로 남이 따르기를 강요하는 일종의 억압) 이 결점을 보완하기 위해서는 서로 다른 문화적 차이를 충분히 인식하는 교차문화적(cross-cultural) 윤리기준 위에서 신기술에 대한 정책이 설립되어야 한다. 여러 문화 속에서 억압받는 이들의 체험을 기초로 해서, 모든 사람들에게 적용되어야 할 인간 가능성에 대한 최소한의 목록을 작성하는 방법으로 이것을 달성할 수 있다고 이 입장은 주창한다. (Martha Nussbaum) 그리고 이들은 인간 배아줄기세포 연구가 세계의 수많은 억압된 자들에게 기본적인 건강의 혜택을 주지 못한다면 불필요하다고 주장한다.

  끝으로, 레바크는 이 교차문화주의의 급진적 사회정의적 측면에다 절차주의의 합리적 의사결정 과정을 보완한 종합적 입장을 제안한다. 건강복지(health care)의 분배정의는 필히 추구해야 할 중요한 윤리적 이슈이며, 시민사회는 인간가능성의 확대를 위한 노력에 최소한의 사회적 지원을 할 책임이 있고, 그것에는 인간 배아줄기세포와 관련된 생명기술 개발에 대한 최소한의 사회적 지원이 포함한다고 그녀는 주장한다.

  제론사의 윤리자문위원장을 역임했던 레바크의 제안이 우리에게 시사 하는바가 많다. 그러나 인간 배아줄기세포 연구에 대한 사회정의의 문제는 환경문제와 같이 우리에게는 양면성을 가진 매우 예민한 사안이다. 겉으로는 정당한 분배와 사회정의를 내세우지만, 속으로는 레바크가 지적한 것처럼 문화제국주의가 도사리고 있을 수 있고, 뿐만 아니라 핵사찰처럼 기술을 이미 가진 국가가 이제 기술을 가지려고 하는 국가들의 기술정도를 모니터하고, 기술 개발을 저지해 보겠다는 국제정치적 힘과 헤게모니의 논리가 숨겨져 있을 수 있다. 환경보전이라는 구실을 가지고 개발도상국의 경제를 관리하고자 하는 선진국의 야욕을 알고 있는 한, 이 문제는 세심한 주의를 기울여서 다루어져야 할 것이다.

환경이냐 개발이냐 하는 문제는 우리에게서 아직 끝나지 않는 딜레마이다. 이제 이것이 생명보전이냐 국가이익이냐 하는 문제로 우리에게 다가오고 있다. 이종간 핵치환에 대한 연구를 허락해 줄 것이냐 하는 것이 인간 배아줄기세포 연구와 관련되어 우리에게 주어진 가장 첨예한 문제일 것이다. 물론 이 기술은 앞으로 엄청나게 큰 바이오 시장의 잠재력을 가지고 있다. 그리스도교 문화를 기조로 하는 미국이나 유럽의 국가들이 이것을 공개적으로 허용하기는 쉽지 않을 것이다. 이 틈을 이용해서 일본과 중국이 이 엄청난 시장을 잠식하고 독점하려 할 것이다. 그렇다면 이 분야에 선진 주자로서 벌써 두각을 나타내고 있는 한국은 이종간 핵치환에 대한 연구에 대해서 어떠한 결정을 내려야 할 것인가? 막대한 국가이익을 벌 수 있는 기회를 놓칠 수 없다는 경제적 실리론과 그것보다도 인간의 존엄성과 가치를 위해 희생할 줄 아는 시민으로서 성장해야 한다는 문화적 명분론이 서로 대립할 것이다.

그 실리론과 명분론 중에서 우리 그리스도인들은 어떤 쪽을 택해야 할 것인가? 이것이 바로 인간 배아줄기세포 연구가 한국 그리스도인들에게 주는 도전의 핵심이며, 21세기는 계속해서 우리 그리스도인들에게 이러한 식의 신학적 결단을 종용할 것이다. 나는 이 질문에 대한 대답을 독자들 스스로에게 맡기고자 한다. 단지 여기서 지적하고자 하는 바는 더 이상 이중적 기준(double standards)으로 이 일을 회피해서는 안 된다는 사실이다. 겉으로 명분을 내세우고 속으로 실리를 채우는 이중적 잣대를 사용하는 태도로서는 더 이상 국가신용을 지킬 수 없으며, 무엇보다도 이것은 위선이며 신앙적 양심에 어긋나는 비그리스도교적인 태도인 것이다.

참고문헌

구영모(1999). 『생명의료윤리』. 서울: 동녘.
한국생명윤리학회(2004). 『인간 배아복제 및 배아연구에 관한 자료집』.
Cole-Turner, Ronald, "What are the moral limits of embryo and embryonic stem cell research?" Oct. 2001, Stem Cell Colloquy, Garrett Evangelical Theological Seminary, Chicago. http://www.meta-library.net/stemcol/rct-body.html
Geron Ethics Advisory Board, "Research with Human Embryonic Stem Cells: Ethical Considerations," Hastings Center Report 29, 2(1999), 31-36.
Holland, Suzanne. Karen Lebacqz. and Laurie Zoloth. eds.(2001). *The Human Embryonic Stem Cell Debate*. MIT Press.
Lebacqz, Karen. "Stem Cells and Justice." Seoul Religion and Science Workshop. The Center for Theology and the Natural Sciences. Jan. 18-22. 2002. Seoul Cultural Education.
Peters, Ted(1996). *For the love of Children*. Louisville, Ky: Westerminster/John Knox Press.
―――. ed.(1998). *Genetics: Issues of Social Justice*. The Pilgrim Press.

제3부
사회생물학과 종교

제1장
이기적 유전자

오늘날 그것들은 외부로부터 차단된 거대하고 꼴사나운 로봇 속에 거대한 집단으로 떼 지어 살면서 구부러진 간접적인 길을 통하여 외계와 연락을 갖고 리모트 컨트롤에 의하여 외계를 조절하고 있다. 그것들은 당신 속에도, 내 속에도 있다. 그것들은 우리의 몸과 마음을 창조했다. 그리고 그것들의 유지야말로 우리의 존재의 최종적 논거이다. 그것들은 자기 복제자로서 기나긴 길을 걸어 왔다. 이제 그것들은 유전자라는 이름으로 걸음을 계속하고 있으며, 우리는 그것들의 생존 기계인 것이다.(Dawkins, 45)

"21세기에는 과학의 어떤 분야가 인류에게 가장 큰 영향을 줄 것인가?"라고 누가 질문한다면, 나는 두말할 것도 없이 "그것은 생물학이다."라고 대답할 것이다. 21세기에 들어서자마자 생물학은 인간복제, 휴먼지놈 프로젝트 등으로 이미 뉴스의 헤드라인을 장식하고 있다. 물리학이나 화학과 같은 자연과학 분야들은 물질을 대상으로 하고 있어서 그 영향력이 간접적이지만, 생물학은 바로 인간과 생명을 다루기 때문에 우리에게 직접적인 영향을 준다. 20세기에 그리스도교 신학에 가장 큰 도전을 준 학문분야가 사회학이었다면, 과학시대인 21세기에는 그 자리를 생물학이 차지 할 것이다.

　이 생물학 중에서도 특히 인간을 주제로 다루는 사회생물학(sociobiology)이 우리의 눈길을 끈다. 하버드대학의 사회생물학자 윌슨E. O. Wilson은 이미 사람은 어디까지나 생물의 일원이므로 사람의 행동을 다루는 모든 과학은 당연히 생물학이라고 선언했다. 한 걸음 더 나아가서 그는 인간에 관한 모든 사회과학은 재편성되어 진화생물학의 한 분과로 소속되어야 하며, 윤리학도 신학자와 철학자의 손에서 떠나 생물학화 되어야 한다고 주장했다. 이처럼 사회생물학자들은 지금까지 인류를 지배해 왔던 인간에 대한 종교적이고 철학적인 가르침들을 비과학적이라고 비판하며 거부한다.

　인간에 관한 성경의 교훈들이 다윈의 진화론과 유전학에 기반을 둔 사회생물학에 의해 정면으로 도전을 받고 있는 것이다. 오늘날 진화론 또는 과학적 환원주의라고 해서 그것을 무조건 배척하는 것은 결코 바람직한 자세가 아니다. 도리어, 우리는 그들이 주장하는 내용들을 주의 깊게 살펴 볼 필요가 있다. 먼저 옥스퍼드대학의 사회생물학자 도킨스Richard Dawkins의 유명한 저서 『이기적 유전자』(the selfish gene)부터 살펴보기로 하자.

1. 이기적 유전자(the selfish gene)와 로봇 생존기계

　도킨스는 "우주의 어떤 장소이든 생명이 생기기 위해 존재해야만 했던 유일한 실체는 불멸의 자기 복제자"이고, 이 자기 복제자의 정체가 곧 유전자라고 정의한다.(Dawkins, 391) 서두에 인용한 구절처럼 그는 사람과 모든 동물이 유전자에 의해 창조된 기계에 불과하다고 주장한다. 우리 인간은 불과 수십 년을 살지 못하지만 유전자의 수명은 1만 년 또는 100만 년 단위이다.(그래서 DNA를 "불멸의 코일"이라고 부른다.) 이와 같이 불사신인 유전자는 우리 몸을 자기복제를 위한 생존기계라는 목적으로 사용한 후 무참하게 버리고 만다. 생명체의 기본단위는 어디까지나 유전자이고, 세포는 유전자의 화학공장이고, 인간의 몸은 유전자의 군체(Colony)일 뿐이다. 유전자는 컴퓨터의 프로그램 작성자처럼 간접적으로 자기의 생존기계인 우리의 행동을 제어한다. 그것들은 생존기계의 체제를 미리 만들고 개체로 독립시킨 후 그 속에 점잖게 앉아서 그 행동을 조종한다.

도킨스는 유전자 수준에 있어 "이타주의는 악이고 이기주의는 선이다."라고 주장한다.(Dawkins, 67) 개체의 수준에서는 이타주의로 나타나 보이나, 그것은 어디까지나 유전자가 자기의 숫자를 최대한으로 증식시키기 위한 계산된 이기주의의 산물이라는 것이다. 이것은 근친도(relatedness)라는 지표를 통해서 측정할 수 있다. 근친도는 2인의 친족이 1개의 유전자를 공유하고 있는 확률을 나타낸다. 2인의 형제간의 경우, 한 사람이 가지고 있는 유전자의 절반을 다른 사람도 공유하고 있으므로 그 근친도는 2분의 1이다. 유전자의 입장에서 볼 때, 부모와 그들의 염색체가 감소분열하여 만든 정자와 난자에 의해 생산된 자식간의 근친도도 역시 2분의 1이다. 자식에 대한 부모의 수고는 혈연이타주의의 한 특수한 예일 뿐이다. 갓난아기인 동생이 고아가 됐을 경우에도 누나는 이 어린 동생을 자기의 친자식처럼 열심히 돌보아 준다. 왜냐하면 그의 근친도가 부모와 똑같이 2분의 1이기 때문이다. 부모자식 관계가 형제자매 관계에 비해 '유전적'으로 특별한 것이 없다.

조부모와 손자가 서로에 대해 이타적으로 행하는 근거도 같다. 그들은 서로 유전자의 4분의 1($\frac{1}{2} \times \frac{1}{2}$)을 공유한다. 그러나 손자의 평균 수명이 더 오래이므로 손자에 대한 조부모의 이타주의유전자가 조부모에 대한 손자의 이타주의유전자보다 자연선택상 유리하다. 왜냐하면 유전자의 입장에서 볼 때 앞으로 오래 살 젊은이를 원조할 때에 나오는 순이익이 곧 죽을 노인을 원조할 때에 발생하는 순이익보다 크기 때문이다. 유전자는 이와 같이 순이익을 지향하며, 개체는 복잡한 계산을 할 수 있도록 미리 프로그램화 되어있는 "생명 보험업자"이다.

행동 패턴의 '순이익 득점'(net benefit score)이라고 하는 수치에 의하여 이것을 계산을 할 수 있다. 유전자는 자기의 이타적 행동패턴의 레퍼토리의 각각에 대해서 그것을 계산한 후, 순이익이 최대로 되는 행동패턴을 선택하여 실행한다. 전체득점이 마이너스라고 해도 최고 득점의 행동, 즉 가장 작은 불운을 택한다. 어떠한 플러스행동에도 시간과 에너지의 소비가 있으므로 아무 것도 하지 않을 때 순이익의 득점이 최고로 될 때가 있다. 손익의 예측은 인간이 결단을 할 때와 같이 과거의 경험, 곧 과거에 있었던 유전자의 생존조건에 기인한다. 조건이 크게 변하지 않는 한 그 평가는 같고 생존기계는 빠른 결단을 내린다.

어머니도 하나의 기계이다. 이 기계 속에 제어자인 유전자가 삽입되어 있고, 이 기계는 유전자의 사본을 증가시킬 수 있는 한 모든 노력을 기울이도록 프로그램되어 있다. 그녀의 최적 전략은 번식 연령까지 양육해 낼 수 있는 가장 많은 수의 아이에 대해 공평한 투자를 하는 것이다. 어떤 경우 부실한 아이에게는 급식을 거부하고, 보호투자의 배분량을 모두 다른 형제자매에게 분배하는 것이 어머니에게는 유리하다. 그런가 하면 새끼들은 허위, 위장, 사기, 공갈, 심지어는 형제를 살해하는 잔인한 행위까지 사용하여 부모의 관심과 투자를 독점하려고 한다.

카인의 이야기는 동물의 왕국에서도 전혀 새로운 이야기가 아니다. 얌체인 뻐꾸기의 암놈은 다른 새의 둥지에 알을 산란하고, 알아보지 못하는 양부모들로 하여금 자기 새끼를 키우게 한다. 먼저 부화된 새끼 뻐꾸기는 다른 알들을 둥지 밖으로 밀어낸다. 뿐만 아니라 이 새끼 뻐꾸기는 큰 소리로 떠들며 우는 공갈전법으로 양부모의 관심을 끌고 먹이를 독차지하려고 한다. 뻐꾸기와 같이 다른 종의 둥지에 산란하는 꿀잡이 새도 마찬가지로 아예 그 뾰족하고 예리한 부리로 다른 젖형제를 마구 쪼아서 죽여 버린다.

　　이와 같이 유전자의 수준에서 보면 부모와 자식 간의 순수한 이타적 사랑은 존재하지 않는다. 아이들의 생물학적 본성에 이타주의가 심어져 있다고는 전혀 기대할 수가 없다. 부모와 자식의 관계는 오직 생존을 위한 하나의 다툼일 뿐이다. 부모와 자식 간에 어느 쪽의 승률이 높은지에 대한 일반적인 해답은 없다. 결국 부모와 자식이 서로에게 기대하는 이상적 상태에서 타협이 이루어진다.

　　배우자간도 마찬가지로 대립의 관계이다. 아버지도 어머니도 그들이 자식들에게 투자한 50%의 유전자의 복리에 우선적 관심을 가지고 있다. 서로 협력하여 자녀를 양육하는 것은 그것이 양자 모두에게 유리하기 때문일 뿐이다. 사실상 이기적인 개체는 가능한 한 많은 이성과 교미하고 자식양육은 모두 상대에게 떠맡겨지기를 바라고 있다. 사회생물학은 성적인 협력을 이와 같은 상호 불신과 상호 착취의 관계로서 파악한다. 개개의 생물체는 이기적인 유전자들의 이익을 위해 맹목적으로 프로그램된 기계이다.

　　그들의 최대의 전술은 파트너가 자식들에게 공평한 분담량 이상의 투자를 하도록 만들고, 자기는 그 사이에 다른 파트너와 새로운 자식을 얻는다는 수법이다. 그러나 어미가 자식을 아비에게 맡기고 다른 수컷을 찾아 도망치는 전술을 취하면 아비 편에서도 자식을 버린다는 식으로 보복한다. 새로운 배우자를 취한 직후, 의붓자식일 가능성이 있는 자식은 모두 죽여 버리는 수컷들이 실제로 있다. 쥐의 경우 수컷이 분비하는 어떤 화학물질을 암컷이 맡으면 다른 배우자의 태아를 임신하였을 경우에 유산을 일으키는 수가 있다.(Bruce 효과) 수컷의 쥐는 이 방법으로 의붓자식일 가능성이 있는 태아를 죽이고 새로운 암컷이 자신의 구애에 응해 주도록 요구한다. 또한 수사자가 무리에 새로이 끼게 되면 그는 거기에 있는 새끼를 모두 죽여 버리는 수가 있다.

　　개미 또는 꿀벌과 같은 벌목(Hymenoptra) 그룹에서 여왕을 위해 일벌레들이 행하는 희생적인 봉사를 보통 이타주의의 표본으로 꼽는다. 그러나 유전자의 수준에서 보면, 이것은 이기적 유전자의 대표적인 한 예에 불과하다. 오히려 일벌레는 번식충을 '자기의 이익'을 위해 사육하고 있다. 일벌레는 번식충이 자기들의 몸속에 있는 유전자의 복제물을 더 많이 증식하도록 조작한다. 실제로 일벌레들 서로간의 근친도가 여왕과의 그것보다 높다.

여왕은 젊어서 결혼 비행을 한 번 하고, 그 때에 저장한 정자로 나머지 전 생애에 걸쳐 알낳기를 수행한다. 여왕벌은 정자를 일정량 방출하여 수란관을 통과하는 알을 수정시킨다. 그러나 모든 알이 수정되는 것은 아니다. 미수정란이 발육하면 수놈으로 된다.(수놈에게는 아비가 없다.) 반면에 벌목의 암놈은 보통의 동물과 다름이 없다. 그들에게 모친과 공유하는 유전자의 확률은 50%이고, 부친과 공유하는 확률은 100%이다. 따라서 그들에게 같은 부모로부터 유래하는 자매간의 근친도는 보통의 유성 생식 동물의 경우와 같은 2분의 1이 아니라 4분의 3으로 된다. 따라서 벌목의 암놈의 경우 부모를 공유하는 자매에 대한 혈연정도($\frac{3}{4}$)는 자기의 양쪽 성의 자식에 대한 어미의 혈연정도($\frac{1}{2}$)보다 가깝다. 그들은 모친을 효율이 좋은 자매 생산기계로서 이용하기 위해 봉양한다. 이 경우 간접적인 방법으로 자매를 만들게 하는 유전자가 직접 자식을 만들게 하는 유전자보다 유력하여 증식하게 되고, 일벌레의 불임성은 이렇게 진화한 것이다. 유전자의 사본을 생산하기 위해 일벌레는 스스로 그 일을 하기보다 더욱 효율이 좋은 어미를 그들의 유전자사본의 생산자로 양식하고 있다.

2. 문화적 유전자(meme)

유전자의 특성은 한마디로 자기복제자라는 것이다. 그런데 인간에게 "신종의 자기 복제자가 최근에 바로 이 행성에 등장"했는데 이것이 곧 "문화"라고 도킨스는 주장한다. "그것은 아직 미발달한 상태에 있고 전과 다름없이 원시수프 속에 꼴사납게 떠 있다. 그러나 이미 그것은 헐떡거리며 멀리 뒤떨어진 옛 유전자를 버려두고 일정한 속도로 진화적 변화를 이루어 나가고 있다."(Dawkins, 287) 그는 이 새롭게 등장한 자기복제자를 문화적 유전자, 곧 밈^{meme}(mimeme[모방] + gene[유전자])이라고 지칭한다. 언어를 비롯하여 의복과 음식물의 양식, 의식과 습관, 예술과 건축, 기술과 공예 등이 모두 밈이다. 유전자가 유전자 풀 내에서 정자와 난자를 운반체로 하여 몸에서 몸으로 날아다니며 번식하는 것과 같이 밈도 밈 풀$^{meme-pool}$ 내에서 모방과 같은 과정을 매개로 하여 뇌에서 뇌로 건너다니며 번식(자기복제)한다.

바이러스가 숙주 세포의 유전기구에 기생하는 것과 유사한 방법으로 밈은 인간의 뇌를 번식용 운반체로 사용한다. 예컨대 '사후에 생명이 있다는 믿음'이라는 밈은 신경계의 하나의 구조로서 존재하며, '신'이라는 것도 높은 생존력과 또는 감염력을 가진 밈이라는 형태로 실재한다. 유전자(또는 DNA)를 단위로 하는 낡은 생물학적 진화는 뇌를 만들어 냄으로써 최초의 밈이 생겨날 수 있는 근거를 제공했다. 이어서 자기복제 능력이 있는 밈이 등장하고, 그들은 낡은 타입의 진화보다 훨씬 빠른 독자적 타입의 진화를 개시했다. 인간의 뇌는 밈이 살고 있는 컴퓨터이다. 지옥불과 같은 극히 음험하고 효과적인 설득 기술은 권모술수적인 성직자의 작품이라고 하기보다는 이기적 유전자의 모조적 잔인성과 같이 밈이 스스로의 생존을 확보하기 위한 수단이라고 도킨스는 주장한다. 그것이 신의 밈과 서로 강하게 화합하여 밈 풀 속에서 서로의 생존을 촉진한다는 것이다. 또한 맹신의 밈은 이성적인 물음을 꺾어 버리는 단순한 무의식적 수단을 행사함으로써 자기의 영속을 확보한다고 말한다.(마지막에 있는 인용문을 보라.)

밈과 유전자는 종종 서로 강하게 화합하는데 때로는 서로 대립하는 수도 있다. 예컨대 독신주의의 습관 같은 것은 유전에 의해 전해지는 것이 아니다. 사회성 곤충에서 볼 수 있는 매우 특수한 상황을 제외하면 독신주의를 발현시키는 유전자는 유전자 풀 속에서 실패로 운명지어지기 때문이다. 그러나 독신주의의 밈이 밈 풀 속에서 성공할 수 있는 가능성도 있다. 밈의 성공은 그것을 적극적으로 다른 사람에게 전하기 위해서 사람들이 얼마나 시간을 쓰는가에 의해 결정적으로 좌우된다. 그 밈을 전달하려고 하는 것 이외에 쓰인 모든 시간을 그 밈의 입장에서 보면 시간 낭비로 보일 것이다. 독신주의의 밈은 성직자들로부터 아직 인생의 목표를 정하지 않은 소년들에게 전해진다. 승려를 밈의 생존 기계라고 한다면 독신주의라는 것도 그에게 짜 넣어지면 필요한 속성이 된다. 독신주의는 호교적인 종교적 밈이 만들어 내는 거대한 복합체의 작은 파트너인 것이다.

      그러나 이기적 유전자와 밈의 결정론을 주창하는 철저한 다윈주의자 도킨스에게도 인간의 의지와 자유에 대한 소망은 버릴 수가 없었던 모양이다. "순수한 사욕이 없는 진짜 이타주의의 능력이 인간의 또 하나의 독자적 성질일 가능성도 있다. 우리가 비록 어두운 측면으로 눈을 돌려 개개의 인간은 기본적으로 이기적인 존재라고 가정한다고 해도 우리의 인식적인 선견능력, 즉 상상력을 구사하여 장래의 사태를 시뮬레이트 하는 능력에는 맹목적인 자기복제자들이 일으키는 최악의 이기적 폭거에서 우리를 구출하는 능력이 있을 것이라는 점이다. 우리는 유전자기계로서 조립되어 밈기계로서 교화되어 왔다. 그러나 우리에게는 이들의 창조자에게 대항할 힘이 있다. 이 지상에는 유일하게 우리 인간만이 이기적인 자기복제자들의 전제적 지배에 반역할 수 있다."(Dawkins, 300-301) 결국 이것은 인간을 한낱 이기적 유전자가 조정하는 맹목적으로 프로그램된 로봇기계로 보는 그의 본래 주장과 크게 상충되는 것이다. 결국 도킨스는 자기가 파놓은 함정에 스스로 **빠**지는 자기모순에 이르게 된 것이다.

3. 평가

물론 도킨스의 이기적 유전자론은 많은 문제점을 가지고 있다.

첫째, 이 주장들은 과학적으로 증명하기 어려운 가설들을 포함하고 있다. 진화론적 단위는 천문학적인 것이어서 그것을 과학적으로 증명할 수 있는 수단은 현실적으로 존재하지 않는다. 더욱이 그의 논리는 이기적 유전자라는 전제를 먼저 결정해 놓고, 생물학적인 자료들을 그 결론에다가 끼어 맞추기 식의 순환적인 논법이 분명히 사용되고 있다.

둘째, 인간의 본성에 대한 그들의 주장은 지나친 것이다. 어떤 동물이 어떤 행동을 한다고 해서 그것이 꼭 인간에게 적용되리라는 법은 없다. 또한 "A가 B이다."(is)라는 전제에서 "A는 B가 꼭 되어야 한다."(ought to)는 명제를 논리적으로 도출할 수 없다. 한 동물의 행위적 사실이 곧 인간의 본성적 규범이 된다는 것은 논리적 비약인 것이다.

셋째, 도킨스의 문화적 유전자(밈)에 대한 제안은 흥미로운 것이나, 어디까지나 가설의 단계에서 벗어나지 못한 것으로서 생물학자 중에서도 이 제안을 받아들이는 수가 그리 많지 않다. 이것 또한 바버 Ian Barbour가 언급한 과학적 환원주의자들이 보통 범하고 있는, 과학적 현상에서 발견하는 사실에서 철학적 명제를 추론하는 오류의 한 예인 것이다. 더욱이 앞 절 마지막 부분에서 지적한 바와 같이 인간에 대한 소망을 거는 도킨스는 이미 스스로 자가당착에 빠져 있는 것이다.

넷째, 이기적 유전자론과 사회생물학이 이데올로기화되는 것은 매우 위험하다. 왜냐하면 그들의 주장 속에는 사회적이고 문화적인 배경을 무시하고 인종차별주의와 성차별주의를 지원하는 우익 이데올로기적 성향이 있기 때문이다. 서양사상적 측면에서 볼 때, 이와 같은 유전자 환원주의는 그 동안 사회과학을 중심으로 주위의 환경과 양육(nurture)을 우선적으로 보던 상대주의(relativism)에 대해서 본성(nature)을 위주로 한 과학적 보편주의의 반발이라고 볼 수도 있다.

그러나 이러한 문제점에도 불구하고 그리스도인들은 도킨스의 이기적 유전자에 관한 치밀한 분석에 귀를 기울일 필요가 있다. 어떤 면에서 이기적 유전자론은 그리스도교가 오랫동안 주장해 온 인간에게 뿌리깊이 박혀있는 죄성에 대한 과학적 진술이라고 볼 수도 있다. 우리는 가정과 교회와 사회 안에서 이기적 유전자와 같은 이타주의의 가면을 쓴 악랄한 이기주의를 얼마든지 찾아 볼 수 있는 것이다. 한국 사회에서 만연하고 있고 심지어 교회에서도 출현하고 있는 극렬한 집단이기주의들(혈연주의, 학연주의, 지역감정, 개교회중심주의, 교단중심주의 등)은 이기적 유전자의 연장선상에 있다고 볼 수 있는 것들이다. 그리고 종교적 밈, 특히 맹신에 관한 그의 혹독한 비판을 우리는 반성하는 자세로 들어야 할 것이다.

맹신은 어떤 것도 정당화할 수 있다. 만약 사람이 다른 신을 믿고 있으면 아니, 만약 사람이 같은 신을 믿는데 다른 의식을 쓴다면 다만 그것만으로도 맹신은 그에게 사형을 선고할 수 있다. 십자가에 매단다, 화형을 한다, 십자군의 검으로 찌른다, 베이루트 노상에서 사살한다, 벨파스트의 술집에 있는 것을 폭탄으로 날린다. 무엇이든 닥치는 대로이다. 맹신이라는 밈은 몸에 밴 잔인한 방법으로 번식해 가고 있다. 애국적, 정치적 맹신이든, 종교적 맹신이든 상기의 성질은 똑같은 것이다.(Dawkins, 297)

참고문헌

Dawkins, Richard. 홍영남 역(1993). 『이기적 유전자』(*The Selfish Gene*, 1989). 서울: 을유문화사.
Keller, Evelyn Fox. 이한음 역(2002). 『유전자의 세기는 끝났다』(*The Century of the gene*, 2002). 서울: 지호.
Lewontin, Richard C. Steven, R. Rose and Leon J. Kamin. 이상원 역(1994). 『우리 유전자 안에 없다: 생물학, 이념, 인간의 본성』(*Not in our genes: biology, ideology and human nature*, 1984). 서울: 한울.
Rolston III, Homes. *Genes, Genesis, and God: Values and Their Origins in National and Human History*. Cambridge: Cambridge University Press, 1999.

제2장

사회생물학

과학정신은 종교보다 우월하다. … 그것은 물리적 세계를 설명하고 조정하는데 성공을 거듭해 왔다. 그것의 자기 교정적 특성은 실험을 설계하고 수행할 수 있는 모든 능력을 갖추고 있다. 그것은 신성하거나 세속적이거나 간에 모든 주제들을 조사할 준비가 되어 있다. 그리고 이제 그것은 전통종교를 진화생물학의 기계론적 모델로 설명할 수 있는 가능성을 갖게 되었다. 이 중에서 마지막 성취가 핵심일 것이다. 교조화한 세속적 이데올로기들을 포함하여 종교가 뇌의 진화적 산물로서 체계적으로 분석되고 설명될 수 있게 된다면, 종교가 지닌 도덕성의 외부 근원으로서의 힘은 영원히 사라질 것이다. [그리고 더 이상 신학은 한 독립적인 지적 분야로 생존하지 못할 것이다.] (Wilson, 2000, 275)

1. 사회생물학의 등장

사회생물학(Sociobiology)을 본격적으로 체계화한 사람은 하버드대학의 생물학교수 에드워드 윌슨^{Edward O. Wilson}이다. 그는 과학적 유물론에 입각하여 생물학에 사회과학을 통합시키는 것이 시대적 사명이라고 확신하고, 그 목적을 달성하기 위하여 사회생물학을 제창했다.(Wilson, 1978) 이번 장에서는 윌슨의 사회생물학과 특히 그의 인간론을 그의 유명한 저서 『인간본성에 대하여』를 중심으로 살펴보고자 한다.

그는 사회생물학을 "인간을 포함한 모든 생물의 모든 사회적 행동을 체계적으로 연구하는 학문"이라고 정의한다.(Wilson, 1975, 42) 만약 어느 외계인 과학자가 지구에 생물을 연구하러 왔다고 가정했을 경우 의학, 법학, 사회학, 정치학, 경제학 등 인류가 이룩해 놓은 모든 학문의 영역들은 그 외계인에게, 호모사피엔스라는 영장류의 한 종(인간)을 연구하는 생물학의 소 분야들에 불과할 것이다. 윌슨은 "인문학을 포함해서 사회학이나 다른 사회과학들은 생물학의 현대적 합성을 위해 남아 있는 마지막 가지들"이라고 단언한다.(Wilson, 1975, 4)

사회생물학은 개체의 수준에서보다는 집단의 수준에서 유전자와 환경의 상호작용인 진화를 고찰한다. 그것은 망원경을 거꾸로 대고 보듯 거시적으로 인간을 살핌으로써 사회과학이 보통 저지르는 '자아도취적 인간중심주의'를 극복하고자 한다. 사회생물학은 정통 마르크스주의자, 일부 학습이론가 및 사회학자들이 신봉하는 문화결정론(문화가 인간을 만든다.)을 배격하고 유전자결정론을 고수한다. 해부학적이나 생화학적으로 보면 유인원들과 원숭이들도 보편적인 인간형질을 공유하고 있다.

더구나 영장류들만 문명을 발전시킨 것이 아니고, 그것이 단지 우연에 의해 노출된 피부를 갖고 두 발로 서는 포유동물의 신체 구조 및 성질과 연관되었을 뿐이다. 윌슨은 "인간 본성은 상상할 수 있는 수많은 것들 중에서 나온 단지 하나의 잡동사니에 불과하다."라고 말한다.(Wilson, 2000, 52)

인간본성의 일반형질들은 다른 종들보다 매우 특이한 것은 사실이지만, 대부분의 행동들이 포유동물의 것이며, 영장류의 특징에 크게 벗어나지 못하고 있다. 인간만의 독특함이라는 도그마는 더 이상 성립하지 못한다.(침팬지는 인간과 뚜렷한 유사성을 갖고 있는데 인간과 침팬지의 유전적 차이는 식별하기조차 어려운 초파리 두 종을 구분해 주는 정도라고 한다.)

많은 동물학자들은 인간만이 언어를 사용할 수 있고 인간만이 자의식이 있다는 전제를 더 이상 받아들이지 않는다. 근친상간의 금기(근친상간의 병리적 위험을 피하기 위한 자연선택)와 상승혼(여성이 부와 지위가 동등하거나 더 우월한 남성과 결혼하는 행위)도 인간에게만 보편적인 사회적 행위가 아니라 모든 사회적 동물에게 해당되는 전형적인 것이다. 호모사피엔스도 그 행동에 영향을 주는 유전적 다양성과 질과 규모 면에서 평범한 동물들과 별로 다를 바가 없다.

윌슨은 천성(nature)과 교육(nurture)이라는 오랜 논쟁을 낡은 구분이라고 비판하고, 인간의 정신적 발달도 어디까지나 "준비된 학습"이라고 주장한다.(Wilson, 2000, 87-109) 각 종의 학습 능력은 뇌의 구조, 호르몬의 방출순서 등 궁극적으로 유전자에 의해 철저하게 프로그램되어 있으며, 각각의 동물 종은 어떤 자극은 배우고, 어떤 학습은 배제하며, 어떤 자극에는 중립을 지키도록 준비되어 있다. 예컨대, 북미 동부의 산란지역과 남미의 겨울 도래지 사이를 매년, 밤에 이동하는 멧새는 둥지를 떠나자마자 신속하게 북극성과 주위의 별자리들을 배울 준비를 갖춘다. 그러나 다른 별자리들을 학습하는 것은 금지되어 있다. 인간의 정신도 백지에 그려지는 것이 아니다. 인간도 결국 여러 대안 중에서 본능적으로 어떤 특정한 대안을 선택하고, 유아에서 어른으로 자동적이고 점진적으로 변화하도록, 신축적이긴 하지만 정해진 계획표에 따라 주변 환경을 탐색해가며 의사 결정을 하도록 설계된 기구이다.

인간행동은 유전자에 구속되어 있으며, 유전자가 인간의 행동을 결정한다. 윌슨은 그리스도교 인간론의 핵심사상인 영혼과 자유의지를 철저한 기계론적 입장에서 비판한다. "우리 유전자들이 유전되고, 우리의 환경이 우리가 태어나기 전부터 작동하고 있었던 물리적 사건들의 인과사슬이라고 한다면, 어떻게 뇌 속에 진정한 독립행위자가 있단 말인가? 행위자 자체는 유전자와 환경의 상호작용을 통해 창조된다. 그러므로 자유란 단지 자기기만이 아닐까?"(Wilson, 2000, 111-112) 그 자유라는 것은 꿀벌의 비행과 같아서 비행경로의 선택이 무지한 관찰자에게는 임의적인 자유 행위로 보이지만, 곤충학자들은 최신 컴퓨터기술에 의하여 정확히 예측할 수 있다. 벌의 비행경로와 같이 인간의 미래도 이미 결정되어 있으나, 인간의 정신은 그것을 자유의지에 의한 선택이라고 인식하는 것이다.

　　문화적 진화가 생물학적 진화보다 속도가 훨씬 빠르기는 하지만, 문화적 진화로 창조된 사회환경도 결국에는 생물학적 자연선택의 길이 된다. 자연선택에 의한 유전적 진화는 문화능력을 증진시켰고, 문화는 그것을 최대한 이용하는 사람들의 유전자 적합성을 강화시켰다.(이중적 자가촉매작용) 이러한 사회생물학의 전제들 위에서 윌슨은 인간의 본성을 고찰한다. 이 장에서는 그 중에서 성, 이타주의, 종교에 대한 그의 설명을 살펴보자.

2. 성(Sex)

　　성은 변화무쌍한 현상이며, 인간 생물학의 핵심이다. 그러나 성은 본래 번식용으로 설계된 것이 아니다. 진화는 본래 짝짓기와 수정이라는 복잡한 유성생식의 절차보다 훨씬 더 효율적인 무성생식의 번식방법들을 고안해 냈다. 박테리아는 마냥 둘로 분열하고, 곰팡이는 헤아릴 수 없이 많은 수의 포자를 퍼뜨리며, 히드라는 몸통에서 직접 자손을 싹틔운다. 증식이 번식행동의 유일한 목적이라면, 포유동물의 조상들은 성없이도 진화할 수 있었다. 또한 쾌락을 주고받는 것도 성의 주된 기능은 아니다. 쾌락은 단지 동물들을 교미하게 만드는 장치이며, 다용도의 신경계를 지닌 생물들로 하여금 시간과 에너지를 구혼, 성교, 양육에 대규모로 투자하도록 유인하는 수단일 뿐이다. 성행위는 해부학적으로 볼 때, 자궁외 임신이나 성병 같은 치명적인 기능장애나 불필요한 낭비를 유발하는 위험한 활동이다. 구혼활동도 에너지의 측면에서 볼 때 비경제적이고, 포식자에게 살해될 위험을 증대시킨다.

성 자체가 주는 직접적인 다원주의적 이익도 크지 않다. 오히려 유성생식은 성없이 복제분열을 하였을 때의 절반밖에 유전자 증식을 할 수 없다는 유전적 결함을 가지고 있다. 더욱이 무성생식은 사적이고, 직접적이고, 안전하고, 에너지 면에서 효율적이며, 이기적일 수 있다. 그런데 왜 성이 진화하게 된 것일까? 그 이유는 성이 다양성을 창조한다는 점에 있다. 다양성은 환경의 변화에 대한 적응성을 증가시켜 장기적으로 보면 직접적이고 간단한 성별이 없는 번식방법에 의존하는 것보다 수적증대에 있어서 훨씬 효과적이다. 두 가지의 성이 되어야 하는 이유는 양성체제가 가장 효율적이기 때문이다.

여기서 윌슨은 과감하게도 양성의 본성적 차이를 주장한다. 암컷은 난자를 만들도록 특수하게 제조된 개체요, 수컷은 작은 배우자인 정자의 제조업자로 정의된다. 인간의 난자는 정자보다 85,000배나 크며, 이것이 성의 생물학과 심리학에 끼치는 영향은 지대하다. 남성보다 여성이 성세포 하나 하나에 엄청나게 더 많은 투자를 하게 된다. 여성은 평생 겨우 400개 정도의 난자를 생산할 수 있고, 이 중에서 최대 20개 정도만을 건강한 아기로 태어나게 할 수 있다. 반면 남성은 한 번 사정할 때마다 약 1억 마리의 정자를 방출하며,(과거에는 약 2억 마리이었다고 한다.) 일단 수정을 완수하면 육체적인 임무를 종료한다.

그러므로 수컷은 공격적이고, 성급하며, 변덕스럽고, 무차별적인 전략이 더 유리하다. 이에 비해 암컷은 최고의 유전자를 가진 수컷들을 식별해 낼 수 있을 때까지 수줍어하고 주저하는 전략이 더 유리하다. 인간은 "이 생물학적 원리에 충실히 복종 한다."(Wilson, 2000, 178)

인간은 "성적 상대의 교체가 대부분 수컷 주도로 이루어지는 온건한 일부다처형"이라고 윌슨은 주장한다.(Wilson, 2000, 179) 생물학적 증거들은 철저한 환경결정론의 가설을 부정한다. 그리고 그는 급진적 평등주의운동에서 가부장적인 전통으로 환원한 키부츠운동을 예로 들어 절대적 남녀평등주의의 폐단을 지적한다.

윌슨은 가족의 붕괴가 예상되는 미국사회에서 사회결합의 단위로서 가족의 중요성을 진화론적으로 옹호한다. 성적 결합이 성행위를 초월하며, 성적 쾌락의 궁극적 기능은 결합을 촉진하는 강화제이다. 성적 활동은 일차적으로 이 결합장치이고, 생식수단은 이차적인 목적이다. 이 명제를 근거로 하여 윌슨은 성의 목적을 생식으로 보는 가톨릭의 교리를 생물학에 무지한 신학자들의 오류라고 혹평한다.

윌슨의 더욱 놀라운 급진적 주장은 동성애에 대한 적극적인 지지이다. 그는 "동성애가 생물학적으로 정상일 뿐 아니라, 초기 인류 사회 조직의 중요한 요소로서 진화해 온 독특한 자선 행위일 가능성"이 크다고 주장한다. 나아가서 그는 "동성애자들은 인류의 진귀한 이타적 충동 중 일부를 운반하는 유전자담체"라고 추정한다.(Wilson, 2000, 201)

동성애행동은 곤충에서 포유동물에 이르기까지 생물전반에 걸쳐 일반적으로 나타나는 보편적인 현상이며, 뇌 속에 잠재된 진정한 양성성의 표출이라고 한다. 동성애는 이성애와 마찬가지로 결합의 한 유형이고, 더욱이 동생애자들이 존재함으로써 그들의 가까운 친족들이 더 많은 아이들을 가질 수 있었다고 한다. 집단 내에는 동생애 성향을 가진 소수가 항상 존재하며, 그들은 대부분 매우 우수하여 많은 경우 집단의 생존을 위한 주도적인 역할을 감당한다. 따라서 윌슨은 동성애에 대한 유대-그리스도교의 전통적인 편견이 불충분한 지식을 근거로 하는 오류라고 비판한다.

3. 이타주의(Altruism)

윌슨은 "순교자들의 피는 교회의 씨앗이다."라는 테르툴리아누스의 격언을 이타주의적 희생의 진정한 목적이 한 인간집단을 다른 집단 위에 놓는 것임을 암시하고 있다고 주장한다. 보답을 원하지 않는 관용의 이타주의가 최고의 덕목으로 신성시되고 있으나, 사실 그것은 사회를 결속시키는 극단적인 현상일 뿐이다. 비록 종류는 다르지만 이타주의는 곤충과 동물들에게 흔히 나타나는 현상이다. 작은 새들은 매와 같은 포식자가 접근하면 다른 새들에게 경고음을 내고, 침팬지는 고아가 된 아기를 떠맡으며, 일벌은 침입자에게 가미가제처럼 자신의 치명적인 침을 박으며, 아프리카의 흰개미는 자신과 적 모두를 옭아매 죽음에 이르게 하는 분비액을 뿜어내면서 적을 공격한다.

개체 수준에서는 이타주의적 행동이 유전자수준에서 분석해보면 사실상 이기적인 행동에 지나지 않음을 이미 우리는 도킨스의 이기적 유전자론에서 살펴보았다. 윌슨도 다음과 같은 유명한 말을 함으로써 강력하게 유전자환원주의를 주장 한다. "닭이라는 것은 단지 한 달걀이 다른 달걀을 만들기 위한 하나의 방법에 불과하다. … [그와 같이] 유기체라는 것은 단지 DNA가 더 많은 DNA를 제조하기 위한 한 방법에 불과하다."(Wilson, 1975, 11) 번식이란 결국 유전자들이 자신들의 복사체들을 퍼뜨리기 위한 수단이고, 특정한 유전자를 지니고 있는 개체가 직접 번식하는 것이 이 목적을 달성하는 가장 확실한 길이나, 일벌들과 같이 자기와 유전적으로 가까운 개체들을 도와 그들로 하여금 보다 많은 자손을 낳게 하는 것이 간접적이긴 하지만 더욱 효과적인 방법일 수 있다.

인간의 이타주의도 분석하기가 복잡하나 궁극적으로 이기적 속성을 가지고 있다. 고귀한 영웅의 삶은 개인의 불멸성이라는 커다란 보상을 기대하여 이루어지고, 종교의 자비심도 선택적이며 이기적이다. 힌두교의 자비는 가까운 친척에만 해당되며, 불교의 목표는 이타주의를 통해 개인을 보존하는 것이다. "불교 및 기독교 국가들은 보편적 자비 개념을 포용하면서도 한편으로 침략전쟁을 방편으로 삼아 왔고, 그 많은 전쟁들은 종교의 이름으로 정당화되어 왔다."(Wilson, 2000, 216) 모든 종교는 다른 종교 위에 군림하기 위해 투쟁해 왔다. 테레사 수녀는 성인이지만, 그녀 역시 교회의 불명성이라는 인식과 그리스도의 임무 안에서 보호를 받고 있다. 숭고한 도덕가치들의 문화적 진화도 유전적 진화를 대체할 수 없고 불가피하게 유전자에 의해 조정되고 있으며, 도덕은 다른 어떤 궁극적 기능을 갖고 있지 않다고 윌슨은 유전자결정론을 확대한다.

4. 종교(Religion)

윌슨은 인간의 종교적 본성을 인정한다. 그는 과학과 학습이 종교를 폐지시킬 수 있다는 무신론자들의 신념을 환상에 불과하다고 묵살한다. 그러나 그는 종교행위도 어디까지나 유전적 이득과 진화적 변화라는 차원에서 측량되어야 한다고 주장한다. 종교는 인간 사회생물학의 가장 커다란 도전대상이자, 사회생물학이 독창적인 분야로 발전할 수 있는 가장 흥미로운 기회라고 그는 주장한다. 종교가 인간고유의 주요 행동범주라는 사실을 부인할 수 없다. 그러나 종교는 무엇보다도 개인이 자신의 직접적인 사리사욕을 집단의 이익에 종속시키도록 설득 당하는 과정이다.

종교의 자연선택은 성직자적이고, 생태적이고, 유전자적이다. 종교의 지고한 행위는 결국 생물학적 이익을 제공한다. 그것들은 대상화, 의탁, 그리고 신화화의 과정을 거쳐 정체성을 응고시키고 신성화한다.

신앙이 현대생활에서 신화의 역할을 한다고 사회생물학적으로 설명할 수 있다. 윌슨은 마르크스주의, 전통종교, 과학적 유물론이 현대인의 세 거대 신화라고 말한다. 그에 의하면 마르크스주의는 "생물학이 없는 사회생물학"이고, "과학적 유물론의 부정확한 산물", 즉 "실패한 폭군"이다.(Wilson, 2000, 263) 전통종교의 고대신화들은 과학에 의해 하나씩 붕괴되고 있으며, 신학은 더 이상 생존하기가 어려울 것이다. 사회의 생명력으로서 종교는 오래 버텨내겠지만, 과학적 유물론이 결국 전통종교들을 철저하게 물질적인 현상으로 설명할 수 있게 할 것이다. 그러므로 과학적 유물론이 가장 강력한 대안적 신화이며, 종교보다 우월하다. 과학적 유물론의 정수는 진화서사시이고, 진화서사시는 결국 인류가 가져야 할 최상의 신화이다. 최종적으로 윌슨은 종교 신앙의 정신적 과정들이 수천 세대의 유전적 진화를 거쳐 뇌신경기구 속으로 통합된 프로그램들을 기계론적으로 풀어헤치고, 전통종교를 대신해서 과학적 유물론을 강력한 신화로 구축하여 사회의 에너지원으로 활용하자는 프로메테우스적 과학정신을 주창한다.

5. 평가

윌슨이 주장하는 사회생물학은 몇 가지 큰 오류를 범하고 있다.

첫째, 자연주의적 오류를 가지고 있다. 유전자결정론을 근거로 하는 사회철학은 죄책감과 책임감을 무효화하고, 자유방임적 숙명론을 수용하게 된다. 사회생물학이 대중적 인기를 끌고 있지만, 그 이유는 그것이 성차별, 인종차별, 우생학 등 기득권층의 이데올로기를 옹호하기 때문이다.

둘째, 사회생물학은 범주적 착오를 범하고 있다. 한 존재가 이기적이기 위해서는 주체에 대한 인식이 선행해야 한다.(Rolston) 그러나 유전자, DNA, 곤충 및 하등 동물들에게 주체에 대한 인식이 있다는 명확한 증거가 아직 없다.

셋째, 사회생물학은 언어유비의 오류를 범하고 있다. 사회생물학자들은 인간의 자유라는 개념을 그 개념이 성립하는 인간정신의 영역에서 차용한 후, 그 유비를 자연과정의 기계적 해석에 문자적으로 적용한다.(Gilkey, 186) 그리고 인간의 자유는 더욱 근본적인 기계적 과정에 의해 조정됨으로, 존재하지 않는다는 그릇된 결론을 내린다.

넷째, 종교적 근본주의와 마찬가지로 과학적 환원주의의 일반적 모순을 범하고 있다. 이 점에 관해서는 과학과 종교 간의 첫째 충돌 모형에서 이미 다루었음으로 이곳에서는 생략한다.

다섯째, 과학이 아닌 또 다른 하나의 신화를 창설한다. 윌슨은 과학적 유물론으로써 전통종교 및 사상을 탈신화화하고 해체하려는 시도를 한다. 그러나 결과적으로는 생물학적이기는 하지만, 또 하나의 다른 신화(또는 유사종교)를 창설하는 비과학적이고 자가당착적인 결과를 초래 한다. "내가 주장하는 것은 결국 진화서사시가 아마도 우리가 갖게 될 최상의 신화가 되리라는 것이다."(Wilson, 2000, 276)

더욱이 성차별의 합리화, 신과 자유의지와 영혼에 대한 부정, 신학폐지론 등 윌슨의 주장은 우리들이 결코 받아들일 수 없는 내용들을 담고 있다. 그러나 이러한 사회생물학의 오류들과 문제점들에도 불구하고, 우리들은 사회생물학이 파헤쳐 준 인간 본성에 대한 새로운 발견들에 귀를 기울여야 할 필요가 있다.

사회생물학은 그리스도교를 탈신화화하려는 모던프로젝트의 연장이라고 볼 수 있다. 니체는 철학을 가지고, 프로이드는 심리학을 가지고, 마르크스는 사회학을 가지고 그리스도교 신앙을 비판하고 탈신화화하려 했는데, 이제 윌슨은 생물학을 가지고 그 시도를 하고 있는 것이다.(그러나 그리스도교 신학은 이러한 급진적 시도들에 의해 결코 붕괴되지 않았고, 오히려 그들을 신학적 용광로로 활용하여 부스러기들을 제거하고 신학을 제련하는데 역이용하였다.)

그것은 종교사상사적인 중요성을 가지고 있다. 그 동안 심리적, 사회학적 구성(social construct)이론, 곧 환경론과 학습론이 담론으로서 군림해 왔지만, 사회생물학은 이를 거부하고 다시 본성론으로 회귀할 것을 주창하고 있는 것이다.

사회생물학은 새로운 의심의 해석학(hermeneutics of suspicion)을 제공하고 있고, 이는 신학의 발전에 중요한 공헌을 할 수 있다. 사회생물학은 숭고한 희생과 이타주의의 탈을 쓴 종교적 이기주의와 허구성을 철저히 파헤쳐줌으로써, 또 하나의 신학적 용광로로서, 교회와 우리의 신앙을 순화시키고 성장하게 하는 역할을 할 수 있다.

사회생물학은 신학에게 인간과 생명에 대한 새로운 메타포들과 참신한 해석학적 지평을 제공하고 있으며, 더욱 성숙한 그리스도교 인간학의 구성을 위한 중요한 자료들을 제공하고 있다.(Peacoke, 110-111) DNA, 이기적 유전자, 공격성, 텃세, 성, 이타주의, 자연선택 등 사회생물학의 개념들과 발견들은 인간과 생명을 이해하는 데에 새로운 메타포들과 비전을 제시하고 있다.

그리스도인의 입장에서 볼 때 사회생물학이 분노와 혐오를 자아내는 내용들을 포함하고 있다고 해서, 감정적으로 대하거나 무조건 비판하는 것은 바람직한 태도가 아니다. 오히려 우리들은 사회생물학의 발전을 냉철하게 주시하면서, 그 결과를 비판적으로 받아들여야 한다. 그리하여 우리는 인간과 생명에 대한 잘못된 견해들이 있으면 다시 살펴보고, 필요하면 교정하여 그리스도 인간학이 더욱 완전하게 발전하는 데 도움이 되도록 해야 할 것이다.

참고문헌

Singer, Peter. 김성한 역(1999). 『사회생물학과 윤리』(*The Expanding Circle: ethics and sociobiology*, 1983). 서울: 인간사랑.

Wilson, Edward O. 이병훈·박시룡 역(1992). 『사회생물학 I, II』(*Sociobiology: The New Synthesis*, 1975). 서울: 민음사.

―――. 최재천·장대익 역(2005). 『통섭』(*Consilience*, 1998). 서울: 사이언스북스

―――. 이한음 역(2000). 『인간 본성에 대하여』(*On human nature*, 1978). 서울: 사이언스북스.

Wuketits, Franz M. 김영철 역(1999). 『사회생물학 논쟁: 유전자인가, 문화인가』(*Gene, Kultur und Moral: Soziobiologie-Pro und Contra*, 1990). 서울: 사이언스북스.

Gilkey, Langdon(1995). "Biology and Theology on Human Nature." *Biology, Ethics, and the Origins of Life*. Rolston III, Homes. Ed. Boston and London: Jones and Barlett Publishers.

Peacoke, Arthur(1986). *God and the New Biology*. San Francisco: Harper.

Rolston III, Homes(1997). *Genes, Genesis, and God: Beyond Selfishness to Shared Value*. New York: Columbia University Press.

제3장

사회생물학자가 본 그리스도교
멋진 신세계를 위한 새로운 윤리

1. 들어가는 말

　　EBS교육방송 등 매스컴을 통하여 잘 알려진 서울대학교 생명과학부의 최재천 교수*가 "멋진 신세계를 위한 새로운 윤리 — 유전자의 눈높이에서 본 생명"이라는 제목의 매우 흥미로운 글을 2002년 1월 18일부터 22일 까지 서울 양재 교육문화회관에서 개최된 '종교와 과학 서울 워크숍'에서 발표했다. 이 글은 뒷장(제5부 제2장)에 실린 김희준 교수의 글 "현대 화학과 창세기: 태초에 수소가 있었다."와는 대조적인 입장에서 접근한 것으로 현대과학과 그리스도교 신앙 간의 관계에서의 서로 다른 입장들을 취하고 있다.
　　신학과 과학 간의 관계를 이안 바버Ian Barbour는 충돌, 독립, 대화, 그리고 통합의 네 가지 유형으로 구분한다고 서론에서 언급한 적이 있다. 그런데 과학자들은 과연 그리스도교 신앙에 대하여 어떤 입장을 취

---

* 최재천: 서울대학교 생명과학부 교수. 서울문리대 동물학과, 미국 하버드대학 (박사). Harvard, Tufts, Michigan 대학 교수, 한국과학문화상 수상.

하고 있을까? 그러한 입장을 그리스도인들은 어떻게 받아들여야 하나? 뒷장의 김희준 교수의 입장은 마지막 통합유형에 속한다. 사회생물학은 보통 충돌유형의 대표격으로 간주된다. 그러나 사회생물학자이긴 하지만 최재천 교수는 충돌유형보다는 훨씬 유연한 자세를 취한다. 이 글은 그리스도인들에게 큰 충격을 줄 수 있다. 그러나 이것이 바로 종교와 세계에 대한 한 자연과학자의 솔직한 견해이며, 우리는 이러한 이야기들을 청취해 볼 필요가 있다. 그들의 견해와 예측이 곧 현실이 될 가능성이 매우 크고, 그들도 하나님이 사랑하시는 우리의 이웃들이기 때문이다. 독실한 그리스도인인 아내와 아들을 두고 있는 최재천 교수는 그래도 그리스도교에 대하여 매우 호의적인 입장에 서 있는 편이다. 독자들은 신앙의 자애로움과 신학적 상상력을 가지고 다음의 글을 읽어주기 바란다.

2. "멋진 신세계를 위한 새로운 윤리 – 유전자의 눈높이에서 본 생명"

밤새 눈이 엄청나게 많이 내려 이웃 사람들이 미끄러지기 전에 집 앞을 치워야겠다는 생각에 밖에 나와 보니 의외로 내 집 앞은 이미 말끔하게 치워져 있었다. 알고 보니 옆집에 새로 이사 온 젊은 부부가 치웠다고 한다. 자기 집 앞도 치우지 않는 사람들이 많은 요즘 같은 세상에 참 보기 드물게 예의 바른 부부란 생각에 흐뭇했다. 이웃을 잘 만난다는 것만큼 큰 행복도 별로 없지 않은가. 그런데 그러던 어느 날 우연히 그 부부가 복제인간이라는 사실을 발견했다고 하자. 당신이라면 과연 어떻게 할 것인가? "어쩐지 어딘가 수상쩍다 싶었다니까, 어휴 소름끼쳐!"라고 할 것인가? 아니면 "복제되었으면 어때, 사람만 성실하고 좋으면 됐지. 그 사람들은 이미 내 친구야."라고 할 것인가?

생명과학의 눈부신 발달이 새로운 사회윤리를 요구하고 있다. 바야흐로 인간유전체(genome)가 거의 그 전모를 드러냈고 양에서 출발한 체세포복제가 급기야 원숭이에 이르렀다. 인간유전체의 염기서열을 밝힌다는 것은 실로 엄청난 과학적 개가이다. 하지만 그것은 우리 유전체에서 어느 유전자가 어디에 앉아 있느냐는 정도의 엉성한 지도를 그린 것에 불과하다. 왜 그 유전자가 그곳에 있게 되었는지, 무슨 일에 관여하는지 등을 밝히려면 앞으로도 족히 몇 십 또는 몇 백 년이 더 걸릴 것이다.

1) 생명의 시작은 어디인가: 생명, 생명체, 그리고 유전자

그 동안 우리 사회는 인간배아 연구를 허용할 것인가, 허용한다면 어디까지 할 것인가를 놓고 뜨거운 논란을 거듭한 끝에 최근 생명윤리자문위원회가 제한적으로나마 허용하기로 결정했다. 그들은 인간의 존엄성을 지키면서 생명과학의 발전을 꾀해야 한다는 두 마리 토끼를 쫓아야 하는 어려움을 안고 있었던 이러한 결정이 나오기까지에는 웃지 못 할 많은 논쟁들이 있었다. 그 중 하나가 이른바 '수정 후 14일 기준'이라는 쟁점이었다. 수정이 된 지 14일을 전후하여 인간배아는 이른바 원시선(primitive streak)이라는 형태를 갖추는데, 이곳으로부터 모든 기관들이 만들어지기 때문에 그 이전의 '세포덩어리'와는 구별해야 한다는 주장과 수정란부터 생명을 지닌 인간으로 봐야 한다는 주장이 팽팽히 맞섰다.

그러나 14일 기준에는 사실 이렇다 할 과학적인 객관성이 없다. 14일이란 시각도 사람에 따라 조금씩 다를 수 있고 기관이 만들어지는 시각이 가져야 할 중요성이 그리 특별할 이유도 따로 없다. 수정란을 생명체로 간주하는 견해는 더욱 큰 문제를 안고 있다. 일부 종교인들을 중심으로 한 근본주의자들은 수정이 되는 순간부터 인간의 생명이 시작된다는 입장을 취하고 있다. 수정란에 생명을 부여한다는 것은 수정란도 성체와 똑같이 보호해야 한다는 윤리적 당위성을 수반하기 때문에 그 파급영향이 상당하다.

이 같은 결정에는 과학적으로 피할 수 없는 모순이 도사리고 있다. 인간의 경우 임신의 거의 80%가 이런 저런 이유로 산모의 몸 속에서 자연유산이 되는 것으로 알려져 있는데, 그렇다면 여성들의 절대 다수는 자기도 모르는 가운데 생명체를 죽이는 살인자가 되는 셈이다. 결국 수정란이나 초기 배아를 중시하자는 의견들은 다 생명 경시풍조를 가장 심각한 문제로 지적한다. 그렇다면 비록 모르고 저지르는 일이기는 하지만 많은 여성들은 엄연히 살인을 저지르게 되는 걸 어찌하랴. 그것도 자기 자식의 생명을 죽이는 일이다.

'생명의 시작'을 얘기하려면 어쩔 수 없이 유전자로 환원할 수밖에 없다. 어차피 생명체란 유전자가 더 많은 유전자를 만들기 위해 만들어낸 매개체에 불과하기 때문이다. 생명체란 유전자의 정보에 따라 만들어져 이 세상에 태어나 일정한 시간을 보내고 허무하게 사라지는 존재이지만 유전자는 세대를 거듭하며 살아남는다. 그런 의미에서 생명의 역사는 한 마디로 DNA라는 기막히게 성공적인 화학물질의 일대기에 지나지 않는다. 생명은 이처럼 한 생명체의 탄생에서 시작하는 것이 아니라 태초부터 지금까지 면면히 이어온 DNA의 표현일 뿐이다.

그렇다면 '생명체의 시작'은 과연 어디인가. 생명체, 즉 스스로 숨쉬고 번식하는 독립적인 실체의 시작 말이다. 일란성 쌍둥이는 하나의 수정란에서 분화한 세포들이 포도송이처럼 될 때까지는 하나의 덩어리로 있다가 무슨 이유에선지 둘로 갈린 후 완벽하게 정상적인 두 개체로 성장하는 것이다. 하나의 세포 덩어리가 둘로 갈리기 이전의 그들을 과연 두 생명체로 봐야 할지 아니면 아직은 하나의 생명체로 봐야 할지 참 애매한 일이다. 적절한 복제기술을 잘만 적용하면 사실 둘이 아니라 그보다 훨씬 여러 쌍둥이들을 만들어낼 수도 있다. 아직 덩어리 상태로 붙어 있는 세포들은 각각 장차 무슨 기관을 이루게 될지 그 운명이 정해지지 않은 상태에 있다. 곧 어떤 기관에서 어떤 일이든 할 수 있는 능력을 보유하고 있는 것이다. 이런 관점에서 보면 배아는 완전한 생명체로 보기 어렵다.

배아는 유전자가 생명체를 만들어내는 중간과정일 뿐이다. 다시 말하면 유전자가 생명현상을 독립적으로 수행할 수 있는 '몸'을 만들어 주고 그 몸이 '의식'을 얻어야 비로소 하나의 생명체가 탄생한다고 봐야 한다. 인간은 특별히 완전하지 않은 신경계를 가지고 태어나는 동물이다. 그래서 만일 신경계가 '자의식'을 확립하여 하나의 완벽한 '영혼'으로 거듭나는 시기를 기준으로 삼아야 한다면 어머니의 몸을 빠져 나와서도 한참이 지난 후이다.

이처럼 생명체의 시작을 논한다는 것은 공허한 일이다. 생명은 연속적인 것이기 때문이다. 생명의 시작은 DNA의 탄생과 때를 같이 한다. 그 태초의 바다에 떠다니던 많은 화학물질들 중에 어느 날 우연하게도 자기 자신을 복제할 줄 아는 묘한 화학물질인 DNA가 나타나 지금에 이르기까지 수십 억 년 동안 다양한 '몸'들을 만들며 살아온 것이 바로 생명의 역사이다. 지금은 비록 인간의 몸 속에, 그리고 개미와 은행나무의 몸 속에 들어앉아 있지만 그 모든 DNA는 전부 하나의 조상 DNA로부터 분화한 자손들이다.

이런 점에서 생명이란 하나의 생명체의 관점에서 볼 때 분명히 한계성(ephemerality)을 지니지만 DNA의 눈으로 보면 태초부터 지금까지 면면히 이어온 영속성(perpetuity)을 지닌다. 무성생식을 하는 생물들의 경우에는 DNA가 복제된 후 몸이 갈라지기만 하면 번식이 이뤄지지만, 유성생식을 하는 생물들은 자신의 DNA의 절반을 운반하는 난자와 정자를 만들고 그들이 서로 만나야 비로소 수정란이 된다. 난자와 정자도 생명의 연장선상에 있다. 그러나 그들을 별개의 생명체로 보기는 어렵다. DNA가 가진 생명은 생명체에서 생명체로 이어진다. 난자와 정자는 연결고리에 불과하다. 생명은 계속 이어지고 있으나 생명체는 잠시 단절된다.

수정란을 완벽한 생명체로 볼 수 없다고 해서 그들을 마구 다뤄도 괜찮다는 것은 결코 아니다. 배아복제 실험을 마친 후 그 배아를 어떻게 처리할 것인가 하는 문제는 결코 가볍게 다룰 수 없다. 지금 이 순간에도 우리나라를 비롯하여 세계 각처에서 벌어지는 낙태시술의 현장을 재현해서는 절대 안 된다. 우리 모두 이마를 맞대고 이런 모든 순간에서 절대로 생명의 존엄성이 훼손되지 않도록 해야 할 것이다. 다만 '생명체의 시작'을 논한다는 것이 공허한 일이며 그 공허하고 모호한 기준에 따라 생명과학자들의 연구 활동을 원천적으로 봉쇄하는 일은 더욱 불합리할 뿐이다.

2) 복제인간과 함께 사는 세상

복제인간의 탄생은 이제 거의 현실로 다가섰다. 지난 세기말 영국의 윌머트 Ian Wilmut 박사가 복제양을 만든 것을 시작으로 세계는 마치 경쟁이라도 하듯 인간 복제를 향한 발걸음을 재촉해왔다. 우리는 바야흐로 우리 자신을 복제할 수 있는 시대에 살게 되었다. 기형인간이 만들어질 확률을 배제할 길은 결코 없지만 기술적으로는 더 이상 큰 어려움이 없다. 그래서인지 종교계는 신성(神聖)을 훼손하는 일이라며 엄청나게 술렁이고 있다.

언뜻 보기에는 인간복제를 비롯한 새로운 생명과학의 지식과 기술들은 기존의 종교적 믿음과 조화를 이루기 어려워 보인다. 하지만 과학과 종교가 어떤 형태로든 대화를 시작하려면 우선 과학에 대한 좀 더 명확한 이해를 할 필요가 있을 것 같다. 사람들은 마치 금방이라도 히틀러나 무솔리니 같은 이들이 여기저기에서 나타나 온 세상을 쑥밭으로 만들기라도 할 것처럼 호들갑이다. 그러나 지금 우리가 하고 있는 일은 어디까지나 유전자복제이지 결코 생명체복제가 아니다. 아무리 지금 우리가 칭기즈칸을 복제한다 하더라도 그가 칭기즈칸으로 성장할 가능성은 거의 없다. 위대한 정복자가 될 약간의 포악한 성격은 타고날지 모르나 세상이 완전히 딴판으로 바뀐 현대에 그가 제2의 칭기즈칸이 될 확률은 거의 영(0)에 가깝다. 테레사 수녀와 이수현을 아무리 많이 복제한다 해도 그들이 모두 남을 위해 평생을 바치지는 않을 것이다.

복제인간은 출산시간이 좀 많이 벌어진 쌍둥이에 불과하다. 나는 쌍둥이로 태어나지 않았지만 내가 만일 지금 나를 복제한다면 무슨 이유에선지 어머니의 뱃속에서 몇 십 년을 더 있다가 나온 쌍둥이 동생이라 생각하면 될 것이다. 몇 초 간격으로 태어난 쌍둥이 형제들이 결코 똑같은 사람으로 자라지 않는 것과 마찬가지로 그 늦둥이 쌍둥이 동생이 나와 완벽하게 똑같은 인간이 될 리는 절대 없다. 유전자는 나와 완벽하게 같을지라도 그 유전자들이 발현되는 환경이 나와 다르기 때문에 전혀 다른 인간으로 성장하게 될 것이다. 그렇다면 세상에 쌍둥이들이 좀 많아진다는 것이 그렇게도 끔찍한 일인가?

유전자복제보다 우리가 더 심각하게 고민해야 할 것은 유전자조작의 문제이다. 복제인간은 한 둘 만들어 보다 시들해질 가능성이 크지만 유전자조작은 걷잡을 수 없는 방향으로 마구 뻗어나갈 것이다. 유전자의 기능들이 속속 밝혀지고 내가 가진 결함들이 어떤 유전자에 의해 발생하는 것인지를 알게 될 때 그 유전자를 보다 훌륭한 유전자로 바꾸고 싶은 욕망이 왜 일어나지 않겠는가. 노화의 비밀이 밝혀져 단지 몇 개의 유전자만 바꾸게 되면 몇 십 년을 더 살 수 있게 된다고 할 때 누군들 그것을 마다하겠는가. 곧 태어날 아기의 유전체 정보 전부가 적혀 있는 차트를 손에 든 의사가 예비 부모와 하는 대화를 상상해 보라. "축하합니다. 예쁜 따님입니다. 그런데 저희가 조사한 유전체 정보에 따르면 바로 이 유전자 때문에 사십대 중반쯤 치명적인 질병에 걸릴 확률이 보통 사람들보다 다섯 배는 넘을 것 같습니다. 저희 병원에 그것과 대체시

제3장 사회생물학자가 본 그리스도교 131

킬 유전자가 있기는 합니다만 ….." 이 세상 어느 부모가 그 소리를 듣고도 모른 체 할 수 있단 말인가. 내 눈에는 이미 유전자클리닉 앞에 길게 늘어선 사람들의 행렬이 보인다.

보다 훌륭한 유전자로써 자신의 또는 후손의 유전체의 질을 향상시키려는 노력은 너무도 자연스런 일이다. 그간의 진화의 역사가 줄기차게 해온 일이 바로 그 일이 아니던가. 특히 성(sex)은 정확하게 유전체의 질적 향상을 위해 진화한 생물학적 현상이다. 문제는 우리들이 행할 유전자치환이 그 동안의 진화에 정확하게 역행하는 방향으로 움직일 것이라는 데 있다. 유성생식은 유전자의 다양성을 도모하기 위해 자연이 고안해 낸 방법이다. 그런데 사회의 구성원 거의 전부가 똑같은 유전자들을 받아들이는 과정은 정확하게 유전자의 다양성을 줄이는 방향으로 일어난다는 데 문제의 심각성이 있다. 각각의 개인들은 유전적으로 우수해지지만 개체군 전체는 엄청나게 연약하게 변한다는 피할 수 없는 모순이 숨어 있다.

3) 영혼은 복제되지 않는다

지금까지 늘 그래 왔듯이 DNA는 어떤 방법으로든 계속 복제의 길을 걸을 것이다. DNA가 이룩한 가장 괄목할 만한 성과들 중의 하나가 인간의 두뇌일 것이다. 인간의 뇌는 우리 인간으로 하여금 "하늘의 별과 같고 바닷가의 모래와 같게"(창 22:17) 만들어주는 데 결정적으로 공헌했다. 그 뇌가 이제 막 섹스 없이도 유전자를 다량으로 복제할 수 있는 기술을 개발한 것이다. DNA의 꿈을 대신 실현하고 있다. DNA는 지금 그들이 이루고자 했던 꿈이 그들이 기대했던 것 이상으로 아름답게 펼쳐지고 있는 것을 바라보며 미소 짓고 있을 것이다.

종교학자 테드 피터스Ted Peters는 유전자형(genotype)으로부터 표현형(phenotype)이 만들어지듯 DNA로부터 우리의 영혼이 만들어지는 것은 아니라고 설명한다. 하지만 자연과학자인 나는 어쩔 수 없이 물질주의적 환원론에 기댈 수밖에 없다. 왜냐하면 하나의 생명체로부터 다음 생명체로 전해지는 것은 오로지 DNA밖에 없기 때문이다. 이 묘한 화학물질 안에 생명의 모든 디자인이 다 들어 있다. 인간의 정신은 결국 물질(the physical)의 형이상학적 표현(metaphysical expression)에 지나지 않는다. 기독교인들은 하나님과의 관계를 통하여 영혼을 얻는다. 하지만 생물학자인 나는 영혼도 결국 하나의 생물학적 현상일 수밖에 없다고 본다. 영혼이 DNA의 직접적인 표현이라고 말하는 것은 결코 아니다. 유전적으로 완벽하게 동일한 일란성쌍둥이도 절대 똑같은 영혼을 갖지 않는다.

생물학은 유전학이 아니다. 생물학은 유전학 외에도 환경과의 관계를 다루는 생태학도 포함한다. 쌍둥이는 유전적으로 동일할지 모르지만 생물학적으로는 절대로 동일할 수 없다. 복제인간도 마찬가지이다. 영혼은 절대로 복제되지 않는다. 왜냐하면 한 사람의 영혼이란 부모로부터 물려받은 DNA 위에 세상을 살며 터득한 온갖 지식들이 한데 어울려 엮어진 산물이기 때문이다. 복제인간도 그 나름의 영혼을 발전시킬 수 있는 기회를 가지게 될 것이다. 기독교의 관점에서 보더라도 그가 하나님을 영접한다면 그에게도 영혼이 주어져야 할 것이다. 어차피 첫 탄생 즉 생물학적 탄생은 그리 중요한 것이 아니지 않은가. 거듭나는 두 번째 탄생이 더 중요하지 않은가.

새 시대에 걸맞은 새로운 윤리가 필요하다. 혹자는 필요에 의해 윤리의 기준을 조정하는 것은 옳지 않다고 할지 모른다. 나는 그렇게 생각하지 않는다. 윤리 역시 인간의 생존과 번식을 위해 진화해 온 산물이기 때문이다. 인간은 스스로 도덕적인 동물이라고 생각한다. 신문만 펼쳐보아도 우리들이 얼마나 부도덕하고 비정한 짐승들인가 쉽게 알 수 있지만 굳이 도덕을 버리지 않으려 한다.

우리는 왜 이렇게 도덕을 운운하며 도덕적으로 살기를 열망하는

가? 그것은 우리가 도덕적이길 원하는 동물이기 때문이다. 왜 도덕적이길 원하는가? 도덕적인 사람들이 부도덕한 사람들보다 생존과 번식에 유리했기 때문이다. 도덕적인 사람들이 부도덕한 사람들보다 덜 성공적이어서 자식을 많이 남기지 못했다면 우리를 도덕적으로 만들어주는 유전자는 지금 우리 몸 속에 존재할 수 없다. 어떤 식으로든 우리로 하여금 도덕적으로 행동하게 만든 유전자가 우리로 하여금 보다 많은 자손을 남기게 해주었기에 '도덕유전자'가 지금도 우리를 괴롭히고 있는 것이다.

윤리란 사회가 있기에 존재하는 인간의 특성이다. 혼자 사는데 윤리가 필요할 리 없다. 도덕과 윤리는 사회적 평판을 가늠하는 척도로 마련된 일종의 규범이다. 사람들은 대체로 아는 사람에게는 친절하고 낯선 사람에게는 냉담하다. 우리나라 사람들이 특별히 그런 것 같다. 아는 사람들끼리는 동방예의지국이지만 모르는 이들을 대할 때면 금세 동방무례지국이 된다. 그 옛날 서로 아무개집 아무개로 알고 지낼 때와는 달리 세상이 점차 익명사회로 변하며 도덕이 땅에 떨어지는 것은 너무나 당연한 일이다.

동물사회에도 우리만큼 복합적인 것은 아니더라도 기초적인 '윤리'가 있다. 돌고래나 영장류사회에는 종종 수컷들끼리 동맹을 맺어 함께 행동한다. 그래야 먹이를 얻는 데도 유리하고 짝짓기를 할 암컷도 얻을 수 있다. 함께 협동하여 일을 성사시킨 후 상습적으로 자기만 이득을 취하고 남을 돕지 않으면 사회적으로 낙인이 찍힌다. 일단 좋지 않은 평판을 얻으면 먹을 때 제 몫을 찾기도 힘들어지고 암컷을 취할 기회를 잃는다. 그렇게 되면 그의 몸속에 들어 있는 '얌체유전자'는 후세에 전달되기 어렵다.

우리는 늘 새로 펼쳐지는 시대를 예전에 비해 비도덕적이라 평가하며 살아왔다. 우리 부모세대가 우리더러 도덕적이지 못하다고 탓했고 우리가 또 우리 자식세대를 못마땅해 한다. 하지만 어떻게 그 옛날 이웃

부족이 잠자는 사이에 그들을 죽이고 겁탈하던 때가 지금보다 더 도덕적이었다고 말할 수 있겠는가? 새 시대에 걸맞은 윤리관이 미처 확립되지 않은 데서 오는 괴리일 뿐이다. 인간은 옛날이나 지금이나 기회만 있으면 부도덕해질 수 있고 남에게는 되도록 도덕적으로 보이길 원하는 속물에 지나지 않는다.

새로운 윤리기준을 마련하는 일을 두려워할 이유는 없다. 새 포도주는 마땅히 새 병에 담아야 한다. 과학의 발달이 우리에게 너무 갑작스레 많은 숙제들을 던져 주어 혼란스러운 것은 사실이다. 그러나 무지를 앞세운 두려움과 뻔히 보이는 것을 애써 부정하려는 어리석음은 아무런 도움이 되질 않는다. 문제의 과학적 본질을 명확히 이해하는 일이 우선 이뤄져야 하고 그에 따라 현실적이고 미래지향적인 윤리관을 확립해야 한다. 그리고 모두가 함께 그 새로운 규범에 따르도록 노력할 수밖에 없다.

과학자들의 연구는 충분히 보장되어야 한다. 구더기가 무서워 장 담그기를 멈출 수는 없다. 다만 그러한 지식을 어떻게 활용할 것인가를 심각하게 논의해야 한다. 과학자가 새로운 연구를 시작할 때마다 일일이 윤리검열을 받지 않으려면 과학자로 자립하기 전에 스스로 윤리적 소양을 쌓아야 한다. 자연과학을 전공하는 학생들에게도 확고한 세계관과 역사관을 세울 수 있도록 인문사회 교육의 기회를 마련해줘야 한다. 과학자라고 해서 책임을 회피할 수는 없다. 현대의 과학자들은 더 이상 노벨이 걸었던 길을 걸을 수 없다. 현대과학이 자칫하여 저지를 수 있는 사고는 더 이상 다이너마이트에 비할 바가 아니기 때문이다. 생명과학의 자기반성과 성찰이 그 어느 때보다 절실하다. 과학자들 스스로 국민이 납득할 수 있는 가이드라인을 세워야 한다. 다른 모든 일도 그렇듯이 자율규제가 지나친 외부의 간섭을 막는 제일 좋은 방법이다.

최근 과학의 발달은 우리들에게 너무나 많은 문제들을 던져주고 있다. 두려움과 어리석음은 이런 문제들을 해결하는 데 아무런 도움이 되지 않는다. 종교와 과학 간의 대화만이 우리에게 주어진 유일한 길이다. 세계 어느 문화권이든 공통적으로 윤리는 종교와 밀접하게 연결되어 있다. 하지만 이제는 윤리와 종교도 과학의 범주에 들어왔다. 그리스도교 시인 오든W. H. Auden이 말했듯이 "과학이 없이는 평등이라는 개념도 없었을 것"이기 때문이다. 우리가 선택하는 윤리가 인간적이고 합리적이려면 과학과 종교가 함께 일해야 하며, 그렇기 때문에 인류의 미래는 과학과 종교에 고루 달려 있다고 물리학자 다이슨Freeman Dyson은 강조한다. 미국 작가 하버드Elbert Green Hubbard(1856-1915)는 이런 말을 남겼다. "교회는 죄인들을 구원하지만 과학은 죄인이 만들어지지 않게 할 수 있다."

3. 나가는 글

독자들은 앞의 최재천 교수의 글을 읽으면서 여러 가지 생각을 했으리라고 예견된다. 최재천 교수는 솔직하게 자연과학자로서 자기는 과학적 유물론과 유전자환원주의의 입장을 지지할 수밖에 없음을 밝힌다. 사회생물학의 창시자 에드워드 윌슨에게 직접 배운 제자이기도 한 그는 크게 봐서 사회생물학자의 범주에 속한다. 그러나 나는 이기적 유전자론과 사회생물학에 대한 신학적 평가를 여기서 재론하려 하지 않는다. 그것들을 이미 7장과 8장에서 자세히 다룬 바 있다. 독자들은 그 글들을 참조하면서 최재천 교수의 주장들을 생각해 보기 바란다.

여기서 나는 다만 최재천 교수가 제시하는 몇 가지 중요한 점들을 부각하고자 한다. 그러나 이것은 내가 그의 입장을 전적으로 지지한다는 의미는 아니고, 사회생물학자로서 그의 한계를 인정하지만, 전문가로서 그가 우리 그리스도인들에게 주는 생명과학에 대한 분별과 희망의 메시지에 귀를 기울이려고 한다.

첫째, 복제는 "유전자의 복제이지 생명체의 복제는 아니다."라는 그의 주장은 우리에게 안도의 숨을 쉬게 한다. "영혼은 결코 복제될 수 없다."고 보는 점은 이미 과학적 유물론을 넘어서는 시각이다. 그는 더욱이 복제의 가장 큰 문제점, 유성생식에 의한 다양성파괴를 진화론자의 입장에서 염려한다. 그리고 인간복제의 현실화는 기정사실이며, 복제보다는 유전자조작에 더 큰 문제가 있다고 우리에게 문제의 핵심을 명료하게 지적하고 그 준비를 하라고 경종을 울려 준다.

둘째, 인간수정란이나 초기배아의 파괴는 자연유산을 통해서도 보통 이루어지는 것으로 이러한 식의 생명의 시작에 대한 논쟁은 별로 의미가 없다고 주장한다. "배아는 유전자가 생명체를 만들어 내는 중간 과정"일 뿐, "생물학적 탄생"보다는 인간의 자의식이 생기고 영혼을 가진 인간 존엄성을 인식한 윤리적 주체로서 확립이 될 때, 곧 "두 번째 탄생"이 더 중요하다고 그는 주장한다. 이 발언은 생물학적 '중생론'처럼 들리며, 최재천 교수의 사상에 그리스도교적 영향이 농후하다는 것을 반영한다. 인간의 존엄성과 영혼 그리고 윤리성을 주장한다는 점에서 그는 이미 도킨스의 이기적 유전자론과는 궤도를 달리하고 있다.

셋째, 현대과학이 노벨이 걸었던 실수를 다시 반복해서는 결코 안 되며, 깊은 자기반성과 성찰이 절실하다고 주장한다. 그리고 생명과학에 대한 타율적인 통제보다는 자율적인 규제가 더 바람직하다고 말한다. 현대과학이 가진 위험성을 극복하기 위해서는 "과학과 종교 간의 대화가 유일한 길"이라고 선언한다. 이 말은 과학자가 그리스도인들에게 공동의 미래를 위해 함께 대화하자고 초청의 손짓을 하고 있는 것이다. 그리스도인들은 겸허하게 이 초청을 받아들여야 할 것이다.

그런데 문제는 우리 그리스도인들과 교회가 그렇게 할 준비가 아직 되어 있지 못하다는 점이다. 우리는 우리 장래의 삶을 위탁하고 있는 과학자들이 공감할 수 있는 메시지를 주기에는 너무나도 현대과학을 모른다. 과학자들은 그들의 갈급한 심령을 속 시원하게 채워주고 그들을 올바르게 변화시켜 줄 하나님의 메시지를 목마르게 기다리고 있다. 그러나 불행하게도 그들이 찾아갈 만한 교회가 없는 것이다. 한국 그리스도교는 과학시대인 오늘날 그리스도교가 반드시 수행해야 할 과학자들에 대한 적절한 복음선포의 사명을 이행하지 못하고 있다. 특히 신학자, 목사 등 교회 지도자들은 이 사실을 명심해야 하며, 현대과학에 각별한 관심을 가지고 열심히 공부해야 할 것이다. 한국교회가 과학을 통해서도 역사하시는 하나님의 섭리를 규명해 내고 설교할 수 있어야 21세기, 과학시대에 적합한 그리스도교 신학 그리고 예배를 완성할 수 있을 것이다.

참고문헌

최재천(2001). 『알이 닭을 낳는다』. 서울: 도요새.
―――― 편(2001). 『과학 종교 윤리의 대화』. 서울: 궁리.
Dawkins, Richard. 홍영남 역(1993). 『이기적 유전자』(*The Selfish Gene*, 1989). 서울: 을유문화사.
Diamond, Jared. 김정흠 역(1996). 『제3의 침팬지』(*The Third Chimpanzee: The Evolution and Future of Human Animal*, 1993). 서울: 문학사상사.
Dyson, Freeman. 신중섭 역(2000). 『상상의 세계』(*Imagined Worlds*, 1998). 서울: 사이언스북스
Lewontin, Richard C. Steven R. Rose and Leon J. Kamin. 이상원 역(1994). 『우리 유전자 안에 없다: 생물학, 이념, 인간의 본성』(*Not in our genes: biology, ideology and human nature*, 1984). 서울: 한울.
Morris, Desmond. 김석희 역(1994). 『털없는 원숭이』(*The Naked Apes: A Zoologists Study of a Human Animal*, 1966). 서울: 정신세계사.
Nesse, Randolph M. and George C. Williams. 최재천 역(1999). 『인간은 왜 병에 걸리는가』(*Why We Get Sick: The New Science of Darwinian Medicine*, 1996). 서울: 사이언스북스.
Wilson, Edward O. 이병훈·박시룡 역(1992). 『사회생물학 I, II』(*Sociobiology: The New Synthesis*, 1980). 서울: 민음사.
―――― . 이한음 역(2000). 『인간 본성에 대하여』(*On human nature*,

1978). 서울: 사이언스북스.
Wolpert, Lewis. 최돈찬 역(2001). 『하나의 세포가 어떻게 인간이 되는가』 (*The Triuph of the Embryo*, 2000). 서울: 궁리.

제4부
뇌와 인간

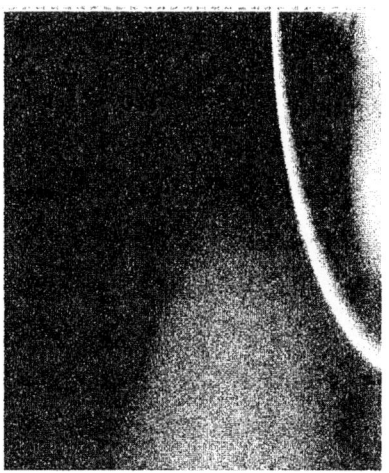

제1장

신경과학의 도전[*]

1. 왜 신경과학(Neuroscience)인가?

지금부터 약 10년 전인 1989년 7월 25일 당시 미국의 부시 대통령은 20세기의 마지막 10년, 즉 1990년에서 2000년까지를 '뇌의 10년'(The Decade of Brain)으로 선언하는 의회제정안 제174조에 서명하여 이를 법령으로 공포하였다. 이것은 과학과 기술 분야에 있어서 정부의 정책적 지원에 대한 강한 의지의 표현임은 물론, 학문들의 흐름과 연구의 우선 순위를 가늠하고자 하는 미국사회의 중대한 결단을 내포하고 있는 하나의 분기점이었다고 볼 수 있다.

현대사회가 해결해야 하는 수많은 지적 과제 중에서 뇌에 대한 연구, 즉 신경과학(Neuroscience, 뇌과학)에 대한 열기가 이렇게 끓어오르게 된 것은 당연한 귀결이 아닐 수 없다. 18세기에 시작된 과학과

---

[*] 허 균: 아주대학교병원 신경과 주임교수, 연구처장. 연세대 의대(MD), 미국 미네소타 대학병원(신경과 전문의), 조지아 의대(연구원), 연세대 의대 신경과 조교수.

기술혁명은 폭발적으로 진행되어 산업화과정을 통해 막대한 부의 축적과 생활수준의 향상으로 인간수명의 현저한 연장을 초래하였다. 이제 전 세계인의 공동의 목표는 '어떻게 하면 오래 그리고 안락하고 즐겁게 삶을 영위할 수 있을 것인가' 하는 것에 있다. 이러한 삶의 풍요와 평안을 누리기 위해서는 반드시 건강한 정신적 삶이 필요하다는 것은 말할 필요도 없다. 따라서 후기 산업사회에서 가장 중요한 과제로 부상하는 것은 바로 인간의식의 차원, 특히 마음과 정신의 문제를 해결하는 것이며, 이는 곧 뇌에 대한 지식의 규명을 의미한다. 우리는 이미 뇌의 시대, 곧 신경과학의 시대에 깊숙이 발을 들여놓은 것이다.

2. 뇌의 구성과 기능

신경과학은 한마디로 인간의 행동과 정신작용을 창출해 내는 뇌의 현상을 연구하여 뇌의 작동기전을 구명하고자 하는 지적 활동이라고 정의할 수 있겠다. 흔히 인간의 뇌는 '인류의 마지막 미스터리' 또는 '소우주'라고도 불릴 만큼 가장 복잡한 구조'라고 여겨지고 있으나, 한편으로는 모든 사람들이 누구나 하나씩 가지고 있으며 딱딱한 두개골에 둘러싸여 있는 약 1.5kg이 조금 못되고, 쉽게 다치거나 병들 수 있는 유약한 세포덩어리에 불과하기도 하다. 과학자들이 뇌를 연구하는 데는, 우리의 일상적인 시공간을 뛰어넘어 수십 억 광년을 오갈 수 있는 거대한 망원경이 필요치도 않고, 양자역학이나 소립자의 세계처럼 고도의 추상화된 수학의 방정식에만 의존하지 않아도 되며, 상대성원리처럼 상식과 직관을 깨는 천재적 사고의 발상력이 요구되지도 않는다. 뇌는 결코 아무 것도 알 수 없는 신비한 블랙박스가 아니며, 지난 100년 동안 기본적인 생물학적 성상은 대부분 규명되어 다음 몇 가지로 정리해 볼 수 있다.

첫째, 뇌는 단순한 요소들이 모여서 이루어지는 구조이다. 뇌는 얼핏 겉에서 보면 두 근이 조금 더 나가는 묵이나 두부 같은 생체조직덩어리 같은데, 막상 뇌를 잘라서 그 내부구조를 들여다보면 생각보다는 단순한 구성을 보여준다. 즉 컴퓨터를 뜯어보면 수천 개의 반도체들이 나란히 꽂혀 있는 것처럼, 뇌는 뉴런neuron이라 불리는 신경세포들이 촘촘히 들어차서 이루어진다. 인간의 뉴런 수는 약 1조(10^{12}) 개에 달하는데 이 뉴런들은 기다란 돌기들을 내어 거대한 세포의 망을 이루고 있다. 현대의 첨단전자장비로 이러한 회로망을 조립한다면 약 30층짜리 빌딩과 비슷한 크기가 된다고 한다. 그런 의미에서 뇌의 구성은 그 숫자에 있어서는 상식의 한계를 뛰어넘지만, 한편으로는 이 거대한 규모를 구성하는 단위인 신경세포 하나 하나의 구조와 기능은 비교적 잘 밝혀져 있다.

둘째, 뇌는 근본적으로 전자기(electromagnetism)적 현상이 일어나는 생체조직이다. 뉴런은 그저 살아 꿈틀거리는 세포가 아니라 천둥 번개처럼 간혹 활동전위라 불리는 특징적인 방전放電현상을 일으켜서 작동하는 흥분성을 갖는 것이 특징이다. 뉴런은 평소에는 잠잠히 있다가 순간적으로 활동전위를 방출하여 정보를 전달하는 전기적인 소자의 역할을 한다. 또 뉴런은 수십 센티미터나 되는 기다란 전깃줄 같은 돌기들을 서로 뻗어내어 연결되는데 뉴런 1개당 1천 개 내지 1만 개의 신경접합이라 불리는 접촉점을 가지고 있으며, 이 접합부위를 통하여 활동전위의 출입이 통제 조절되는데 모스부호나 컴퓨터의 입력코드처럼 적절한 전기신호가 전달되어 정보가 교환되고 있다. 이러한 점에서 뇌란 최소한 1천조(10^{15}) 개의 스위치를 가진 거대한 전자장비라고 표현할 수 있겠다.

셋째, 뇌는 여러 가지 분자들의 화학반응에 의하여 작동된다. 뉴런의 전기적 활동을 가능케 하는 것은 신경세포막을 자극하여 전위차를 유발시키는 화학물질의 작용 덕분인데 이러한 물질을 신경전달물질이라

부른다. 신경전달물질은 마치 세포와 세포 사이의 통화를 가능케 하는 언어와도 같아서 지구상에 다양한 언어가 있는 것처럼 많은 종류의 물질들이 뇌 속에 상주하고 있다. 예를 들면 아픈 감각을 전달하기 위해서는 물질P라고 불리는 것이 분비되어 기능하며, 통증을 진정시키는 데는 모르핀과 그 작용이 비슷한 엔도르핀이라 불리는 화학물질이 작용한다. 특정한 신경전달물질은 너무 많아도 그리고 너무 적어도 안 되는데 도파민이라는 물질이 너무 많으면 정신분열증 같은 비정상적인 정신활동이 생겨나고, 너무 부족하면 파킨슨씨병이 생겨서 사지근육이 굳어지고 손발이 떨리는 증상이 나타난다. 흔히 노망이라 불리는 노인성치매에 걸리면 뇌 속의 아세틸콜린의 농도가 저하되는 것이 밝혀져, 외부에서 아세틸콜린을 상승시키는 약을 투여하여 증상을 개선시키려는 치료가 이루어진다. 이러한 뇌의 화학논리를 조금 확대 전개하면, 사람의 성격이나 감정 상태는 여러 신경전달물질들의 상대적 농도에 따라 결정되고, 가장 적당한 균형점에 이르렀을 때 사람은 비로소 조화로운 인격체를 구성한다고 주장할 수도 있겠다.

　　넷째, 뇌는 다양한 기능들이 분화되어 국소적으로 분포하는 조직이다. 뇌는 대동소이한 뉴런들이 모인 덩어리인데, 폐나 간처럼 개개의 세포들이 똑같은 기능을 수행하는 것이 아니고 특정부위에 따라 목적하는 기능이 달리 정해져 있다. 즉 손가락을 움직이는 부위가 다르고, 발가락을 움직이는 부위가 다르며 음악을 듣는 부위와 냄새를 맡는 부위가 다르다. 언어를 이해하는 부위가 있고 언어를 표현하는 부위가 따로 있다. 기억의 중추가 있으며 사람의 얼굴을 인식하는 부위가 따로 존재한다. 가장 극단적인 예로 인간의 뇌에는 기쁨을 유발하는 중추와 불쾌를 느끼게 하는 중추가 각각 달리 존재하여 이 부위에 전극을 삽입하여 자극하면 아무런 이유 없이도 쾌감·불쾌감을 느낄 수 있다는 것이 밝혀져 행복과 불행의 체험 역시 뇌 속의 생리학적인 작용에 의해 비로소 표출되는 것이다.

또 인간의 뇌는 껍질 벗긴 호도처럼 왼쪽에 하나 오른쪽에 하나씩의 반구가 두 개 들어 있는데, 왼쪽 뇌는 언어능력이 우세하며 논리적이고 분석적인 반면 오른쪽 뇌는 예술적인 감각이 강하고 감정적이다. 이것은 하나의 뇌 속에 야누스처럼 두 개의 얼굴이 숨어 있음을 시사한다. 실제로 두 개의 반구의 연결부위가 절단된 경우, 한 손은 옷을 입으려 하는데 한 손은 옷을 벗으려 하는 두 개의 의지가 상반되는 인격적 실체가 존재할 수 있음이 확인되었다.

이러한 이론들을 근거로 할 때, 인간의 정신활동이란 각각의 신경세포소자로 구성된 전기회로망에 각기 다른 신경전달물질이 분비되어 특유의 전기적 활동상태가 시간과 공간에 펼쳐지는 물리화학적 현상일 뿐이라는 결론에 도달하게 된다. 금세기의 모든 기술력이 집약되어 있는 신체영상장비인 양자방출단층촬영기(PET Scan)는 이러한 가정이 결코 과학자들의 비약이 아니라는 것을 증명해 준다. 예를 들어 이유 없이 심한 불안을 호소하는 환자에게 불안 발생에 관여하는 신경전달물질에 양자방출 동위원소를 부착하여 정맥에 주사하면 이 물질은 피를 타고 뇌로 들어가 활동 중인 뇌세포들 속에 침착하게 된다. 이때 양자방출단층촬영기로 양전자의 방출상태를 찍어 보면 그 환자를 불안에 떨게 하는 중추의 위치와 분포를 환히 볼 수 있게 해 준다. 이러한 기능적 뇌영상학은 공상과학 소설의 한 장면이 아니라 지금도 가장 뜨겁게 연구되고 있는 신경과학의 한 분야이다.

3. 정보처리장치로서의 뇌

불과 20년 전까지만 해도 인간의 정신현상의 연구는, 20세기 중반을 풍미하였던 행동주의(Behaviorism)의 강세를 타고, 외부자극과 반응 사이의 인과적 관계만을 연구하는 데 중심을 두어왔으며, 그 사이에 내재하는 중간과정을 처리하는 뇌는 마치 바다 속 깊숙이 가라앉아 있는 '블랙박스'처럼 쉽게 접근하지 못하는 존재로 취급했다. 최근 하드웨어로서 뇌의 구성을 심도 있게 파헤친 신경과학의 발전과 아울러 수학과 논리철학의 발전, 특히 컴퓨터의 이론들은 두뇌 속에서 일어나리라 생각되는 과정에 대한 논리적 접근을 가능케 했다. 영국의 수학자 튜링Alan Turing은 복잡한 문제를 풀어나가는 지적사고의 과정은 정신세계에서만 가능한 추상적이고 불가해한 과정이 아니라고 주장했다. 아무리 복잡한 데이터라도 극히 단순한 이진법의 기호(symbol)로 기술될 수 있으며, 이 기호들을 수학적 논리로 변용 조작하는 과정을 통해서, 지능(intelligence)의 현상을 명확히 기술하거나 시뮬레이션 할 수 있는 이론을 확립했다. 그는 이러한 일을 가능케 하는 이론적인 차원에서의 기계를 튜링기계(Turing machine)라 하여, 컴퓨터의 논리적 근거를 제시하였다.

실제로 우리가 경험하는 의식과 정신세계는 극도로 복잡하고 다양한 것 같지만 그 작동을 주도하는 신경세포는 튜링 기계처럼 단순히 0과 1만을 표현하는 이진법적 디지털 논리에 의해 움직이고 있는지도 모른다. 즉 인간의 정신작용이란 곧 두뇌 속에서 이루어지는 합목적적 정보처리 과정이며 이 과정은 수학적으로나 논리적으로 명확히 기술되거나 모델링이 가능하다는 것이다. 20세기 후반부에 들어서는 전자공학의 발달로 컴퓨터의 하드웨어가 실현되어 정보처리과정이 모사되기 시작하였고, 신경과학의 폭발적인 발전으로 뇌를 구성하는 신경세포의 구조, 해부학적 연결, 전기화학적 기전 등이 규명되면서 마음의 문제는 본격적으로 실증과학의 중요한 주제로 등장하게 되었다. 이러한 추세는 인지과학(Cognitive Science)이라는 새로운 학문 분야를 탄생시켰다. 신경과학이 뇌의 구조와 전기화학적 특성, 즉 인간의 마음을 창출하는 기관의 하드웨어 쪽에 중점을 두어서 연구하는 분야라고 한다면, 인지과학은 인간의 마음을 구성하는 기능적 요소들의 서술과 분류, 그리고 마음의 현상들의 진행과정 같은 소프트웨어 쪽의 연구를 주제로 삼는 중간급의 작업이라고 할 수 있다.

인지과학의 중요한 출발은 인간의 마음을 합목적적인 정보처리 과정으로 바라본다는 점에서 시작된다. 우리가 매일 보고 듣고 느끼고 결단하고 행동하는 복잡하고 다양한 삶의 모습들도, 궁극적으로는 말초의 감각신경들에 의하여 부호화(coding)된 외부세계의 정보들을 수십억 개의 신경세포로 구성된 중추신경 회로망 속에 표상시켜,(representation) 신경세포 특유의 전기화학적 작용을 거쳐 여러 단계로 종합하고 변형해 출력하는 컴퓨테이션computation의 과정이라고 볼 수 있는 것이다. 심지어 인지과학은 비인지적인 요소로 생각되는 기쁘고 슬픈 감정이나 정서까지도 그것들이 독립적인 경험이 아니라 하급수준에서 이루어지는 정보처리 결과에 대한 가치 판단이라는 기능적 역할로 설명하여 논리적으로 불가해한 현상이 아니라고 주장한다. 이러한 인지과학의 성과는 곧 컴퓨터로 모델링되고 시뮬레이션 된다. 그래서 인공지능(Artificial Intelligence)이 등장하게 되고 어떤 기능은 인간을 상회하는 능력을 보이기도 한다. 기계와 인간을 구분하는 속성들로 받아들여지던 감정이나 정서, 그리고 자기 마음속을 스스로 읽을 수 있는 자성(self-reflection)의 능력까지도 컴퓨테이션의 과정으로 표현이 가능하게끔 되었다. 즉 컴퓨터의 주정보처리 과정에 병렬방식(parallel processing)으로 되먹이 체계(feedback system)를 첨가하여서 현재 진행되는 과정을 한 단계 위에서 검토하고 가치판단 하게끔 함으로써 감정이나 자성능력 같은 인간 고유의 기능까지 수행하는 인공지능의 실현이 이루어질 수 있다는 것이다.

4. 신경과학의 인간이해

신경과학은 뇌라고 하는 생체조직에서 비롯되는 생물학적 현상으로서 인간의 정신작용을 기술하고 설명하는 과정을 통하여 '인간이란 무엇인가'라는 질문에 본의 아니게 일정한 답변을 하지 않을 수 없게 되었다. 신학 역시 하나님의 존재와 인간의 구원이라는 주제를 다룰 때에, 필연적으로 인간의 정신과 영혼의 구조와 역할, 그리고 인간의 실존적인 삶의 양상을 서술하지 않을 수 없으며 따라서 '인간이란 무엇인가'라고 하는 것은 다른 어떠한 학문에서보다도 신학에서 높은 관심과 논의를 도출하게 되는 질문인 것이다. 먼저 신경과학이 '인간이란 무엇인가'라는 질문에 대하여 내릴 수 있는 답변은 크게 다음 세 가지로 정리할 수 있을 것이다.

첫째는 물리주의(Physicalism) 또는 물질주의(Materialism)로서 인간의 모든 정신 현상은 뇌라고 하는 물질에 전적으로 의존한다는 것이다. 물리주의는 우리가 사는 현실세계가 오직 물질로 이루어져 있고, 모든 것들이 물리적 법칙에 따라 움직이며, 인간의 정신도 예외가 아니라고 주장한다. 우리의 일상적인 경험세계에서 정신은 육체와는 구분되어 독립적으로 자유롭게 발생하는 독특한 속성과 존재양식을 갖는 실체처럼 느껴지지만, 사실은 뇌라는 물리적 실체의 작동이 없이는 가능하지 못한 일이라는 것이다. 최근 우리사회에서 인간생명이 종료되는 사망의 기준이 '심장사'에서 '뇌사'로 정의가 바뀐 것은 이러한 물리주의의 영향을 반영하는 문화적 현상이라 할 수 있을 것이다.

둘째는 결정론(Determinism)으로 이는 물리주의의 한 연장으로 볼 수 있으나 실은 단순한 물질주의보다 더 강한 결론을 요구하는 내용으로서, 우리가 경험하는 모든 세계는 오직 유일하게 뇌의 활동에 의해서만 결정된다는 것이다. 우리의 삶은 나 자신이라는 주체와 나를 둘러

싼 외부세계로 구성되어 일어나고 있는 것 같지만 실제 모든 것은 우리의 머릿속 뇌 안에서 전개되고 있는 것이다. 나 자신과 외부세계가 존재하는 것이 아무런 의심의 여지없이 분명하게 실감되어지는 까닭은, 지금 이 순간 나의 뇌가 살아서 외부세계의 모습과 내부의 관념과 정서들이 뇌 속에 투영되고 있기 때문이며, 우리는 여기에 너무도 익숙하게 길들여져 있기 때문이다. 구체적인 예를 들면 '유령의 팔'(Phantom limb)이라고 불리는 의학적 현상이 있다. 이 증상은 교통사고나 재해로 한 쪽 팔을 잃은 환자들이 어깨 아래 옷소매 속의 텅 빈 공간에 마치 팔이 그대로 붙어 있는 것과 같은 감각을 느끼는 것을 말한다. 이 환각 현상은 대단히 섬세하고 사실적이어서 어떤 때는 손가락들이 주먹을 쥔 것 같기도 하고, 다른 날은 손바닥을 펼친 것처럼 느껴지기도 하며, 심지어는 손등에 벌레가 한 마리 기어가는 것과도 같은 간지러움까지도 경험한다. 또한 '편측무시'(hemineglect)라는 이와 정반대인 신경증상이 있다. 이것은 뇌졸중으로 왼팔의 중추를 담당하는 오른쪽 뇌의 두정엽(Parietal lobe)이라는 부위가 손상되었을 경우, 왼팔이 멀쩡히 살아있고 피가 잘 통하는 데도 불구하고 환자 자신은 그 팔이 자기 팔이 아니라고 하며, 그 팔을 들어 누구의 팔이냐고 물었을 때에는 의사의 팔이라고 얼버무리는 황당한 증상을 말한다. 이 두 가지의 대조적인 신경 증상들은, 실제 팔이 없어지더라도 신경중추가 남아 있으면 있지도 않는 팔은 존재가 유지되고, 반대로 신경중추가 없어질 경우는 신체조직의 존재에 대한 기본개념조차 소실된다는 생리학적 사실을 잘 나타내 준다. 이 사실은 우리가 체험하는 현실은 실제세계에서 존재여부의 관계보다도 엄밀하게 말해서 우리의 뇌 속에 일어나는 (물리적) 현상에 의존하고 있다는 점을 입증한다. 다시 말하자면 이것은 우리가 체험하는 세계에 있어서 '뇌는 실재(Reality)보다 선행한다'는 명제를 성립하게 한다.

셋째는 환원론(Reductionism)으로 인간의 정신 상태는 곧 뇌의 특정한 전기화학적 상태로 환원될 수 있다는 것이다. 이를테면 요즈음

내 친구가 몹시 불안하고 우울한 것은 그 동안 투자했던 주식 값이 폭락해서가 아니라 그의 뇌 속에 카테콜아민(Cathecholamine)이라는 신경전달물질의 농도가 감소하여 뇌가 작동하는 방식에 변화가 왔기 때문이라는 것이다. 이처럼 우리가 일상적으로 받아들이고 느끼고 경험하는 모든 감각과 정서와 개념들은 세계의 참된 모습이 아니며, 마치 시냇물이 흘러가면 졸졸 소리가 나고, 자동차엔진이 돌아가다 보면 열이 발생하는 것처럼 마음이란 신경세포들이 작동할 때 생겨나는 부산물에 지나지 않는다는 것이다. 그래서 삶의 모든 언어와 표현들은 순간순간 뇌에서 일어나는 생물학적 과정에 대한 과학적 서술로 환원되어야 하며, 생물학적 기술 이외의 다른 것은 환상으로 모두 제거되어야 한다는 제거적 유물론(Eliminative materialism)은 극단적인 환원론의 한 부류이다.

5. 종교체험의 신경과학

그러면 이처럼 물질과 욕망에 속박되어 자유롭지 못한 인간에게 초월의 세계를 가능케 하는 유일한 길인 종교체험(religious experience)을 신경과학에서는 어떻게 해석하고 있을까?

인간의 심원한 하나님체험, 또는 참된 진리와 자유를 깨닫는 해탈, 그리고 궁극적 존재와 하나가 되는 거룩한 신비체험까지도 뇌의 작동 없이는 불가능하다고 현대 신경과학은 주장한다. 다시 말하면 인간의 뇌에는 종교체험을 가능케 하는 회로들과 중추들이 있으며, 이것들이 작동함으로써만 신비와 초월의 체험이 이루어진다는 것이다. 예를 들어보면, 간질증상의 한 종류로 '측두엽발작'이라는 신경학적 병리현상이 있는데, 간질발작이 일어날 때, 측두엽이라는 뇌의 한 부분에서 신경세포의 비정상적인 과잉흥분이 발생할 때, 어떤 환자들은 강한 종교적인 체험을 경험하는 때가 있다. 러시아의 작가 도스토예프스키도 측두엽 간질을 앓았던 것으로 추측되는데, 그는 소설 『백치』에서 발작의 발생 초기에 일어나는 증상으로서 마치 하나님과 함께 하여 전지전능함을 소유하는 것과도 같은 신비적 체험을 기술하고 있다. 심지어는 사도 바울도 측두엽 간질 환자이었을 것이며, 사도행전에 기록된 다메섹 도상에서의 극적인 개종사건도 간질발작의 증상이었을 것이라고 주장하는 이도 있다. 즉 인간의 측두엽에는 아마도 종교체험을 가능케 하는 구조와 회로가 연결되어 있음을 시사한다고 하겠다.

또 다른 예로, 어떤 신경과학자들은 명상을 거듭하여 최고의 몰아의 경지에 도달한 불교승려의 정맥에 방사성 동위원소를 주사하여 신비체험 순간의 뇌의 혈류 분포를 나타내는 뇌기능 영상을 얻는데 성공하였다. 이 단일 광자 방출 컴퓨터 단층촬영(Single photon emission computed tomtgraph, SPECT) 영상에 의하면 최고의 몰아의 단계에 접어들었을 때 뇌의 혈류분포는 일반상태와는 다른 특이한 양상을 나타내는데, 전두엽 부위에는 혈류가 증가하고, 두정엽 부위 특히 우측두정엽에는 현저하게 혈류가 감소한다는 것이 관찰되었다. 전두엽은 인간의 여러 가지 인지기능을 통합적으로 관리하고 통제하는 중추인 반면에, 우측두정엽은 외부세계로부터의 자극들이 모두 모이는 지각중추에 해당한다. 전두엽에는 혈류가 증가하며, 동시에 우측두정엽의 혈류가 감소한다는 것은, 곧 외부로부터의 모든 자극을 봉쇄하고 오로지 내적인 통제만이 활동하고 있다는 것을 의미하는 것으로, 신비체험 역시 두뇌의 특정부위들의 작용방식에 따라 발생할 수 있다는 것을 의미한다. 초월적 경험을 제공하는 종교체험 역시 적절한 방식의 뇌의 작동에 의하지 않고는 체험될 수 없다는 것이다. 물론 신앙의 눈으로 보면, 하나님이 인간의 뇌를 통하여 역사한다고 말할 수도 있겠으나, 환원론적 접근에 의하면 인간의 초월체험 역시 뇌의 한 특수한 상태에 지나지 않는다는 결론을 내리게 될 것이다.

6. 신경과학의 신학적 논의

지금 바로 이 순간에도 우리 머릿속에 뇌는 묵묵히 살아있다. 이 엄연히 존재하는 뇌라고 하는 객관적이고 실재적인 생체조직을 연구하는 실증학문으로서의 신경과학과 하나님, 구원, 성화, 영생과 같은 고도로 초월적인 주제를 다루는 신학이 도대체 어떠한 관계를 이룰 수 있을 것인가? 비록 그 목표와 시발점 그리고 연구대상과 방법론이 전혀 다르지만, 이 두 학문들은 '인간이란 무엇인가?'하는 주제에서 어쩔 수 없이 서로 만나게 된다.

그러나 현재 학계에서 통용되고 있는 주류신경과학(mainstream neuroscience)의 인간 이해는 이미 살펴본 바와 같이 물리주의, 결정론, 그리고 환원주의로 대변된다. 이미 여러 번 논의된 대로 이러한 현대과학, 특히 생물학(이기적 유전자론, 사회생물학)이 지지하는 과학적 유물주의는 신학적 인간이해에 기본적으로 대치된다. 그리스도교 신앙의 인간관에 의하면, 인간은 단순히 물질의 작용만으로 형성된 것이 아닌 하나님과의 관계 안에서 영혼을 가진 존재요, 비록 속박되어 있고 타락한 존재이지만 기계적으로만 작동되는 생존기계가 아니라 하나님께로 나아갈 수 있고 결단할 수 있는 자유의지를 가진 존재이며, 하나님의 자비로운 구원의 섭리를 통하여 세상의 물질적 존재를 뛰어넘어 온전한 실재, 하나님의 형상을 회복할 수 있는 초월적 존재이다. 인간의 영혼과 자유에 대한 현대과학의 도전은 신경과학이라고 해서 예외가 아니며, 오히려 더욱 치밀하고 직접적이다.(신경과학의 도전에 대한 신학적 대답, 특히 영혼과 자유의 문제에 대한 논의는 다음 장으로 미루기로 한다.)

그렇다고 해서 우리들이 이 지구상에서 가장 큰 뇌를 가지고 있고 그것을 가장 많이 사용하고 그것에게 가장 많이 의존하는 특징을 가진 생물 곧 인간인 이상, 우리는 신경(뇌)과학의 도전을 결코 무시하거나 간과할 수 없으며, 관심과 공부하는 자세를 가지고 대화를 통하여 그 신학적 대안들을 탐구해 나가야 할 것이다. 과학적 유물주의에 함몰되기보다는 오히려 한 걸음 더 나아가서 우리는 21세기 모든 자연과학들의 총결산이 될 뇌과학(Brain Science)이 밝혀내는 뇌의 신비에 대한 흥미진진한 발견들을 감탄과 경이로 바라보며, 그러한 놀라운 것을 창조하신 창조주 아버지 하나님의 신기한 능력과 지혜에 감사하며 찬양과 영광을 더욱 높이 드려야 할 것이다.

참고문헌

뇌과학연구 촉진법 제정모임(1997). 「뇌연구 활성화를 위한 심포지엄 발표 자료집」. 서울: 뇌과학연구 촉진법 제정모임.

박찬웅·김승업(1990). 『신경과학: 뇌 연구의 기초』. 서울: 민음사.

이정민 외(2001). 『인지과학』. 서울: 태학사.

Edelman, Gerald M. 황희숙 역(1998). 『신경과학과 마음의 세계』(*Bright air, brilliant fire: on the matter of the mind*, 1993). 서울: 범양사.

Eccles, John C. 박찬웅 역(1998). 『뇌의 진화: 자아의 창조』(*Evolution of the Brain: Creation of the Self*, 1991). 서울: 민음사.

Kamikawa, Kiyo. 문만용 역(1999). 『뇌를 만들어낸 생명의 불가사의: 생명의 구조와 진화의 탐구』. 서울: 아카데미 서적.

Varela, Francisco J. Thompson, Evan. Rosch, Eleanor. 석봉래 역(1997). 『인지과학의 철학적 이해』(*The Embodied Mind: cognitive science and human experience*, 1992). 서울: 옥토.

Crick, Francis(1994). *The Astonishing Hypothesis: The Scientific Search for the Soul*. New York: Scribners.

Damasio, Antonio(1994). *Descartes' Error: Emotion, Reason, and the Human Brain*. New York: G. P. Putnam.

Eccles, John C.(1994). *How the Self Controls its Brain*. New York: Springer-Verlag.

Edelman, Gerald. and Giulio Tononi(2000). *A Universe of Consciousness: How Matter Becomes Imagination*. New York: Basic Books.

제2장

카오스와 자유

1. 신경과학의 인간이해

　　지금 바로 이 순간 우리의 머릿속에 묵묵히 살아있는 뇌라고 하는 객관적이고 실재적인 생체조직을 연구하는 실증학문인 신경과학에 대하여, 하나님, 영원, 구원, 무한 같은 고도로 초월적인 주제를 다루는 신학적 논의가 과연 필요하며 또한 가능할 것인가? 시발점과 목표가 다르며, 연구대상과 방법론이 전혀 다른 이 두 학문들도 '인간'이라는 주제를 공유한다는 점에서 어쩔 수 없이 서로 만나게 된다.

　　신경과학은 뇌에서 비롯되는 생물학적 현상으로서의 인간의 정신작용을 기술하고 설명하는 과정에서 '인간이란 무엇인가?'라는 질문에 특정한 답변과 가치관들을 제공하고 있으며, 이는 인간의 정신과 영혼에 대한 전통적인 신학적 견해들과는 매우 생소한 시각을 드러내고 있다.

　　앞 장에서 우리는 인간의 뇌가 더 이상 막연하게 신비스러운 블랙박스가 아니라 그 구조와 기능이 생물학적으로 잘 밝혀진 생체조직임을 살펴보았다. 뇌란 신경세포들이 집단적인 회로를 구성하여 정보를 처리하는 물리적인 조직이며, 우리의 정신현상은 전적으로 뇌에 의존할 뿐만 아니라 더 나아가 뇌의 전기화학적 상태에 수동적으로 결정되는 순수한 물질 과정으로 설명될 수 있다.

현재 통용되고 있는 신경과학의 인간이해가 이처럼 물리주의, 결정론, 그리고 환원주의로 대변된다고 한다면, 이는 그리스도교적 인간이해에 대치된다. 그리스도교 신학의 인간관에 의하면, 인간은 단순히 물질의 작용만으로 형성되는 것이 아니고 하나님과의 관계 속에 있는 존재요, 비록 속박되어 있고 타락한 존재이지만 기계적으로만 움직이는 존재가 아니라 하나님께로 나아갈 수 있고 결단할 수 있는 자유의지를 가진 존재이며, 하나님의 구원의 섭리를 통하여 세상의 물질적 존재를 뛰어넘어 온전한 실재로 회복될 수 있는 존재이다.

과연 말초신경은 외부세계를 이진법의 정보로 변환하는 아날로그-디지털 변환기이며, 중추신경은 반도체 대신 단백질과 인지질 같은 생물 소재로 구성된 단지 조금 복잡한 병렬회로의 중앙처리 장치이며, 우리의 행동은 단순히 계산되어 한 치의 오차 없이 결정된 최종 값의 출력에 지나지 않는가? 그렇다면 인간의 자유, 인간의 영혼의 흔적은 어디에서 찾을 수 있을까? 현대 신경과학은 과연 유일무이한 진리인가?

2. 현대과학의 환원론

엄청난 성공을 이루고 있는 현대과학의 근간에는, 물체의 활동을 그 물체를 구성하고 있는 기본요소들의 작용으로 설명하려고 하는 철학적 전제가 의식적이든, 무의식적이든 간에 깔려있다. 현대과학의 연구과정에는 과학적 연구의 대상을 작은 요소로 분해하는 방법론적 환원주의(methodological reductionism)와 이러한 분해과정을 통한 관찰방법이 진리에 접근해 가는 유일한 방법이라고 보는 인식론적 환원주의(epistemological reductionism)와 실재는 그 구성요소들의 집합에 지나지 않는다는 존재론적 환원주의(ontological reductionism)가 전제되고 있다.

　　신경과학 역시 방대한 뇌를 구성하는 신경세포, 신경세포를 구성하고 작동시키는 여러 종류의 단백질, 단백질을 합성하는 유전자, 유전자를 이루는 핵산의 구성 순서처럼, 상부에서 하부로 진행하는 연구 방법이 추구된다. 뇌에 있는 1조 개의 신경세포 모두가 한 개의 세포에서 분열되어 분화된 것인데, 이 분화과정은 전적으로 유전자 속에 짜여진 프로그램에 의해 진행된다. 얼마 전에 그 해독이 완료된 인간지놈 프로젝트의 완성 이후 신경계 특유의 유전자의 비밀을 풀면 모든 신경계는 손쉽게 정복될 것이라는 기대감이 팽배하고 있다.

　　그 예로 항상 춤추는 듯한 이상 운동증상과 정신장애를 보이는 헌팅턴씨 무도병은 제4염색체의 유전자에 이상이 있는 것이 밝혀졌고, 지금까지는 물질로부터 자유롭다고 생각되어 온 정신현상도 유전자에 의하여 결정될 수 있음이 증명되고 있다.

　　따라서 인간의 정신현상은 뇌세포의 집단적 활동에 지나지 않으며, 뇌세포는 다시 유전자들의 작동에 의하여 결정되며, 유전자들의 작용은 구성 화학물질들의 상호작용에 의하여 결정되는 것으로, 이렇게 이루어지는 과정에서 상향성 인과관계(bottom-up causation)만이 인정되어 왔다.

　　그러나 자연 속에는 단순히 구성요소들의 기능만으로는 설명하기 어려운 일들이 발생한다. 예를 들면 공기를 구성하고 있는 원소들의 특성을 아는 것만으로는 거대한 힘을 갖고 있는 회오리바람을 설명할 수 없다. 미세하고 단순한 구성요소들이 수없이 모이게 되면 새롭고 독특한 집단적인 특성을 띠게 되며 이러한 집단적인 특성이 도리어 구성요소들의 활동을 지배하게 된다.

　　이러한 현상을 창발성(Emergence)이라 하고, 그 과정을 상향성 인과관계에 대비하여 하향성 인과관계(top-down causation)라 부른다. 이 창발성과 하향성 인과관계를 소유하는 시스템은 예측이 가능하지 않은 고유한 자유도(degree of freedom)를 가지는 특징이 있다.

3. 카오스 이론

이처럼 극히 제한된 구성요소들이 모여서 전개되는 물리현상을 다루는 학문 분야를 '복잡성의 과학'(Science of Complexity)이라고 한다. 복잡한 물리체계는 고정된 평형상태에 있는 것이 아니라 순간순간마다 달라지고 있기 때문에 질서정연하고 예측 가능한 법칙으로는 잘 설명되지 않는다. 이러한 체계를 역동계(Dynamic System)라고 칭하며, 이 역동계는 정지된 한 상태의 연속이 아니라, 위상공간에서 변형되어 가는 과정으로 파악되어야 한다. 매 순간마다 활성화되어 가는 역동계의 상태들을 연결하면 하나의 궤적(trajectory)을 구성하게 되며, 이 궤적의 성격이 그 역동계의 성질을 대변하는 지표가 된다. 어떤 주어진 계를 역동적인 변화 속에서 이러한 궤적 내로 이완되게끔 하는 것을 끌개(attractor)라고 정의한다. 예를 들면, 시계추는 흔들어 놓으면 좌우로 움직이다가 결국 마찰로 인하여 가운데 한 점으로 고정되어 가는 역동계라고 볼 수 있다. 이렇게 한 점으로 변해 가는 끌개를 고정점 끌개(fixed point attractor)라고 한다. 반대로 만약 마찰이 없다고 가정하면 시계추는 한없이 좌우로 움직임을 계속하게 되고, 위상공간에서 둥그런 모양을 반복하는 역동계가 된다. 이때의 끌개를 한계순환 끌개(limit cycle attractor)라고 한다.

그러나 어떤 역동계는 이보다 훨씬 더 복잡한 상태를 구성하는데, 예를 들면 날씨의 변동 같은 역동계는 기압, 온도, 풍향 등의 여러 가지 변수에 따라 예측하기 어렵게 변동되어 간다. 피상적으로 보아서는 반복되는 궤도나 주기성이 없어서 막연한 무질서(randomness)처럼 보이지만, 사실은 일정한 끌개에 의하여 역동계가 진행되는 것이다. 이러한 끌개는 그 위상구조는 대단히 괴상하고 수학적으로 정확히 표현하기 어려워서 말 그대로 기이한 끌개(strange attractor)라고 불려진다. 불규칙해 보여서 의미를 찾기 어려운 역동계의 이면에 기이한 끌개라는 역동계의 특성이 숨어 있는 상태를, 단순한 무질서와 구별하여 '결정적 혼돈'(deterministic chaos) 또는 줄여서 '혼돈'(chaos)이라고 한다. 예컨대, 날씨의 변화, 바위 주변을 흘러가는 급류현상, 갑자기 피어오르는 구름의 모양들이 자연계에서 이러한 '혼돈'에 해당된다.

인간의 뇌 역시 비교적 단순한 종류의 구성 요소인 뉴런들이 10^{12}개가 모이고, 다시 10^{15}내지 10^{16}개의 연결점을 공유하는 대단히 복잡한 체계이다. 이를 구성하고 있는 신경세포 하나하나를 살펴보면 활동전위의 유무로 구분하는 디지털컴퓨터의 이진법 단순 논리가 적용되어 있는 것 같다. 그러나 이런 세포들이 연결되어 복잡한 회로를 구성하게 되면 각각의 억제성 신호와 흥분성 신호가 시차별로 교차하면서 그 균형 여부에 따라 어떤 부위들은 자발적인 발진(oscillation)과 리듬을 나타내기 시작한다. 이러한 현상은 구성성분의 이진법 논리만으로는 예측할 수 없던 집단의 고유의 속성이 새롭게 발현되었다는 것을 의미한다. 예를 들어 '우리가 장미꽃을 본다.'는 한 동작도 한 개의 뉴런이 아니라 망막에서 시각중추에 이르기까지 셀 수 없이 많은 뉴런들의 조밀하고 정교한 공동 작업에 의해서만 가능해지는 것이다.

정신현상은 1조 개의 뇌세포들이 어떻게 서로 상호 연결되고 정보를 교환하고 형성하는가에 달려 있다. 인간의 의식과 행동은 신경세포 한 두 개 정도나 몇 가지의 신경전달물질의 측정만으로 모든 것이 분석될 수 있는 것이 아니다. 이것을 위해서는 수십 억 개의 신경세포들이 모여서 구성하는 거시체계 신경그물망(large scale neural network)의 개념으로 접근해야 한다.

4. 뇌와 컴퓨터

그렇다면 뇌에서는 실제 어떠한 방식으로 정보처리가 이루어지는가? 뇌는 몇 개의 제한된 규칙으로만 작동하는 튜링기계의 일종인가? 실제로 말초신경이 외부자극을 받아들이는 과정은 수용체로부터 유발되는 활동전위의 발생 유무와 그 빈도에 따라 결정된다. 이 과정이 0과 1만을 사용하는 컴퓨터의 이진법 논리와 흡사해 보이지만, 실제 인간의 뇌는 컴퓨터와는 작동 방식이 매우 다르다. 이를테면 특정 정보의 단위 처리 속도나 그 반복적인 신뢰성은 인간의 뇌보다 컴퓨터가 더 우수한 것으로 알려졌다. 그 반면 어떠한 문제가 갑자기 발생하였을 때 사전준비 없이도 순간적으로 해결해 내는 뇌의 원활한 융통성은 현존하는 컴퓨터로는 감히 상상조차 할 수 없는 탁월한 능력이다.

컴퓨터는 일단 특정한 소프트웨어에 맞게끔 정보가 입력되면 매우 빠르고 정확하게 처리할 수 있지만, 그 정보가 프로그램에 맞도록 미리 형성되어 있지 않으면 입력 과정에서조차 거부한다. 그러나 인간의 뇌는 컴퓨터에 비하면 그 속도와 정확성은 뒤떨어지지만, 어떠한 상황이나 자극의 형태도 소화하고 스스로 정보화하여 처리할 수 있는 매우 가변적인 소프트웨어를 내장하고 있다. 미래를 예측하는 과정에서도 컴퓨터는 주어진 알고리즘의 한계 내에서는 정확히 시뮬레이션을 시도할 수 있는 정도에 머물고 있다. 그러나 인간이 미래를 예측하는 상상력은 매 순간마다 흔들리고 바뀌지만, 한편으로는 엄청난 자유와 융통성을 보유하고 있다고 볼 수 있다. 이러한 비교과정을 통하여, 현재의 컴퓨터 작동원리의 주종을 이루는 순차적 처리방식(Sequential Processing)을 탈피하여, 뇌의 원리를 모방하여 고안된 것이 병렬적 처리방식(Parallel Processing)의 회로망 구조이다.

실제로 인간의 대뇌피질은 해부학적 구조나 작동방식이 병렬처리회로에 더 가깝다는 것이 신경생리학자들의 결론이다. 즉, 대뇌피질은 수많은 원주형의 모듈 module로 구성되어 있는데, 경미한 외부자극도 말초에서 대뇌로 전달되면서 마치 전광판에 흘러가는 광고 문구처럼 광범위한 영역의 모듈들이 가동되는데, 그 분포가 실로 방대하고, 컴퓨터와는 달리 설사 동일한 형태의 자극에 의해 정보가 입력되어도 대뇌 피질의 활성화 및 출력양상은 동일한 패턴을 형성하지 않고, 단지 확률적인 분포만을 형성한다는 것이다. 이 이론을 좀 더 확대하면, 뇌에는 우리가 추론할 수 있는 컴퓨테이션의 과정(computational process)은 아예 존재하지도 않으며, 외부자극에 따라 순간적으로 지극히 분산적이며 확률적인 형식으로 정보를 스스로 구성처리(self-organizing)한다는 이론에 도달하게 된다.

인간의 뇌에는 약 10^{12}개에 달하는 신경세포가 존재하고, 한 세포당 평균 10^3에서 10^4개의 접합부위가 형성되어 수학적으로는 10^{15}에서 10^{16}개의 회로가 가능하다. 따라서 이 회로들로 구성될 수 있는 회로망의 조합가능성은 실로 무한에 가깝다고 할 수 있다. 무한의 신경회로망 속에서 확률적, 분산적, 그리고 불확정적 방식으로 구현되는 우리의 정신세계, 이것은 현대 신경과학의 환원론과 결정론으로 완결될 수 없는 또 다른 뇌의 모습이 아닐 수 없다.

5. 뇌파와 카오스

그렇다면 신경세포들이 집단적으로 활동할 경우, 과연 그 하나하나의 구성요소로는 예측 불가능한 창발성과 하향성 인과관계가 뇌 속에 나타난다는 과학적 증거가 존재하는가? 우리는 수십 년 간 병원에서 신경질환의 진료를 위하여 사용되어 오고 있는 뇌파(EEG)라는 도구를 통하여 그 실마리를 찾아볼 수 있다. 뇌파란 바로 신경들의 집단적인 전기

활동에 수반되는 전자기 현상의 변화를 증폭 기록하는 것이고, 상황에 따라 이 전압변동의 주파수는 조금씩 끊임없이 달라진다. 그래서 주파수가 1초에 8-12회 정도 움직이면 알파^{alpha}파, 4-7회이면 데타^{theta}파, 3회 미만의 느린 파장은 델타^{delta}파, 13회 이상으로 빨라지면 베타^{beta}파라고 분류하여 명명한다. 그러나 아무리 빠르다고 해도 40Hz 이상으로 올라가지는 않기 때문에, 다른 전자기파들에 비하면 매우 느린 주파수로 구성된 신호이다. 환자가 눈을 감고 있으면 알파파, 눈을 뜨고 복잡한 계산을 하면 베타파, 졸음이 오면 데타파들이 주로 기록된다. 깊이 잠이 들면 뇌파가 아주 느려져서 델타파장들이 주종을 이루고, 뇌사상태에 빠지면 아무런 진동 없이 일직선만 나타나게 된다.

뇌파란 시간에 따라 위아래로 구불거리는 전압의 변동을 기록한 것이지만 단순한 구성주파수의 복합이 아니라, 미지의 변수들에 의해 변해 가는 위상공간에서의 역동계로 파악될 수 있으며 다음 세 가지의 특징을 가지고 있는 매우 흥미로운 현상이다.

첫째, 뇌파는 가상적인 다차원 위상공간에서 파악될 때에, 반복적이고 규칙적인 신호가 아닌 것이 분명하지만, 그것은 아무런 의미가 없는 잡음이 아니고 매우 복합적인 변수에 의해 결정되는 '유사결정적인 신호'(quasi-deterministic signal)이다. 곧, 무질서가 아닌 혼돈의 양상에 잘 부합되며, 궤적을 창출하는 끌개의 양상도 기이한 끌개에 해당한다. 뇌파는 겉으로 보기에는 불투명하고 모호해서 첫눈에 그 의미를 찾을 수는 없지만, 분명히 구성요소들과 어떠한 인과관계를 갖는 고유한 신호들의 연속체이다.

둘째, 뇌파는 어느 한 평형상태에 머물러 있는 것이 아니라 시시각각 그 끌개들의 특성이 변해 가는, 곧 '다양한 안정상태'(multiple stable states) 사이를 끝없이 들락날락 분기해 가는 역동계라는 점이다. 마치 이것은 똑같은 분자로 구성된 물이 갑자기 끓어오르기도 하고 얼어붙기도 하듯이, 잠잘 때, 깰 때, 꿈꿀 때 각각 궤적의 차원과 끌개의 특성이 판이한 역동계로 변신하는 것을 의미한다.

셋째, 여러 상태의 뇌파를 결정하는 끌개와 궤적의 차원을 수학적으로 계산하면, 위상공간의 차원, 즉 각각의 상태에서 뇌파의 자유도를 측정할 수 있다. 자유도란 위상공간 내에 한 점이 결정될 때 필요한 변수들의 차원을 의미하는데, 뇌파는 우리의 상식이 통용되는 3차원이나 4차원보다 훨씬 더 높은 자유도를 가지고 있음이 알려졌다. 깨어 있을 때의 뇌파의 자유도는 6에서 11 사이의 값을 취하며 잠잘 때는 조금 낮아져서 3에서 5 사이의 값을 가진다.

뇌파는 이처럼 의식상태에 따라서 자유도가 달라질 뿐만 아니라, 동일한 상태에서도 대뇌피질, 뇌기저부, 뇌간 등 그 국소 부위별 자유도가 각각 동일하지 않다. 그렇기 때문에 뇌는 다시 수많은 독립적인 역동계들이 집합하여 이루는 거대한 역동계임을 시사한다. 그리고 실제 계산된 값들은 2.0이나 3.0 같은 정수가 아니라, 3.92 또는 6.743 같은 분수 값들을 가지는데, 이는 그 궤적이 동일한 경로를 주기적으로 반복하는 것이 아닌 프랙탈fractal의 차원에 임해 있는 것을 암시한다. 이는 뇌파의 세계가 혼돈의 상태임을 말해 준다.

예를 들면, 실제적인 상황에 적용하기 위하여 냄새를 많이 맡아야 살아갈 수 있는 토끼의 후각신경구에 전극을 심어서 뇌파를 관찰하면, 토끼가 가만히 있거나 생전 처음 맡아보는 냄새에 대하여 뇌파는 특정한 패턴 없이 혼돈스러운 파형을 형성한다. 그러다가 반복적인 학습에 따라 특정 냄새의 지각이 이루어지는 순간에는 그 냄새에 특유하고 독특한 분포양상이 재빨리 형성되었다가 다시 혼돈의 상태로 돌아가는데, 언제라도 다시 동일한 냄새를 맡으면 역시 동일한 뇌파의 분포도를 이루게 된다. 이때의 자유도를 계산해 보면, 평소에는 혼돈의 상태에 있다가 순간적으로 한계순환 끌개의 형태를 보였다가 다시 혼돈으로 돌아가는 역동계의 성상 변화를 확인 할 수 있다. 다시 말하자면, 뇌는 외부의 정보를 받아들이되 카오스의 방식으로 역동계를 형성하다가 그 역동계들의 끊임없는 위상변화를 통하여 다양한 세계의 인식에 도달하는 것으로 파악된다.

뇌는 이처럼 2차원에서 10차원을 넘어서는 위상공간에서 다양한 역동계를 성취할 수 있는 엄청난 잠재력을 보유한 복합계이며, 병원의 뇌파검사실에서 기록되는 따분한 뇌파의 이면에는 끊임없이 끓어오르는 혼돈과 분기하는 끝개들 속에서 생성되고 소멸되는 정교한 질서의 장이 존재한다. 이 사실은 뇌가 우리의 상식적 논리와는 매우 다른 방식으로 작동한다는 것을 의미한다. 왜 뇌는 컴퓨터처럼 단단한 하드웨어와 잘 짜여진 논리적 프로그램을 사용하지 않고 황당한 혼돈계를 구성하며 살아가는 것일까? 주어진 소프트웨어에 따라 충실히 작동하는 컴퓨터는 재빨리 정확한 계산은 할 수 있을지 몰라도, 일단 그 프로그램을 떠나서는 아무런 정보처리도 할 수 없는 경직성을 가지고 있다. 그러나 혼돈 즉 카오스는 어떠한 성격의 입력도 위상공간 내에서의 변환을 통하여 예측불허의 새로운 물리계로 창조적인 생성을 해나가며, 새로운 끝개를 형성하여 새로운 형태와 새로운 방향성을 제시할 수 있다. 인간의 뇌에는 슈퍼컴퓨터가 주는 정확도, 신뢰도, 신속도 보다는 카오스가 제공하는 자유와 창발력이 새겨져 있는 것이다.

6. 자연 속의 하나님의 섭리

신경과학의 이러한 발견은 실질적으로 우리 그리스도인들에게 신학적으로 매우 중요한 도움을 준다. 그리스도교의 하나님은 광대한 우주와 수많은 만물을 창조하신 창조주이시다. 그 분은 성령을 통하여 매일 매일 우리의 신앙생활과 교회생활을 인도하시고 도와주실 뿐만 아니라, 이 물리적이고 화학적인 만물을 함께 창조하시고 섭리하시는 하나님이시다. 그렇다면 인간의 실존적 삶(신앙생활)이나 신앙공동체의 역사적 체험(교회생활) 속에서만이 아니라, 인간을 구성하는 물리학적 조건들과 그 인간을 태어나게 하고 생존케 하는 자연이라는 생물학적 세계를 통해서도 하나님은 섭리하신다. 이 자연 속에서 역사하시는 하나님의 행위(Divine Action)를 우리는 어떻게 이해해야 할 것인가? 이것이 현대과학의 발전을 주의 깊게 바라보는 그리스도인들이 주는 가장 중요한 질문 중 하나일 것이다.

그러나 물리적 세계에 있어서 하나님의 섭리는 뉴턴Newton의 물리학적 자연법칙에 따라 고정되어 기계적으로 작동되는 거대한 자동시계와 같은 것이 아니다. 물리적 실체들에서 구체적으로 실현될 수 있으면서도 오히려 그것은 비결정적이면서 개방적이며, 동시에 참된 존재로의 지향성을 포괄한다. '양자역학'(Quantum Physics)과 '카오스이론'(Chaos Theory)은 종래 과학이 고집스럽게 지녀왔던 인과론, 결정론, 예측성 등을 넘어서서 이러한 사실에 대한 과학적 가능성을 증명하고 있다. 더욱이 신경과학은 뇌의 정신현상이 전기화학적 작용을 통하지 않고는 나타날 수 없다는 것은 의심할 수 없는 사실이지만, 신경세포들과 그 연결을 통하여 구성되는 거대한 그물망으로 이루어진 뇌의 구조속에 카오스의 세계가 내재하여 있고, 폐쇄적이고 기계적인 방법이 아닌 비결정적이고 창발적인 방법으로 뇌가 작동하고 있으며, 그 과정 속에 개방성과 자유가 실현되고 있음을 입증하고 있다.

인간의 정신현상은 뇌라는 물질을 통해서만 나타날 수 있지만 이 물질에 완전히 속박되지 않는다. 인간의 정신현상은 기계적인 것이 아니고 내재적인 자유를 간직하고 있는 물리적 현상이다. 구조(뇌)가 과정(정신현상)을 결정하는 것이 아니라 과정의 전개(정신현상)를 전제로 하여 구조(뇌)가 발생하였다는 것이다. 이 사실의 발견은 그리스도교 신앙을 이해하는데 큰 도움을 준다. 특별히 그리스도교의 가장 독창적인 개념인 말씀이 육신이 되었다는 '성육신' 사건을 신경과학이 과학적 언어로 뒷받침해 주고 있다고 말할 수 있다. 예수 그리스도는 물질로 이루어진 육체를 가지고 계셨지만, 물질에 속박되지 않으시고 영적인 초월적 자유를 가지고 계신 분이다. 예수 그리스도께서 신성과 인성을 동시에 공유했다는 독특한 그리스도론은 그리스도교 신학에 있어서 매우 어려운 대목이고 가장 오랫동안 논쟁되어 온 교의이다. 그러나 이 그리스도론의 실재성을 신경과학이 뇌의 정신현상의 분석을 통하여 입증해 주고 있는 것이다.

또한 성경은 영지주의나 플라톤 철학의 이원론과는 근본적으로 다르게, 하나님이 물질로 구성된 인간의 육신을 통하여 역사하시고, 그 육신을 다시 살려 주실 것임을 약속한다. 하나님은 선택적으로 우리의 영혼만을 접촉하시는 것이 아니라 도리어 썩어질 육신을 통하여 온전하게 그 뜻하신 바를 이루신다. 이미 2000년 전에 현대인들이 받아들이는 것보다도 훨씬 강한 물리주의적 토대 위에 그리스도교의 실재관이 형성되었다. 이것은 참으로 놀라운 일이다! 현대 신경과학은 이처럼 세상적인 것에 함께 거하는 신성함이 뇌를 통하여 물리적으로 실현될 수 있다는 사실을 보여줌으로써 그리스도교 신앙의 참됨을 더욱 확실하게 고무시켜 주고 있다.

참고문헌

Aihara, Kazuyuki. 정호선·여진경 역(1994). 『뇌와 카오스』. 서울: OHM사.
Gleick, James. 박배식·성하운 역(1997). 『카오스: 현대 과학의 대혁명』 (*Chaos: making a new science*, 1994). 서울: 동문사.
Kauffman, Stuart. 국형태 역(2002). 『혼돈의 가장자리: 자기조직화와 복잡성의 법칙을 찾아서』 (*At Home in the Universe: the search for laws of self-organization and complexity*, 1995). 서울: 사이언스북스.
Kellert, Stephen H. 박배식 역(1995). 『카오스란 무엇인가: 동역학계의 예측 불가능한 질서』 (*In the wake of chaos: unpredictable order in dynamical systems*, 1993). 서울: 범양사출판부.
Stewart, Ian. 박배식·조식 역(1993). 『하느님은 주사위놀이를 하는가?: 카오스의 시대가 열리고 있다』 (*Does God play dice? the mathematics of chaos*, 2002). 서울: 범양사출판부.

제3장
의식과 실재

1. 어려운 문제, 쉬운 문제

　　인간의 뇌는 현대과학의 탐구대상 중에서 아직까지 완벽하게 규명되지 않은 신비로운 영역으로 남아있다. 그 이유는 크게 두 가지로 볼 수 있다. 첫째, 뇌를 이루고 있는 생물학적 물질의 요소와 구성이 방대하고 복잡하기 때문이다. 둘째, 우리가 자각적으로 체험하는 지각이나 감정같이 지극히 비물질적인 정신세계를 생성하는 물리적 존재가 바로 뇌이기 때문이다. 따라서 신경과학의 연구에는 두 개의 대조되는 측면이 있다. 그 하나는 뇌라고 하는 구조물을 구성요소 단위로 분해하거나 그 연결경로와 회로적 특성을 밝히려는 하향적·미시적 입장에서의 접근이다. 이에 반하여 또 다른 하나는 물리적 구성요소들이 집단적으로 모여서 추상적인 정신현상이 나타나게 되는 과정과 기전(mechanism)을 연구하는 상향적·거시적 입장에서의 접근이다. 이에 따라 신경과학의 과제를 '쉬운 문제'(easy problem)와 '어려운 문제'(hard problem)로 구분할 수 있는데, 현대 신경과학의 주류는 아직까지도 주로 쉬운 문제들을 가지고 씨름하고 있다. '쉬운 문제'란 뇌를 신경세포 단위로 분해하고, 다시 그 세포의 전기화학적 작동을 밝히고, 이러한 성질을 가능케 하는 단백질과 유전자의 단위로 순차적인 환원과정으로 규명하거나, 아니면 뇌와 유사한 회로적 구성과 정보처리과정을 갖는 인공지능을 개발하는 그러한 작업들이다. 이러한 종류의 문제들은 기존의 과학적 방법론의 범위 내에서 해결이 가능한 것들이다.

그렇다면 신경과학의 '어려운 문제'에는 어떠한 과제들이 기다리고 있을까?(Shear) 첫 번째로 던져지는 어려운 문제는 '뇌는 단순히 생물학적으로만 결정되지 않는 어떠한 자유를 갖는 구조인가?'하는 것이다. 앞 장에서 살펴본 바와 같이, 뇌파의 연구결과를 통해 살펴보면, 뇌는 수많은 신경세포들의 집단적인 구성으로 이루어지는 복합계로서 카오스의 방식으로 작동하여 예측 불가능한 창발성과 하향성 인과관계를 내포하는 역동계라고 말할 수 있다. 뇌는 잘 알려져 있는 물질계로 이루어져 있음에도 불구하고 모든 출력이 이미 결정되어져 있는 폐쇄체계가 아니라, 새로움에 열려져 있는 개방체계(open system)이다. 다시 말하면, 뇌는 비환원적이며 비결정론적인 것으로 자유가 구현되는 물리적 체계이다. 이것은 '인간에게 자유가 있는가?'하는 오랜 철학적 질문과 함께 '인간에게 하나님과 교통할 수 있는 영혼이 있는가?'하는 신학적 질문을 현대 신경과학이 함께 공유할 뿐 아니라 과학적인 언어로 긍정적인 답변을 제공할 수 있음을 의미한다.

2. 의식(Consciousness)과 뇌

우리가 직면할 수밖에 없는 지극히 중요한 또 다른 하나의 '어려운 문제'는 '의식'(consciousness) 또는 '자의식'(self-consciousness)의 문제이다. 이것은 창발성이나 하향성 인과관계만으로는 온전히 설명될 수 없는 신경계에서 나타나는 특유한 현상이다. 뇌는 외부 자극을 수용하고 카오스의 방식으로 정보를 처리하여 창의적으로 반응하게 하는데 그치지 않고, 우리로 하여금 이 세상을 느끼고 나 자신의 내면을 체험하고 각성하게 하는 '의식'현상을 창출해 낸다. 우리는 잠에서 깨는 순간부터 자신이라는 존재와 세계라는 존재를 다시 새롭게 각성하기 시작한다. 우리는 아침 커피의 향긋한 냄새를 맡으며, 사과의 붉은 색깔을 보며, 팔꿈치에 오는 통증을 느낀다. 우리는 이러한 체험에 너무나 익숙해 있어서 마치 당연한 것으로 그 근거와 기전을 의문시하지 않는다.

의식의 특성을 살피기 위하여, 술을 마시고 취해서 어떻게 집에 왔는지 전혀 생각이 나지 않는 사람의 예를 살펴보자. 실제로 이 사람은 술에 취한 채 택시를 잡아타고 집으로 오는 방향을 지시하고 택시 값을 지불하고 자기 집 대문을 찾아서 무사히 들어오는 완벽한 정보처리를 수행한다. 그러나 그러한 과정들에 대한 아무런 기억도, 인식도 없는 의식의 공백상태가 발생한다. 즉 합목적적인 정보처리와 의식은 반드시 함께 동반되는 것이 아니고, 서로 별개의 현상인 것이다. 인간보다 훨씬 더 빠르고 정확하게 계산을 해내는 슈퍼컴퓨터의 능력에 감탄하면서도 우리는 컴퓨터가 우리처럼 의식이 있다고 보지는 않는다. 의식은 정보처리 이상의 그 어떤 것으로 느낌과 경험들의 주체와 의미를 제공해 준다.

다른 예로 녹색과 적색을 구분하지 못하는 '적록색맹'을 살펴보자. 정상인들에게는 녹색과 적색의 구별이 뚜렷하다. 이것은 어떠한 설명이 필요하지 않는 너무나 당연한 체험적 자각현상이다. 그렇다면 두 가지 색을 구별하지 못하는 적록색맹 환자는 과연 어떤 종류의 색깔로 두 가지 색을 받아들일까? 모두 다 적색, 모두 다 녹색, 아니면 중간색일까? 우리는 그 환자의 외부적인 행동을 통하여 두 색을 구별하지 못한다는 것을 관찰할 수는 있으나, 머릿속에 들어가 그 사람이 직접 느끼는 색깔의 체험을 얻어낼 수는 없다. 즉 '의식'이란 나 혼자만이 느낄 수 있는 지극히 사적이고 주관적인 현상이면서도, 나에게는 너무나도 분명한 부정할 수 없는 현상이고 내 삶의 존재를 결정하는 가장 원초적인 요소이다. 그리고 이러한 의식현상을 가능케 하는 것이 또한 뇌의 작용이다. 그러나 아무도 그것이 어떻게 가능한지 설명하지 못하고 있다. '의식'은 신경과학이 당면하고 있는 가장 난해한 문제이다. 그것은 뇌의 구조와 기능에 관한 모든 지식을 성취했다고 해도 해결이 될 수 없는 또 다른 차원의 현상이다.

3. 의식의 심리철학(Churchland)

우리는 의식을 물질과는 구분되는 독립적인 속성과 존재양식을 갖는 실체로 경험한다. 이러한 전통적 주장을 이원론(dualism)이라 하고, 이에 반하여 인간의 의식작용이란 독립적인 실체가 아니고 뇌라고 하는 물질적 과정의 한 양상에 지나지 않는다는 현대과학의 주장을 일원론(monism) 또는 유물론(materialism)이라고 한다. 오로지 물질세계만을 관찰하고 그 규칙성을 찾아내고 종합하여 물질세계가 작동하는 방식에 대한 체계적인 이론을 정립해 나가는 과학적 작업 속에서 정신이라는 특이한 현상이 차지할 자리는 없다.

이러한 유물론의 실례로서 동일성이론(identity theory)은 의식상태는 뇌의 한 상태에 지나지 않는다고 주장한다. 제거적 유물론(eliminative materialism)은 이 이론을 좀 더 확장해서 우리가 체험하는 의식현상은 실재가 아닌 착각에 지나지 않으며, 인간정신에 관한 모든 표현들은 뇌에서 벌어지고 있는 물리적 서술들로 대치되어야 한다고 주장한다. 부수현상론(epiphenomenalism)은, 이보다는 조금 미약한 표현을 사용해서, 마치 시냇물이 흘러가면 졸졸 소리가 나듯이 의식이란 신경세포들이 집단적으로 작동할 때 피동적으로 생겨나는 부산물에 불과하다고 주장한다. 그리고 컴퓨터에 하드웨어와 이를 구동하는 소프트웨어가 있는 것처럼, 인간의 뇌를 하드웨어라고 할 때 의식작용은 소프트웨어이며, 소프트웨어란 근본적으로 다양한 하드웨어의 적절한 시공간적 조합상태로 구현될 수 있다고 주장하는 기능주의(functionalism) 역시 완화된 유물론의 일종이라 하겠다.

이러한 유물론들의 이론을 빌린다면, 신장이식이나 간장이식처럼 머릿속의 모든 뇌조직을 다른 사람의 뇌로 몽땅 갈아 끼운다 할 때 그 회로 구성의 변동만 없다면 인격의 주체와 의식경험도 변동이 없어야 한다. 그러나 과연 그렇게 될까? 그렇다면 유전자와 단백질 구조가 동일한 일란성쌍둥이들은 항상 똑같은 의식과 정신을 체험하고 있는 동일한 인격체인가?

철학자 네이글 Thomas Nagel 은 '박쥐가 된다면 어떠할까?'(What is it like to be a bat?)라는 예를 들어 매우 적절하게 이러한 의식의 핵심적 난제를 지적한다.

박쥐가 사람은 듣지 못하는 초음파를 발산하고 이의 반사를 탐지하여 빛이 없는 어두운 동굴 속을 어려움 없이 날아다닌다는 사실을 우리는 알고 있다. 뿐만 아니라, 박쥐의 신경계를 연구하여 초음파를 발산하고 이를 받아들이는 구조 그리고 뇌에까지 전달되는 경로를 과학자들은 잘 알고 있다. 즉 박쥐의 행동과 이를 뒷받침하는 신경조직의 구조와 작동방법을 모두 알고 있어서 더 이상 과학자들에게 박쥐는 신비스런 동물이 아니다. 그러나 박쥐가 초음파를 내고 받을 때 과연 어떠한 종류의 감각적인 체험을 하는가에 대해서는 진정 박쥐의 두개골 안으로 들어가 보지 않는 한 우리는 그 경험 자체를 결코 느낄 수 없다.

20세기 후반부에 들어서면서 심리철학자들은 종래의 이원론이나 관념론의 전통과 결별하고 세계는 궁극적으로 물리적인 것이라는 전제를 수긍하려 하였다. 그러나 인간의 의식현상과 주관성을 물리적 세계관에 끼워 맞춘다는 것은 결코 쉬운 작업이 아니다. 그래서 정신적 속성들이 물리적 속성들에 의존하고 있기는 하지만 물리적 속성들로 환원될 수 없는 독자적인 영역을 이룬다는 비환원론적 유물론(non-reductive materialism)을 주장하는 심리철학자들도 있다.(김재권) 미국 브라운대학 김재권 교수 같은 이는 특정한 뇌의 상태는 비록 뇌의 물리적 상태에 의해 결정된다고 할지라도 이에 상응하는 특정한 정신의 상태를 수반한다는 수반이론(supervenience)을 내세운다. 또한 정신이 뇌라는 물질에서 기원하지만, 정신과 물질 사이의 인과관계를 성립해 주는 물리법칙은 알 수 없다고 주장하는 무법칙성 일원론(anomalous monism)은 의식현상을 물질적이면서도 물질로 환원 될 수 없는 어떤 현상의 실체로 인정하겠다는 입장을 견지한다.

그리고 맥긴Colin McGinn과 같은 심리철학자는 인간은 의식현상에 대하여 결코 설명할 수 없는 치명적 한계를 가지고 있고, 인간에게 의식은 너무 어려운 수수께끼라고 결론을 내린다.(McGinn) 그것은 마치 개미가 아무리 많은 시간과 노력을 투자한다고 해도 결단코 미분방정식을 이해할 수 없듯이 우리의 뇌는 그러한 지식에 차단되어 있다는 것이다. 어딘가에 답이 있겠지만 그 답을 찾기 위해 필요한 지적능력이 인간에게는 없다고 그는 주장한다. 나아가서 그는 의식이란 우주의 시작 이전에 선험적으로 유래하는 어떤 근원적인 잔존물이 뇌를 통하여 시공간적 실재 안으로 파고 들어온 유입현상이 아닌가라고 추측해 보기도 한다. 노벨 생리학상을 수상한 엑클스Eccles나 스페리Sperry 같은 당대 최고의 신경과학자들도 말년에 접어들어 "의식을 받아들이자면 비물질적인 실체로서의 의식을 인정하는 이원론을 선택하는 길 밖에 다른 대안은 없다."고 비장한 선언을 했다.

4. 의식의 양자론(Davies)

　　이처럼 신비한 '의식'현상에 대하여 접근을 가능케 할 수 있는 한 가닥 실마리를 현대과학의 하나인 양자론(quantum Theory)이 제공한다. 양자론에 의하면 우주의 모든 현상들은 근본적으로 양자의 현상이며, 생명현상도 궁극적으로는 세포를 이루고 있는 소립자들의 양자역학적 요동 때문에 생기는 것이다. 전자와 핵자처럼 매우 작은 입자들의 미시세계로 내려가면, 입자들은 우리가 경험하는 세계와는 다르게 행동한다. 위치와 운동량이 확정되지 않으며, 도리어 공간에 확률의 파동적인 형태로 입자들은 분포하여 존재하게 된다. 양자의 세계는 불확정성의 세계이며 인과적인 결정론이 적용되지 않은 가능성의 잠재상태로 파악된다. 뉴턴역학으로는 설명할 수 없는 이 세계를 서술하는 수학적 방법은 파동방정식의 형태를 갖게 된다.

　　그런데 이러한 양자세계의 소립자들이 모여 결합하면, 원자와 분자로 이루어진 감지할 수 있는 물질들을 생성하게 된다. 그때 확률적인 파동의 모습은 사라지고 우리에게는 낯익은 위치와 운동량이 분명한 거시적인 물질세계로 변형하게 된다. 이를 파동함수의 붕괴(collapse of wave function) 현상이라고 한다. 그러나 어떻게 이러한 현상이 나타나게 되는지 그 이유를 과학자들은 잘 모르고 있다. 이것은 아직까지도 해결되지 못한 양자역학의 근본과제이다. 본질적으로 불확정적이며 다중적 잠재상태에 있는 소립자가 어떤 관측과정(measurement)에 노출되면 주어진 측정방식에 따라 위치와 속도의 불확정성이 감소되면서 관찰이 가능하게 된다. 다시 말하면, 어떤 거시적인 물질현상이 존재하기 위해서는 이를 가능케 하는 측정과정을 필요로 한다. 그러므로 우리가 경험하는 물질세계란 결코 독립적으로 스스로 존재하는 것이 아니다. 우리가 세계의 존재를 경험한다고 하는 것은 곧 어떠한 방식이든 간에 측정과 관찰의 과정을 거치지 않고는 불가능하다. 근본적으로 물질은 양자론적인 다양한 잠재형식으로 존재한다. 그러다가 측정과정이 발생하면 그에 대한 반응으로 파동함수가 소실되면서 물질은 비로소 하나의 구체적인 실재로 둔갑한다. 실체(substance)가 아니라 사건(occasion)들이 실재(reality)를 구성하는 요소라는 화이트헤드 Whitehead의 과정형이상학도 이러한 양자론에 근거한 것이다.

이러한 '측정'이라는 물리과정을 통하여 신경과학은 양자론과 조우하게 된다. 이 측정과정을 수행하여 구체적인 경험세계를 창출해내는 것이 바로 인간의 의식이며 동시에 뇌의 작용이라고 할 수 있다는 것이다. 세계란 우리가 일상적으로 믿고 있는 것처럼 우리밖에 우리 자신의 존재여부에 관계없이 항상 독립적으로 존재하고 있는 것이 아니라 우리 의식의 관찰과정을 거쳐서 하나의 실체로 존재하고 체험된다는 것이다. 관찰자가 없다면 아원자물리학의 세계는 존재할 수도 없다는 것이 양자론의 입장이다. 그래서 물리학자인 휠러 John Wheeler는 우리들은 관찰자 의존적인 "참여적 우주"(participatory universe)에 살고 있다고 주장한다.(Boslough, 165) 이 이론을 좀 더 극단적으로 밀고 가면, 먼저 물질이 존재하고 뇌가 발생하여 정신이 나타난 것이 아니고, 도리어 의식이 선재하고 그것이 세계를 인식함으로써 확률적 잠재상태의 양자세계에서 하나의 물질적 현실세계가 도출된다고 추론할 수 있다. 그러므로 인간의 의식은 양자적 세계관을 도입할 때 설명될 수 있으며, 양자세계와 물질세계 사이에서 두 세계를 연결하면서 '존재'와 '현실'을 제공하는 관문의 역할을 하는 것이 바로 뇌인 것이다.

'과연 뇌에 양자적 차원이 존재하는가?', 그리고 '의식은 양자적 기전에 의한 것인가?', 이러한 분야의 연구는 아직 매우 초보적인 상태로, 실험적 입증이 이루어진 상태는 아니지만 괄목할 만한 발전들이 이루어지고 있어, 향후 양자신경과학(quantum neuroscience)의 태동이 기대되고 있다.(미국 아리조나대학 의식연구센터 웹사이트 http://

www.consciousness.arizona.edu/quantum 참조) 펜로즈Roger Penrose 같은 물리학자는 신경세포의 기질을 이루고 있는 미세소관(microtubule)의 구성 단백질인 튜불린tubulin이 양자적 진동을 일으켜 의식현상을 생성케 한다는 가설을 제시하고 있다. 또한 광자들의 집단적 공조상태로 표현되는 레이저현상을 가능하게 하는 보스-아인슈타인 응축(Bose-Einstein condensate) 현상이 뇌조직 내에서도 일어날 수 있다는 주장이 제기되었고, 차세대 양자컴퓨터(quantum computation)의 이론들이 뇌와 기존 실리콘컴퓨터와의 차이점들을 잘 설명해주고 있다.

5. 뇌와 실재(Brain and Reality)

의식의 '어려운 문제'들은 인습적인 사고의 틀로는 해결하기 어려운 과제들이다. 그러나 그들은 신경과학이 순수하게 물질만을 다루는 경험과학이지만 물질만으로는 설명되지 않는 또 다른 차원의 가능성을, 기존 경험과학의 한계질문들과 더불어 제기하고 있다. 물리학자인 봄 David Bohm은 실재들의 이면에는 숨겨진 질서(implicit order)가 존재한다고 주장하면서, 기존의 과학들은 가시적이며 드러난 질서(explicit order)를 뛰어넘는 차원에서 필요한 과학적 작업을 무시하거나 부정하고 있다고 지적했다.(Bohm) 이러한 숨겨진 질서와 연관된 뇌의 문제는 결코 생물학적인 수준에서는 완결될 수 없는 것으로, 이러한 점에서 신경과학은 인간 존재의 궁극적인 의미를 묻는 신학적 작업과 맥락을 같이 한다. 이 작업은 현재 우리를 지배하고 있는 물질과 정신의 이원론적인 사고의 패러다임으로는 해결될 수 없고, 우리에게 사유방식 자체에 대한 근본적인 재검토를 요청한다. 그러므로 신경과학의 물질과 정신에 관한 질문들은 궁극적으로 "과연 실재(reality)란 무엇인가?"하는 질문으로 확대되고, 그 확대과정에서 신경과학은 신학의 주제들을 풍요롭게 공유할 수 있다고 볼 수 있다.

신경과학에 의하면, 우리가 경험하는 세계(experienced reality)는 뇌에 의하여 뇌의 특정한 방식과 한계 내에서 파악된 제한적인 실재이다. 우리의 뇌는 세계를 있는 그대로 표상하지 못한다. 그러므로 우리가 경험하는 실재는 있는 그대로 여과하지 않고 투명하게 반영된 궁극적 실재(ultimate reality) 그 자체가 아니다. 이러한 신경과학의 실재관은 그리스도교 신학에 큰 도움을 줄 수 있다. 예컨대, 이는 그리스도교에서 하나님나라(궁극적 실재)와 제한된 인간의 한계(뇌)의 관계와 유비적이고, 하나님으로부터 창조되었으나 한편 근본적으로 소외되어 있는 타락한 인간의 모습에 대한 신학적 개념들과 공명한다. 나아가서 뇌가 부분적으로 밖에 이해할 수 없는 궁극적 실재세계가 존재한다는 신경과학적 인간론을 통하여 우리는 '타자'로서의 세계, 곧 '초월'의 개념에도 (과학적으로) 접근할 수 있을 것이다.

인간의 뇌가 실재를 그대로 인식하기보다는 편협하고 변질되게 인식한다는 근본적인 제약을 가지고 있다. 그럼에도 불구하고 중요한 점은 뇌가 '의식현상'을 통하여 세상과 나 자신의 존재의 각성을 가능케 한다는 사실이다. 양자론에 의하면, 인간의 인식이란 단지 외부에 존재하는 어떤 물질에 대한 객관적 지식이 아니라 그 자신과 세계와의 관계를 통하여 비로소 생성되고 자각되는 경험이다. 그리스도교 신학이 창조에서 구속까지 이 모든 우주적 과정을 하나님의 행위(Divine Action)에 의한 것이라고 할 때에, 인간의 뇌 현상도 하나님이 활동하시는 하나의 방식(mode of action)이라고 이해할 수 있을 것이다. 하나님의 창조와 섭리 속에서 하나님과 인격적인 관계를 가지고 있지만, 그러나 대속적 구원의 은총을 반드시 필요로 하는 인간의 모습을 신경과학은 과학적 언어로 뒷받침하고 있다.

6. 신경과학과 신학의 대화

　　신경과학과 신학은 전혀 다른 영역의 두 학문들이지만, 인간이라는 주제의 교차로에서 지금까지 살펴본 것과 같이 풍성한 만남을 이룰 수 있다. 이러한 만남에서 신경과학은 단순히 신학에 도전하는 과학주의의 한 아류로서 좌초되지 않고 오히려 신학의 과학적 논의를 가능하게 하는 물리적 근거를 제공하는 역할을 할 수 있다. 물질적 영역과 정신적 영역, 종교적 영역과 세속적 영역, 또는 신학적 영역과 과학적 영역으로 갈라져서 진행되어 온 종래 사유방식의 이분법적인 논의들은 점차 그 근거를 상실해가고 있다. 이제는 더 이상 이러한 분열이 필요치 않으며 모든 지식은 하나로 공유되고 통합될 수 있다는 것을 신경과학과 신학의 만남은 제시한다.

　　더욱이 과학시대의 신학은 과학적 발전을 무시하고 스스로 고립되어 신학이 세계를 일방적으로 무조건 초월하여 이루어지는 신성불가침의 분야라는 맹목적인 입장에서 반드시 벗어나야 한다. 그러므로 삶의 모든 분야, 총체적 우주과정을 신학적 작업의 대상으로 포괄하여야 한다. 우주론, 양자론, 생태학, 신경과학의 지식들과 같은 현대과학의 새로운 지식들은 신학적 개념들과 결코 상충하는 것이 아니며, 오히려 이들을 더욱 풍성하게 지지하고 그 건설적 보완을 이룰 수 있다. 특히 우리는 신경과학이 그 한계적 질문과정을 거치면서 신학적 교의와 주제들을 새롭게 해석하여 그 동안 숨겨져 왔던 심오한 의미를 새롭게 재조명할 수 있다고 생각한다.

　　나아가서 우리는 이제 신학이 새로운 사고의 틀과 패러다임을 과학적 영역에 선도적으로 제공해야 할 시점이 되었다고 생각한다. 지금까지 과학과 신학의 대화는 주로 먼저 과학이 경험적이고 객관적인 지식들을 캐내어서 발표하고 신학은 그에 대해 피동적인 반응을 하고 후발적인 평가를 하는 방식으로 진행되어 왔다. 과학적 신지식들이 신학적 개념들과 상충하면 신학은 이에 대한 변증작업을 시도하고, 반면에 개념적 유사성과 공유성이 있을 경우 이에 대한 교의적 의미를 부여해 왔다. 그러나 과학이란 결코 중립적인 절대진리가 아닌 또 다른 하나의 가치판단 작업이다. 따라서 과학적 자료들의 해석과 판단과정에 어떠한 철학적 전제와 사유방식이 사용되는가에 대한 비판적 작업이 절실히 요구된다. 즉 과학자들이 사용하는 언어와 사유의 패러다임의 한계 밖에 우주와 자연과 생명과 뇌가 대치하고 있다. 상대성원리와 양자역학에서는 물론이고 생물학의 한 분야인 신경과학에서도 과학자들은 '어려운 문제'들과 대면하고 있다. 단지 대부분의 과학자들이 이러한 문제들을 무의식적으로 억압하고 있으며, 논리적 시야 밖으로 보이지 않게 은폐하고 있을 따름이다.

철학자 화이트헤드는, 인간이 제한된 언어로 무한의 세계를 기술하려 할 때 표출되는 잘못된 지식을 '완벽한 사전의 오류'(the fallacy of the perfect dictionary)라고 불렀다. 참된 실재(reality)를 파악하기 위하여 과학의 사전에도 새로운 언어가 추가되어야 한다. 이제 신학은, 과학자들이 종래의 인습적인 물리법칙과 막연한 직관만으로는 결코 뛰어넘을 수 없는 거대한 장벽에 다가가고 있음을 지적할 수 있어야 한다. 뿐만 아니라 신학은 과학이 새로운 도약에 절실히 필요로 하는 개념과 언어들을 공급할 수 있는 원천이 되어야 할 것이다. 이러한 의미에서도 인간의 뇌에 대한 연구가 중요하다. 왜냐하면 그것이 바로 어떻게 무한한 하나님이 유한한 인간에게 알려질 수 있는지, 물질에 속박되어 있는 피조물이 어떻게 참된 궁극적 실재를 찾을 수 있는가를 탐구하기 위하여 과학자와 신학자가 함께 해독해야하는 '하나님의 암호'이기 때문이다.

참고문헌

Bohm, David. 전일동 역(1991). 『현대물리학의 철학적 테두리: 전체와 내포질서』(*Wholeness and the implicate order*, 1996). 서울: 민음사.
Boslough, John. 홍동선 역(1995). 『스티븐 호킹의 우주』(*Stephen Hawkings universe*, 1996). 서울: 책세상.
Churchland, Paul M. 석봉래 역(1992). 『물질과 의식 - 현대 심리철학 입문』(*Matter and Consciousness*, 1991). 서울: 서광사.
Davies, Paul. and Brown, Julian R. 김수용 역(1994). 『원자 속의 유령: 양자물리학의 신비에 관한 토론』(*The Ghost in the atom: a discussion of the mysteries of quantum physics*, 1993). 서울: 범양사출판부.
Hofstadter Douglas R. 박여성 옮김(1999). 『괴델, 에셔, 바흐: 영원한 황금 노끈』(*Goedel, Escher, Bach: an eternal golden braid*, 1979). 서울: 까치.
Hofstadter Douglas R. and Daniel C. Dennett. 김동광 역(2001). 『이런, 이게 바로 나야!』(*The Mind's I*, 1981). 서울: 사이언스북스.
Kim, Jae Kwon. 하종호·김선희 역(1997). 『심리철학』(*Philosophy of Mind: Dimensions of Philosophy*, 1996). 서울: 철학과 현실사.
Longair, Malcom S. ed. 김성원·최경희 역(2002). 『우주 양자 마음』(*The Large, the Small and the Human Mind*, 1997). 서울: 사이언스북스.

Scott, Alwyn. 안창림 외 역(2001). 『마음에 이르는 계단: 새로운 의식의 과학에 대한 논쟁』(*Stairway to the Mind: The Controversial New Science of Consciousness*, 1995). 서울: 이화여자대학교 출판부.

McGinn, Colin(2000). *The Mysterious Flame-Conscious Mind in a Material World*. Basic Books.

Shear, Jonathan. ed.(1998). *Explaining Consciousness-The Hard Problem*. The MIT Press.

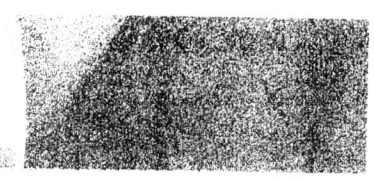

제5부
현대과학과 우주

제1장

현대 천문학과 인류원리

　　광활하고 거대한 우주! 그 안에서 우리 인간이 차지하는 위치와 의미는 과연 무엇일까? 이 문제는 과학사의 오래된 논쟁거리 중 하나이며 천문학자들이 우주를 연구하는 궁극적 목적이라고 할 수 있다. 코페르니쿠스와 갈릴레오의 지동설 발견 이후 최근까지 우주에서 점하는 인간의 위치는 특별한 것이 아니라는 사조가 팽배해 왔다. 그러나 20세기 후반에 접어들면서 천문학자들과 천체물리학자들은 좀 더 총체적인 면에서 우주를 이해하게 되었고, 지구상에 인간이 출현하기 위해 필요한 우주의 조건에 대한 심도 있는 연구를 통하여 한 차원 높은 수준에서 이 문제를 재검토하고 있다.

　　이번 장에서는 100억 년 전 우리은하와 충돌한 후 우리은하 내에 핵부분만 남아 존재하는 이웃은하를 세계 최초로 발견하고, 은하계의 생성에 대한 새로운 모델을 제창한 세계적 천문학자 이영욱 박사로부터 이 문제에 대한 생생한 설명을 직접 청취한 후, 그에 대한 신학적 평가를 내려보고자 한다. 또한 그 평가에 대한 이 박사의 화답을 들어보기로 하자.

1. 원소의 기원 : 우리는 어디로부터 왔는가?

현대과학이 밝혀낸 것과 같이 우리의 육체는 세포로 되어 있고, 세포는 DNA, DNA는 분자, 그리고 분자는 다시 그보다 더 작은 원자로 이루어져 있다. 우리의 몸을 이루는 여러 원소 중에서 가장 중요한 것은 탄소원자이다. 세포를 이루는 분자들은 탄소화합물로 구성되어 있기 때문이다. 그렇다면, 이 탄소원자는 과연 어디서 온 것일까? 우리 몸을 이루는 탄소원자의 기원을 밝힐 수 있다면, 우리는 우리의 육체가 어디로부터 온 것인지 이해할 수 있을 것이다.

우리 인간은 음식물을 섭취함으로써 육체가 성장하고 유지된다. 어머니의 몸속에서 태어날 때까지는 어머니를 통해 섭취한 음식물에서 필요한 원소를 제공받게 된다. 음식물의 원료가 되는 채소와 곡식은 태양빛의 도움으로 땅과 공기로부터 원소를 제공받는다. 그렇다면 우리 몸을 이루고 있는 원소의 기원은 땅과 공기, 바로 지구일 것이다. 그러나 천문학자들은 여기서 그치지 않고 더 근원적인 질문을 던진다. 우리 지구에 존재하는 탄소원자를 비롯한 많은 원소들은 모두 어디서 온 것일까?

지구에 이렇게 많은 원소들이 존재하고 있다는 사실은 태양과 지구를 비롯한 태양계가 형성될 당시의 구성물질이 이미 이러한 원소들을 포함하고 있었다는 것을 말해준다. 문제는 바로 여기에 있다. 여러 가지의 관측적 증거들로 인하여 믿을 수밖에 없는 빅뱅우주론에 의하면 빅뱅(우주대폭발) 직후 뜨거웠던 우주에서 생성될 수 있는 원소는 가장 기본적인 원소인 수소와 헬륨밖에 없다. 그렇다면 현재 우리 몸속에 있는 탄소원자와 같은 원소들은 그 이후에 생성된 것이다. 과연 탄소원자와 같은 무거운 원소를 만들 수 있는 곳은 어디일까? 20세기 후반에 들어와서 천문학자들과 천체물리학자들은 비로소 우리 몸을 이루는 원소들

제1장 현대 천문학과 인류원리 189

이 별 속에서 만들어졌다는 놀라운 사실을 깨닫게 되었다.

　　태양을 포함한 별은 중심에서 수소폭탄이 연속적으로 터지는 것과 같은 수소 핵융합반응에 의해 에너지를 공급하고 있다. 수소 핵융합반응의 결과, 별의 중심에서는 결국 모든 수소가 헬륨으로 전환된다. 그리고 이에 따른 별의 내부구조변화는 별의 중심온도를 이전보다 더욱 높이게 되고, 결국 헬륨원자핵 세 개가 하나의 탄소원자핵으로 융합하게 된다. 바로 이렇게 해서 탄소원자가 생성되고 그것은 또 먼 훗날 우리 모두의 몸을 이루는 탄소원자가 되는 것이다. 이후에도 비슷한 원리에 의해 더 무거운 원소들이 순차적으로 별의 내부에서 생성된다. 결국 빅뱅 직후 생성된 수소와 헬륨을 제외하고 지구에서 발견되는 모든 원소는 뜨거운 별의 내부에서 만들어진 것이다.

　　빅뱅 직후 물질의 미세한 요동에 의해 은하가 형성되고, 그 속에서 태어나게 되는 제1세대 별들은 핵융합반응을 통해 탄소와 같은 중원소들을 만들어 낸 후, 자신은 초신성으로 폭발하여 사라진다. 1세대 별 속에서 만들어진 원소들은 초신성의 폭발과 함께 성운이라고 불리는 거대한 가스구름으로 흩어지게 되고, 여기서 제2세대의 별들이 다시 탄생하게 된다. 2세대의 별들도 핵융합반응에 의해 더 많은 원소들을 만들고 초신성으로 일생을 마친다. 이와 같은 사이클이 여러 번 반복되면 별이 태어나는 성운에는 탄소, 질소, 산소와 같은 중원소들이 점차 증가하게 된다. 그리고 이렇게 중원소를 많이 포함하고 있는 성운에서 비로소 태양과 지구를 포함하는 태양계가 형성된다. 지구와 태양의 나이는 약 45억 년, 그리고 우주의 나이는 약 140억 년이란 점을 고려하면, 우리우주는 생성된 후 약 100억 년이라는 긴 세월 동안 별 속에서 중원소들을 만들며 지구와 인간의 탄생을 소리 없이 준비해 온 것이다. 오늘날 우리 몸을 이루는 대부분의 원소들은 모두 지구가 생기기도 이전인 머나먼 과거에 어느 뜨거운 별의 중심에서 비롯되었다는 놀라운 사실은 우리에게 심오한 자연철학적 의미를 전해준다.

2. 인간 창조를 위한 우주의 조건

코페르니쿠스의 원리는 지구와 태양, 그리고 우리 은하계의 기하학적 위치에만 근거하는 것이다. 그러나 겉으로는 특별한 점이 전혀 없어 보이는 지구나 태양의 위치가, 역으로 우리 인간의 존재를 위해 반드시 필요한 것이라면 이 자체가 바로 매우 특별한 것이라고 할 수 있을 것이다. 예를 들면, 지구는 태양으로부터 적절한 거리에 있는 세 번째 행성이다. 만약 지구의 위치가 현재의 금성과 같이 태양에 너무 가까이 있다면 지구는 너무 뜨거워서 지구상의 모든 물은 증발할 것이다. 물론 그 곳에서는 인간을 비롯한 어떤 생명체도 살 수 없을 것이다. 반대로 지구의 위치가 현재의 화성과 같이 태양으로부터 너무 멀리 있다면 그 곳에는 물이 있다 하더라도 모두 고체상태인 얼음의 형태로 존재할 것이다. 실제로 현재의 화성은 지구의 남극이나 북극보다도 훨씬 가혹한 환경이며 따라서 생명체가 살기에는 적합하지 않은 조건을 가지고 있다. 태양계의 아홉 행성 중 오직 지구만이 물이 액체상태로 존재할 수 있는 거리에 놓여있고, 따라서 우리 인간을 비롯한 생명체가 살 수 있는 조건을 충족시키고 있다. 이와 같이 인간이 존재하기 위한 조건을 최우선으로 고려한다면 우리는 전혀 새로운 차원에서 우주 속의 인간의 위치를 재조명할 수 있을 것이다.

위의 간단한 예에서 한 걸음 더 나아가 우주 전체의 차원에서 고려한 인간 존재를 위한 조건, 즉 인간 창조를 위한 우주의 조건을 "인류원리"(Anthropic Principle)라고 부른다.

1970년대에 들어와서 스티븐 호킹Stephen Hawking과 그의 동료들은 인류원리를 우주론에 적용하기 시작하였다. 우리 인간이 오늘날 지구라고 하는 우주의 한 구석에 존재한다는 사실은 그 자체가 매우 중요한 관측 사실이며, 이를 통해 우주의 초기조건을 연구할 수 있지 않을까 하는 기대가 있었던 것이다. 우리가 앞에서 이미 알아본 바와 같이 인간의 몸을 이루는 탄소원자와 같은 중원소는 오직 별 속에서만 만들어진다. 이는 곧 우리가 존재하기 위해서는 별들이 태어나서 핵융합반응을 통해 충분한 중원소를 만든 후, 반드시 초신성으로 죽어야만 한다는 전제조건을 요구한다. 따라서 이러한 사이클이 충분히 진행되지 못한 우주역사의 초기에는 인류가 존재할 수 없다. 반대로 우주역사의 후반부에는 대부분의 별들이 일생을 마치고 빛을 발하지 않는 상태가 될 것이며, 따라서 태양과 같은 별에서 에너지를 공급받아 환경을 유지하는 지구와 같은 행성은 생명체가 살 수 없는 환경이 될 것이다. 즉, 우주의 전 역사 중에서 인류가 존재할 수 있는 기간은 오직 특정기간으로 제한된다. 이러한 결론은 "약한 인류원리"(Weak Anthropic Principle)라 불리며, 천문학자들과 천체물리학자들이 인정하는 사실이다.

약한 인류원리에서 한 걸음 더 나아가 오직 특별한 우주만이 인류의 출현을 가능케 한다는 이론이 "강한 인류원리"(Strong Anthropic Principle)이다. 우리가 살고 있는 우주를 지배하는 자연법칙은 여러 가지가 있다. 일반인들도 잘 아는 뉴턴의 만유인력의 법칙, 즉 두 물체 사이의 중력은 거리의 제곱에 반비례하고 두 질량의 곱에 비례한다는 것은 수많은 자연법칙 중의 하나에 불과하다. 그리고 만유인력의 법칙에 등장하는 중력상수는 6.67×10^{-8} (CGS 단위)이라는 특정한 값을 가지고 있고, 이밖에도 플랑크 상수, 볼쯔만 상수, 전자와 양성자의 질량과 전하량, 빛의 속도 등, 자연에는 여러 기본상수들이 특정한 값을 가지고 있다. 결국 강한 인류원리에서 주장하는 것은 이러한 자연법칙과 상수들이 우리가 현재 알고 있는 것과 조금만이라도 달라진다면 인류가 출현할 수 없게 된다는 것이다. 즉, 자연의 여러 법칙과 상수 중에서 일부가 다른 형태와 값을 갖는다고 가정하고 계산을 수행하면 별과 행성이 만들어지지 않는 우주가 되고, 그런 우주에서는 당연히 인간이 출현할 수 없게 된다. 인류의 출현을 위해서는 별과 은하의 형성, 그리고 다른 특별한 조건들이 만족되어야만 하기 때문이다.

예를 들면, 물질을 이루는 기본적인 입자인 양성자와 전자의 질량비는 약 2,000으로 관측되는데, 이것이 만약에 20이나 200,000과 같이 다른 값을 갖는다면 생명체의 존재에 필요한 천문학, 물리학, 화학, 그리고 생물학의 요구조건을 벗어나게 되는 것이다. 만일 우리가 살고 있는 우주 이외에 다른 우주가 있다면 그런 우주에서는 양성자와 전자의 질량비가 우리와는 다른 값을 가질 수도 있을 것이다. 그런 우주도 나름대로 다른 조건들을 만족하면서 존재할 수 있을지 모르나, 그 곳에서는 우리와 같은 생명체를 발견할 수는 없을 것이다. 우리가 살고 있는 우주는 우리의 존재를 위해 필요한 모든 조건들을 너무나도 완벽하게 갖추고 있는 것처럼 보인다.

3. 인간을 위한 우주? 인류원리

강한 인류원리(Anthropic Principle)에 의한 해석은 크게 두 가지 방향으로 우주의 기원 문제를 생각하게 한다. 첫째는, 이 모든 것이 우연의 산물이란 것이다. 즉, 우주의 밀도계수인 오메가 값이 1에 가깝게 관측되고, 우리가 아는 자연법칙과 상수들이 특정한 형태와 값을 갖는 이유는, 그렇지 않으면 우리가 존재하는 우주가 될 수 없기 때문이다. 우리의 존재는 주어진 사실이기 때문에, 인간이 존재하는 우주에서는 반드시 자연법칙과 상수들이 우리가 아는 형태와 값을 가지는 것으로 관측될 수밖에 없다는 것이다. 다른 우주에서는 자연의 법칙과 상수들이 다른 형태나 값을 가질 수 있지만, 그런 곳에서는 우리(생명체)가 존재할 수 없을 것이다. 따라서 인간의 존재를 포함한 이 모든 것이 우연의 산물이라면, 우리는 우리가 살고 있는 우주 외에도 수많은 다른 우주의 존재를 가정해야 한다. 수많은 자연법칙과 상수들이 우연의 일치에 의하여 그렇게 완벽하게 인간을 만들어 내기 위해서는 확률적으로 볼 때 수천 억 개 이상의 수없이 많은 우주를 필요로 할 것이고, 우리는 단지 그 많은 우주 중에 우연히 모든 조건을 만족하게 된 우주에서 존재하게 된 것으로 간주될 것이다.

실제로, 러시아 태생의 천체물리학자 린데Linde는 우리가 존재하는 우주가 수없이 많은 여러 우주 중의 하나가 될 수 있는 이론을 발표하였다. 린데의 가설은 소위 "번식 우주론"이라고 불리며 초기우주가 형성될 때 "양자역학적 요동"에 의하여 여러 우주가 만들어지고 그 우주들은 또 자식 우주들을 만들며 끊임없이 번식해 나간다는 것이다. 린데의 가설에 등장하는 수많은 우주에서는 각기 서로 다른 형태의 자연법칙과 상수들을 가질 수 있고, 그 중 하나에서 우연히 이 모든 조건들을 만족하여 우리 인간이 출현할 수 있게 된다. 물론 린데의 가설은 관측과 실험으로 검증할 방법이 없다. 린데의 이론이 설사 맞는다 하더라도 천문학자는 우리가 살고 있는 우주 밖의 다른 우주를 관측할 수 없기 때문이다. 과학이론은 관측과 실험으로 증명될 수 있을 때에만 정당한 이론으로 취급되기 때문에, 린데의 발상과 같이 우리우주의 특이한 점을 설명하기 위해 관측이 불가능한 우리우주 밖으로 나가야 하는 이론은 이미 과학의 영역을 떠난 것이라고 일부 학자들은 생각한다.

반면에 우리가 사는 우주가 유일하고 다른 우주의 가능성은 전혀 없는 것이라면 우리는 결국 매우 특별한 존재라는 것을 인정해야만 할 것이다. 수많은 자연의 법칙과 상수들이 우연에 의해 우리가 아는 것과 같이 될 확률은 너무나 적어 거의 영에 가깝기 때문이다. 이 확률이 얼마나 작은 지를 설명하기 위해 천문학자들은 다음과 같은 예를 인용한다. 자동차 공장에서 자동차를 만들 때 들어가는 부품의 수는 약 만 개 정도가 된다고 한다. 그런데 어느 날 이 공장에 거대한 태풍이 불어서 만 개의 부품이 모두 하늘로 올라갔다가 다시 땅으로 떨어졌다고 가정하자. 이때, 우연히 모든 부품이 맞추어져서 완성된 자동차가 되어 떨어질 확률은 지극히 낮을 것이다. 아니, 절대 불가능할 것이다. 그런데, 우리우주의 모든 자연법칙과 상수들이 우연하게 우리가 관측하는 값을 가질 확률은 이보다 더 낮다는 것이다. 또 다른 표현으로는, 야생에서 갓 잡은 원숭이에게 타자기를 주었을 경우를 가정한다. 이 원숭이는 쉴 새 없이 타자기를 두드리지만 아무리 오래 친다고 해도 '별'이라는 단어 하나를 완성하지는 못할 것이다. 대부분의 경우는 "ㄷㅇㄱㅗ#ㅅㆍㅑㅔ$ ……" 등 아무 의미 없는 철자의 나열에 불과할 것이다. 아주 오랜 기간 칠 경우, 혹시 우연히, 아주 우연히 '별'이라는 단어를 치게 될지도 모른다. 그러나 아무리 수 십 년을 친다고 해도 윤동주의 〈별 헤는 밤〉이라는 아름다운 시는 결코 우연히 나타나지 않을 것이다. 우리우주가 우연히 이런 모습을 가질 수 있는 확률은, 원숭이가 친 자음과 모음의 배합에서 우연히 윤동주의 시 전문이 나올 수 있는 확률보다 작다는 것이다.

우리 우주가 우연히 인간을 만들어 낼 수 있는 확률이 그렇게 낮은 것이라면, 우주는 태초부터 인간을 만들기 위해 특별한 목적을 갖고 디자인된 것은 아닐까? 시인이 특별한 시상을 갖고 타자기를 칠 때에만 〈별 헤는 밤〉이라는 시가 나올 수 있는 것과 같이, 우주의 창조자는 태초부터 우리를 염두에 두고 계셨던 것인가? 그렇다면, 그가 우리에게 원하는 것은 무엇일까? 이러한 질문에 대한 대답은 물론 과학 이상의 차원을 요구하지만, 오늘날 현대 천문학은 이러한 수준에까지 근접하여 '우연'과 '필연' 중에서 우리의 선택을 기다리고 있다. 코페르니쿠스의 지동설에서 시작하여 한없이 실추되는 것처럼 보였던 우주 속에서의 인간 존엄성 문제는 천문학자들이 우주의 참모습을 좀 더 완벽하게 이해하고 있는 현재에 와서 전혀 새로운 국면을 맞이하고 있는 것이다.

4. 인류원리에 대한 신학적 평가

이영욱 박사*는 현대천문학에서 빅뱅우주론은 '믿을 수밖에 없는' 과학적 이론이라고 주장하며, 우주의 생성과 인간의 출현이 우연(chance)이 아니며, 신의 설계(design)에 따른 필연(necessity)이라고 보는 강한 인류원리를 지지한다. 신학적으로 보면 이 입장은 가톨릭의 자연신학과 연관되며, 토마스 아퀴나스Thomas Aquinas의 유명한 신존재증명이론 중 목적론적 논쟁의 한 현대과학적 변이라고 평가될 수 있다. 그러나 이 입장은 다음과 같은 문제점들을 가지고 있다.

첫째, 캠브리지대학의 저명한 수리물리학자이며 신학자이기도 한 존 폴킹혼John Polkinghorne이 지적한 바와 같이 약한 인류원리는 결국 "우리가 여기에 있기 때문에 우리는 여기 있다."라고 하는 식의 한 약한 주장(a weak statement)이다.(Polkinghorne, 73) 인간이 존재할 수 있는 환경을 조성하게 한 우주의 최적 조건들의 발생에 대한 고려가 결여되어 있다.

이영욱 박사: 다른 우주의 가능성이 있다면 이러한 주장이 맞지만, 만일 우리 우주가 유일하다면, 탄소 원자를 기반으로 하는 우리(다른 생명체 포함)의 존재는 매우 특별한 것이 사실입니다. 자연의 상수와 법칙이 조금 달라 별이 만들어지지 못했다면, 수소와 헬륨밖에 없는 우주이기 때문이지요. 별이 있는 우주가 될 확률이 지극히 낮다는 것이 포인트입니다.

---

* 이영욱: 연세대학교 천문우주학 교수, 자외선우주망원경연구단장. 연세대 천문학과, 미국 예일대학(천체물리학박사), NASA 우주망원경연구소(연구과학자).

둘째, 강한 인류원리는 또한 과학적인 원리이기보다는 초과학적이고 형이상학적인 주장에 가깝다. 이 박사도 언급하였듯이 인간이 존재할 수 있도록 만든 최적의 상수들이 발생하게 된(fine tuning) 이유를 보통 두 가지로 설명한다. 하나는 우리가 사는 우주는 여러 가지의 많은 우주들 중에 발생한 우연적 현실이라는 것이고,(many worlds) 다른 하나는 신의 설계 또는 창조에 의한 필연이라는 것이다.(design) 이 박사는 필연성을 논리적(형이상학)으로 증명하려고 하지만, 이에 대한 과학적 확증을 제시할 수는 없다.

이영욱 박사: 맞습니다. 뒷부분에 얘기한 대로 이것은 과학 이상의 차원을 요구하며 과학의 영역이 아닙니다. 이것을 신의 존재에 대한 증거로 받아들이느냐 아니냐는 히브리서의 말씀과 같이 각 개인의 '믿음'의 문제입니다.

셋째, 강한 인류원리를 근거로 하여 신의 설계를 주장하는 것은 과학으로부터 시작하여 신학적 결론을 유추하는 일종의 자연신학적 방법이다. 그러나 이러한 자연신학은 이신론(deism)으로 빠진다는 문제점을 지니고 있다. 뉴턴의 기계론적 우주관에 영향을 받은 과학자들과 신학자들이 이미 우주를 하나의 거대한 자동시계라고 보고, 신을 이 거대한 자동시계를 만들고 떠나 버린, 그 후 이 시계의 움직임과는 상관이 없는 존재라고 보는 이신론을 주장했던 것이다. 그러나 성경을 통하여 계시된 하나님은 우주와 인간의 역사에 끊임없이 직접적으로 동참하시고 관여하시는 분이시다. 신의 설계이론은 이와 같은 이신론적 오류의 가능성을 내포하고 있는 것이다.

이영욱 박사: 이 부분은 제 신앙에 대해 독자들이 오해의 소지가 있습니다. 따라서 적절한 수정을 바랍니다. 제 개인적인 신앙고백은 우

주의 전역사를 통해 끊임없이 관여하시고 살피시는 창조주를 믿습니다. 물로 포도주를 만들거나, 죽음으로부터의 부활, 요즘도 일어나는 종교적 기적과 같은 것이지요. 그러나 우주와 자연을 창조하신 방법은 기본적으로 자연법칙을 만드시고 그것에 따라 진행되도록 하신 것 같습니다. 특별한 경우에는 물론 중간에 얼마든지 개입 가능하시지요. 그런데 그런 경우는 많지 않아 보입니다.

넷째, 인류원리가 지닌 결정적 약점은 인간중심주의(anthropocentricism)가 강하게 전제되고 있다는 점이다. 이는 그리스도교의 인간중심주의가 생태계의 파괴를 초래한 원흉으로서 지적되고, 그에 대한 반성이 이루어지고 있는 오늘날 신학적 흐름에 역행하고 있다. 창세기에서도 창조의 최종 단계를 인간의 창조보다도 우주에 있는 모든 피조물들의 안식에 두고 있다.

이영욱 박사: 이 글에서는(일반인을 대상으로 하는 관계로) 인간을 중심으로 썼지만, 사실 내용을 보면 탄소원자를 기반으로 하는 모든 생명체가 해당됩니다. 그럼에도 불구하고, 생명의 진화를 믿는다면, 인간은 원숭이와 공동조상에서 한 단계 더 진화해 온 것이니, 가장 진보된 생명체라고 해도 되지 않을까요? 많은 생명체 중, 우주를 돌아보고 스스로 자신의 기원에 대해 조금이라도 이해하고 있는 생명체는 인간 밖에 없으니, 그런 점에서 대단하다는 것은 인정해야 할 것 같습니다.

그러나 그리스도교 신자인 이영욱 박사가 현대천문학이 밝혀내는 광활하고 거대한 우주의 신비 속에서 신의 존재를 발견하고 깊은 영감을 느끼면서 이러한 주장을 하는 것은 너무나도 당연하고 매우 귀한 일이다. 이 박사의 이러한 입장은 신학과 과학의 관계에 대한 유형론에 있어서 충돌, 독립, 대화를 넘어선 통합모형에 해당한다고 볼 수 있다.

자기의 신앙과 자기의 전공분야인 과학을 분리하지 않고 종합적인 이해를 추구하는 이영욱 박사의 이와 같은 솔직한 태도는 앞으로 한국의 많은 그리스도인 과학자들이 함께 추구해야 할 바람직한 태도라고 보인다. 왜냐하면 그리스도인 과학자들이야말로 과학시대에 처해 있음에도 불구하고 현대과학에 어두운 일반 그리스도인들을 계몽시키고 그 신앙에 활력을 제공하고 감명을 불러일으킬 빛과 소금의 역할을 위임받은 오늘날 과학시대의 그리스도교 신앙의 청지기들이라고 할 수 있기 때문이다.

참고문헌

이영욱(2000). 『우주 그리고 인간』. 서울: 동아일보사.
Barbour, Ian G. 이철우 역(2002). 『과학이 종교를 만날 때』(*when science meets religion*, 1979). 서울: 김영사.
Barrow, John D. 최승언·이은아 역(1995). 『우주의 기원: 우주의 흔적에 대한 조사』(*The Origin of the Universe*, 1994). 서울: 두산동아.
Benz, Arnold. 박계수 역(2001). 『우주의 미래: 우연, 카오스, 신?』(*Die Zukunft des Universmus*, 1997). 서울: 가람기획.
Greene, Brian R. 박병철 역(2002). 『엘러건트 유니버스』(*the Elegent Universe*, 1999). 서울: 승산.
Hawking, Stephen W. 현정준 역(1990). 『시간의 역사』(*A BRIEF HISTORY OF TIME*, 1988). 서울: 삼성출판사.
―――. 김동광 역(2001). 『호두 껍질 속의 우주』(*The Universe in a nutshell*, 2001). 서울: 까치.
Polkinghorne, John. 이정배 역(1998). 『과학 시대의 신론』(*Belief in God in an Age of science*, 1998). 서울: 동명사.
Sagan, Carl. 서원운 역(1996). 『코스모스』(*Cosmos*, 1980). 서울: 학원사.
Silke, Joseph. 홍승수 역(1991). 『대폭발: 우주의 시작과 진화』(*The Big Bang: The Creation and Evolution of the Universe*, 1980). 서울: 민음사.
Barrow, John and Tipler, Frank(1986). *The Anthropic Cosmological Principle*.

Oxford and New York: Oxford University Press.

Polkinghorne, John(1998). *Science and Religion: an Introduction.* London: SPCK/Fortress.

제2장

현대과학과 창세기
태초에 수소가 있었다

하늘이 하나님의 영광을 선포하고
궁창이 그 손으로 하신 일을 나타내는 도다
날은 날에게 말하고 밤은 밤에게 지식을 전하니(시편 19:1-2)

1. 들어가는 말

　과학자이면서 동시에 그리스도교 신자인 서울대학교 자연과학대학 화학부의 김희준 교수가 "태초에 수소가 있었다."라는 제목의 매우 흥미로운 글을 2002년 1월 18일부터 22까지 4박 5일 동안 서울 양재 교육문화회관에서 개최된 '종교와 과학 서울 워크숍'에서 발표했다. 이번 장에서는 창세기에 나타난 하나님의 우주 창조를 오늘날 과학적 지평에서 재해석한, '화학자가 다시 본 창세기'라고 말할 수 있는 김희준 박사의 글을 가지고 현대과학과 그리스도교 신앙 간의 관계를 고찰해보고자 한다.
　신학과 과학 간의 관계를 이안 바버는 충돌, 독립, 대화, 그리고 통합의 네 가지 유형으로 구분한다고 서론에서 언급했다. 그리스도교 신앙을 가진 과학자들은 이 중에서 어떤 입장을 취하여야 할까? 현대과학을 성서의 기록에 따라 문자적으로 맞추어 주어야만 하는 것일까? 성서의 기록과 문자적으로 다른 과학적 사실은 무조건 거부해야 하나? 아니면 교회에서는 하나님을 경외하는 그리스도인이지만 일단 연구실과 실험실에 들어서면 현대과학의 세계관을 무조건적으로 받아들이는 과학자가 되어 버려도 무방한 것일까? 독자들은 이러한 질문들을 염두에 두고, 아래의 글을 읽어주기 바란다.

2. 화학자가 다시 본 창세기: "태초에 수소가 있었다"

하나님은 피조물을 통하여 말하고 자신을 드러낸다. 150억 년 우주의 진화 끝에 직립해서 우주를 바라보며 우주의 질서를 파악할 수 있는 인간이 등장했다. 그렇다면 자연으로부터 하나님의 마음을 읽는 것은 인간의 본분이다. 왜 전지전능한 하나님이 인간을 만드는데 150억 년이나 걸렸을까? 하나님에게는 천 년이 1년이라고 해도 그것은 긴 시간이다. 아인슈타인의 말대로 하나님에게는 다른 선택이 있었을까? 우리가 자연을 디자인한다면 어떻게 다르게 할 수 있을까?

인간은 어떻게 우주의 질서를 이해하게 되었을까? 직립한 인간은 눈을 들어 산을 보며 하나님의 도움을 청한다. 하나님은 우리에게 하늘에 자신의 영광이 있다고 말한다. 그리고 우리에게 밤에 지식을 전해 받으라고 도전한다. 어두운 밤에 무슨 지식을 구할 수 있다는 말인가? 그러나 답은 별빛에 있다. 하늘은 별빛을 통하여 문자 그대로 지식을 나타낸다. 인간은 자신이 만든 도구로 별빛을 조사함으로써 코페르니쿠스적 사고의 혁명을 이루었고, 20세기에는 우주의 구조와 진화에 대해 엄청난 지식을 얻게 되었다. 이 모든 것은 별빛에 들어있는 침묵의 소리에 귀를 기울일 줄 알았기 때문이다.

1) 우주에서 인간의 위치

우주에서 인간의 위치를 아는 것은 종교와 과학 모두에 있어 궁극적 지식이다. 우리는 지구라는 행성의 한 구석에서 살고 있다. 지구는 태양 주위를 회전하는 하나의 작은 행성에 불과하다. 이러한 사실을 알게 된 것은 지구상 40억 년 생명의 역사 중에서 최근 400년에 불과하다. 그리고 태양은 우주의 수많은 별들 중 하나이다.

코페르니쿠스와 갈릴레오가 태양을 태양계의 중심에 놓기 전까지 인간은 지구가 우주의 중심인 줄로 생각했다. 지구의 위치가 특별하지 않은 것과 마찬가지로 은하수 내에서 태양의 위치도 특별한 것이 아니다. 지구를 중심에 놓은 것은 인간의 오만이었다. 코페르니쿠스와 갈릴레오는 지구의 위치를 밝힘으로써 우리에게 겸손을 가르쳤다. 이러한 코페르니쿠스적 혁명은 인간이 별빛을 조사했기 때문에 가능했다.

우리는 어떻게 여기에 오게 된 것일까? 우리는 인간과 인간의 몸을 구성하는 원소의 기원을 어디까지 추적할 수 있을까? 외계에도 생명이 있을까? 이러한 종교적이고 철학적인 근원적 질문에 대해서 현대과학은 많은 과학적인 대답을 제공하고 있다. 이제 우주와 인간의 기원에 대한 종교적인 믿음은 최근 이루어진 과학적 발견에 입각해서 재해석되어야 한다. 그리고 우주와 우주 속의 생명의 역사에 대한 과학적 이해는 우주적 원리의 배후에 있는 우주적인 마음에 대한 신뢰와 조화를 이루어야 한다.

2) 우주의 구조

1921년에 에드윈 허블$^{Edwin\ Hubble}$은 우리는 혼자가 아니라는 사실을 밝혀 주었다. 그는 안드로메다 성운은 태양계가 속한 은하수와 마찬가지로 다른 하나의 은하계인 것을 발견한 것이다. 오늘날 우리는 우주는 각각 약 천억 개(10^{11})의 별을 포함한 은하계가 약 천억 개가 모여서 이루어진 사실을 알고 있다. 흥미롭게도 이와 대비적으로 인간도 각각 약 백조 개(10^{14})의 원자를 포함한 세포가 약 백조 개가 모여서 이루어졌다.

우주 ≒ 10^{11} 은하계 × (10^{11} 별 / 은하계) = 10^{22} 별

인간 ≒ 10^{14} 세포 × (10^{14} 원자 / 세포) = 10^{28} 원자

우주가 은하계의 집단이고 은하계는 별의 집단인 것과 마찬가지로, 인간은 세포의 집단이고 세포는 원자의 집단이다. 이처럼 우주와 인간 사이에는 놀라운 구조적 유사성이 존재한다. 마치 인간은 우주의 형상에 따라 진화한 듯하다.

3) 별빛의 비밀

만일 우리가 단지 별빛의 반짝임만을 볼 수 있다면 우리는 별빛으로부터 별다른 정보를 얻지 못할 것이다. 그러나 반짝이는 별빛에는 우주의 구조와 진화에 관한 엄청난 비밀이 들어 있다. 이러한 비밀은 선스펙트럼의 형태로 들어있다. 마치 사람마다 지문이 다르듯이 다른 화학원소는 다른 선스펙트럼을 나타낸다. 별빛을 자세히 조사하면 그 별을 구성하는 원소의 지문을 볼 수 있는 것이다. 이러한 별빛은 수십 억 년 동안 우주공간을 여행해서 우리에게 우주에 관하여 두 가지 놀라운 비밀을 말해준다.

첫째, 멀리에서 오는 별빛의 선스펙트럼은 우주 전체가 지구에서 발견되는 수소, 헬륨, 탄소, 철 등의 원소로 이루어졌음을 보여준다. 외계에는 지구에서 발견되지 않는 특별한 원소는 하나도 없다. 더구나 천상에는 아리스토텔레스가 믿었던 에테르라는 특별한 원소는 없다. 마치

온 인류가 아담과 이브의 자손인 한 가족인 것처럼 원소 면에서 우주는 전체적으로 공통의 흙으로 이루어진 하나의 거대한 가족이다. 우주는 하나의 피조물이고, 섬처럼 떨어진 존재는 없다.

둘째, 선스펙트럼의 적색편이는 우주가 팽창하고 있다는 것을 알려준다. 이는 허블의 두 번째 대발견이다. 팽창하는 우주는 과거 어느 시점에 우주의 시작이 있었음을 의미한다. "우주는 약 150억 년 전에 빅뱅이라고 불리는 대폭발로 시작되었다."는 것은 이제는 과학계에서 널리 받아들여지는 정설이 되었다. 이 폭발은 우주에 최초로 울려 퍼지는 뇌성이다. 이것은 창세기 1장 1절에 언급된 태초이다.("태초에 하나님이 천지를 창조하시니라") 그러나 태양계의 나이가 46억 년인 것을 보면 실제로 하늘과 땅(천지)은 100억 년이 지나서야 등장한 셈이다. 이는 지구와 생명을 만드는 데 필요한 무거운 원소들이 먼저 만들어져야 했기 때문이다.

4) 태일생수 太一生水

사람은 흙으로 만들어졌고 흙으로 돌아간다. 그렇다면 성경이 말하는, 하나님이 우주와 그 안의 생명을 만드는 데 사용한 흙은 과연 무엇인가?

전 세계적으로 모든 문화적 전통은 물의 중요성을 강조한다. 중국의 고전에는 태초에 물이 만들어졌다고 한다.(太一生水) 구약 창세기에는 창조의 첫 날 이전에 이미 물이 있었던 것으로 되어 있다.("하나님의 신은 수면에 운행하시니라", 창 1:2) 탈레스는 물이 유일한 원소라고 생각했고, 아리스토텔레스는 물은 불, 공기, 흙과 함께 지상의 4원소 중의 하나이고 천상의 세계는 5번째 원소인 에테르로 이루어졌다고 생각했다.

과연 물이 가장 기본적인 흙인가? 액체, 기체, 고체로 쉽게 모습을 바꾸는 물은 변화무쌍한 물질세계의 기본원소로서 가장 적합해 보인다. 그러나 18세기 후반에 이르러 프랑스의 화학자 라부아지에(Lavoisier)는 물은 수소와 산소 두 가지 원소로 이루어졌음을 보였다. 그렇다면 수소와 산소는 어디에서 왔을까? 수소와 산소 중 어느 것이 먼저 생겼을까? 수소와 산소 안에는 다른 어떤 더 기본적인 입자가 들어있을까? 현대과학은 물질의 내부로 파고 들어가서 가장 기본적인 입자를 찾고자 한다. 수소와 산소를 구성하는 기본입자는 무엇이며 그것들은 언제, 어떻게 만들어졌을까?

5) 태초에 하나님이 쿼크^{Quark}와 렙톤^{Lepton}을 만드셨다

"태초에 우주의 모든 질량은 한 작은 점에 모여 있었다."(뉴스위크) 우리 주위를 둘러 싼 물질세계의 기본단위는 원자이다. 그런데 원자는 언제, 어디서 만들어졌을까? 아니 언제, 어디에서 원자를 만드는데 필요한 기본입자들이 만들어졌을까? 지난 100년 동안 물리학자들은 원자의 내부에는 양성자, 중성자, 그리고 전자가 들어 있는 것을 알아냈다. 뿐만 아니라 20세기의 물리학은 '양성자와 중성자는 쿼크라는 기본입자로 이루어진 것'을 밝혀냈다. 전자는 렙톤이라고 불리는 다른 기본입자에 속한다.

플러스 1의 전하를 가진 양성자는 첫 번째 원소인 수소의 원자핵이고, 빅뱅의 순간에 플러스 3분의 2의 전하를 가진 업쿼크 두 개와 마이너스 3분의 1의 전하를 가진 다운쿼크 한 개로부터 만들어졌다.[(2)$(+\frac{2}{3})+(-\frac{1}{3})=1$] 빅뱅의 순간에서 약 30만 년 후 마이너스 1의 전하를 가진 전자가 양성자의 전하를 상쇄하여 중성원자를 만든다. 아인슈타인의 말대로 전자가 마이너스 1의 전하를 가졌다는 것은 참으로 신비한 일이다. 따로 만들어진 쿼크와 전자가 나중에 그렇게 조합되어서 중성원자를 만들었으니 말이다.

쿼크와 렙톤은 빅뱅의 순간에 생긴 가장 기본적인 흙이라고 말할 수 있다. 다시 말해서 하나님은 쿼크와 렙톤으로 인간을 포함해서 만물을 만드신 것이다. 우리 몸에 있는 10^{28}개가 넘는 양성자는 나이가 150억 년이나 된다. 그것이 바로 우리 자신의 나이라고 볼 수 있다.

6) 처음 3분간

생명을 만들기 위해서는 탄소, 질소, 산소, 인같이 수소보다 무거운 원소들이 필요하다. 예를 들면 DNA는 탄소, 질소, 산소, 인, 그리고 수소의 5가지 원소로 이루어졌다. 양성자 둘을 융합해서 무거운 원소를 만들려고 하던 하나님은 같은 전하를 가지는 양성자들의 반발로 엄청난 저항에 부딪친다. 같은 전하는 반발하고 반대 전하는 끌어당기는 음양법칙은 우주적인 법칙인 모양이다.

반발에 의한 장벽을 극복하기 위하여 하나님은 빅뱅우주에서 전하가 없는 중성자를 만드셨다. 중성자는 한 개의 업쿼크와 두 개의 다운쿼크로 만들어졌다. [$(+\frac{2}{3})+(2)(-\frac{1}{3})=0$] 중성자는 빅뱅우주에서 첫 번째 무거운 원소인 헬륨을 만드는 데 양성자들로 화평케 하는 중개자의 역할을 한다. 우주의 역사 처음 3분간에 두 번째 원소 헬륨이 만들어짐으로써 주기율표는 두 배가 되고 화학의 조짐이 보인다. 훗날 별에서 만들어진 100가지 정도의 원소들로 주기율표가 완성되고, 100억 년 후 지구상에서 원자들 사이의 화학결합은 생명의 원리를 제공한다.

7) 천국에 들어가기

급격히 팽창하는 빅뱅우주에서는 온도와 밀도가 급히 떨어지기 때문에 헬륨이 더 무거운 원소로 융합할 기회를 잃고 만다. 그래서 하나님은 우선 별을 만들고 별의 내부의 높은 온도와 밀도 하에서 생명의 필수원소인 탄소와 기타 무거운 원소들을 만든다.

팽창하는 우주에서 수소와 헬륨을 끌어 모아 별을 만들려면 중력에 의지하는 수밖에 없다. 그런데 중력은 자연에 존재하는 4가지 힘(강한 핵력, 전자기력, 약한 핵력, 중력) 중에서 가장 약한 힘이다. 그래서 최초의 별이 생기는 데는 수 억 년의 세월이 걸린다. 하나님은 기적을 동원해서 별을 만드는 대신 스스로 세운 자연의 원리를 존중하며 오래 기다린다.(별 하나가 천국에 들어가는 것은 낙타가 바늘구멍으로 들어가는 것만큼 어렵다.) 최초의 별의 탄생은 우주 역사에서 가장 중요하고 성공적인 사건의 하나이다.

8) 초신성 폭발(희생적 죽음)

태양과 같은 대표적인 별은 약 100억 년에 달하는 일생을 대부분 수소의 융합으로 보내다가 노년기에 들어가면 적색거성이 된다. 적색거성의 아주 높은 온도와 압력 하에서 탄소, 질소, 산소, 인 등 무거운 원소의 핵합성이 일어난다. 이러한 무거운 원소들은 우주공간의 수소와 만나야 생명에 필요한 화합물들을 만들 수 있다. 적색거성은 무거운 원소들을 별의 내부로부터 우주공간으로 내보내는 초신성폭발(두 번째 우주적인 뇌성)을 통해 최후를 맞는다. 한 줌의 별의 잔재는 우주공간에 풍부한 수소와 함께 약 46억 년 전에 태양계를 만들었다. 바로 그 별의 잔재로부터 수 억 년 후에 생명이 탄생한다. 별의 희생적 죽음이 생명을 잉태한 것이다.

9) 생명을 지탱하는 태양

태양은 은하수에 속한 약 1,000억 개 별 중의 하나이다. 태양과 태양계에 속한 행성들은 모두 성간 기체와 먼지로부터 만들어졌다. 그

중 대부분의 질량의 중심은 태양이 되었다. 태양에서 적당한 거리에 있는 지구는 유일한 생명이 있는 행성이다. 다른 대부분의 별들과 같이 태양도 수소의 융합으로 에너지를 낸다. 이러한 핵에너지에 관한 식($E = mc^2$)은 아인슈타인에 의해 비로소 밝혀졌다.

식물은 햇빛을 이용해서 광합성을 한다. 동물은 간접적으로 태양에너지에 의존한다. 하나님은 생명을 만드는 데 필요한 무거운 원소의 원료로서 뿐 아니라 후일 생명이 생겨난 후 생명에 에너지를 공급하기 위하여 태초에 수소를 만든 셈이다. 하나님이 뉴턴역학의 원리에 따라 무거운 태양을 중심에 두고 가벼운 지구를 주변에 둔 것은 빛을 공급하는 자와 공급받는 자의 관계에서도 당연한 일이다.("사람이 등불을 켜서 말 아래 두지 아니하고 등경 위에 두나니", 마 5:15)

10) 생수의 행성 지구

지구는 특이하다. 사람 체중의 70%가 물인 것과 같이 지구 표면의 70% 정도는 바다로 덮여 있다. 우리가 외계에서 생명을 찾을 때는 우선 물을 찾는다. 물은 10개의 수소 원자핵으로 이루어졌다.(수소원자 2개에 한 개씩, 산소 원자핵에 8개) 여기에서 우리는 다시 한 번 생명에서 수소의 중요성을 본다. 목성과 토성 같은 거대행성에도 수소가 풍부하지만 물은 없다. 따라서 목성과 토성에는 생명체가 살 수 없다. 그리고 보면 생명에 정말 필요한 것은 단지 수소가 아니라 물에서 나타난 수소의 특별한 조합인 것이다.

11) DNA의 수소

생명의 핵심분자는 DNA이다. 약 40억 년 전 태초의 바다에 DNA가 나타난 것은 생명의 출발신호이다. 그리고 DNA에 들어 있는 유전정보는 40억 년 동안 지속적인 변이를 거치면서도 단절 없이 이어져 내려왔다. 하나님은 태초의 흙인 수소를 DNA에 들어 있는 탄소, 질소, 산소, 인을 만드는 데 사용했을 뿐 아니라, DNA의 이중나선 구조를 안정화하는 데 사용한다. DNA 이중나선의 상보성은 생명의 알파벳인 아데닌(A)과 타이민(T) 사이의, 그리고 구아닌(G)과 사이토신(C) 사이의 수소결합에 의해 유지된다.

생명이 생육하고 번성하기 위해서는 DNA의 복제가 필요하다. (창 1 : 28) DNA복제에도 수소결합이 필수적이다. 따라서 하나님은 수소를 사용해서 물질세계와 생명을 만들 뿐 아니라 생명을 지탱한다고 할 수 있다.

12) 태일생수소 太一生水素

그렇다면 우리는 물질과 생명의 기원에 대하여 무엇이라고 말할 것인가? 태일생수(太一生水)라기 보다는 태일생수소(太一生水素)라 해야 할 것이다. 우주의 150억 년 역사는 빅뱅의 순간에 생긴 수소로부터 현생인류까지의 역사이다. 즉, 사람의 존재는 빅뱅우주에서 생겨난 수소가 별빛의 정보로부터 창조의 순간을 되돌아볼 줄 알고, 또한 우주의 질서로부터 하나님의 마음을 읽을 줄 아는 호모사피엔스를 만들어 내는 우주적 여정으로 이해할 수 있다.

현대과학이 우주의 시작과 진화에 대해 많은 것을 알아냈다면, 과학은 우주의 종말에 대해서도 할 말이 있다. 태양이 약 50억 년 후에 적색거성이 되면 지금보다 수십 배나 커지고, 지구에는 지옥과 같은 상황이 벌어지며 불에 의한 죽음이 찾아올 것이 분명하다. 우주의 팽창이 계속된다면 열역학 제2법칙에 따라 열평형이 이루어져 우주의 평균온도는 절대온도 0도에 접근할 것이다. 하늘에는 별이 모두 사라지고 우주는 냉랭한 종국을 맞이할 것이다.

우주가 팽창을 계속할 지, 아니면 중력작용에 의해 수축을 시작할 지는 관찰되지 않는 암흑물질의 질량에 달려 있다. 암흑이 끝내 우주 운명의 고삐를 놓지 않으리라는 생각은 언뜻 우리를 절망하게 한다. 그러나 어떤 결과가 오던 간에 우주 역사의 모든 과정과 마찬가지로 최후의 사건 역시 우주적 마음이 기획한 자연의 법칙에서 벗어날 수 없으리라는 믿음은 우리에게 궁극적인 위안이 된다.

3. 나가는 글

김희준 교수*는 화학자로서 "이제 우주와 인간의 기원에 대한 종교적인 믿음은 최근 이루어진 과학적 발견에 입각해서 재해석되어야 한다."라고 확실하게 주장한다. 동시에 그는 신앙인으로서 "우주와 우주 속의 생명의 역사에 대한 과학적 이해는 우주적 원리의 배후에 있는 우주적인 마음에 대한 신뢰와 조화를 이루어야 한다."고 과감하게 주장한다. 다시 말해서, 그는 "신학과 자연과학은 열린 자세를 가지고 서로를 받아들여야 한다."는 입장을 견지하고 있다. 한 걸음 더 나아가서 김 교수는 현대과학의 지평에서 창세기를 새롭고 흥미롭게 재해석한다.

이러한 김 교수의 입장은 이안 바버의 네 가지 유형 중 어디에 속할까? 분명 그는 신학과 과학이 서로 일방적인 주장만 내세우는 '충돌' 유형에 해당하지는 않는다. 그렇다고 해서 신학과 과학이 서로 칸막이 담을 쌓고, 서로의 영역을 폐쇄적으로 분리해 버리는 '독립'유형에 속하는 것도 아니다. 오히려 그는 서로 대화해야 할뿐 아니라 한걸음 더 나아가서 '융합'되어야 한다고 주장하는 입장이다. 그러나 그는 현대과학

---

* 김희준: 서울대학교 자연과학대학 화학부 교수. 서울대 화학과, 미국 시카고대학(이학박사), MIT 생물학과, 하바드 의과대학, 미육군 네이틱 연구소(연구원).

으로 하나님의 존재와 이 세상이 창조되었다는 사실을 증명하려고 하지 않는다. 오히려 그는 그리스도교 신앙을 현대과학의 새로운 지식 안에서 새롭게 이해하려 한다. 이렇게 볼 때 그는 자연신학(natural theology)의 입장보다는 바로 이안 바버가 가장 바람직하다고 주장하는 자연의 신학(theology of nature)의 입장을 가지고 있다.

그러나 그의 해석은 현대과학을 잘 모르는 그리스도인들에게는 이해하기도 어렵고 생소해서 의아심과 거부감을 자아내게 할 수 있을 것이다. 현대과학을 잘 아는 사람들에게는 김희준 박사의 창세기와 나아가서 종말에 대한 과학적 해석이 더욱 설득력 있을 것이다. 오히려 문제는 김 박사에게 있다기보다 과학시대에 아직 뉴턴과 같은 근대의 기계론적 세계관 또는 성경이 쓰여 진 고대의 우주관을 탈피하지 못한 채 현대과학의 발전에 뒤처진 교회와 교회지도자들에게 있을 것이다. 그리스도인은 동시에 자기 전공분야를 진정 신뢰하는 과학자가 될 수 없는 것일까? 현대과학에 무지한 이들이 '무식한 자가 용감하다'고 엄연한 과학적 사실들을 무시하는 설교를 강대상에서 함부로 할 때 과학자들은 어떻게 해야 될까? 참는 것이 신앙인이 갖추어야 할 덕목이요 신앙수련의 기회라고 청중 속에서 참고 기다려야 할까? 아니면 설교자가 무식하다고 솔직하게 말하고 교회를 뛰쳐나가야 할까? 이것은 심각한 문제이다. 더욱이 오늘날의 신세대들은 최첨단을 달리는 현대과학에 의거하여 교육을 받고 있다. 그들에게 케케묵은 과학적 세계관이나 우주관을 토대로 신앙교육을 시도한다면 과연 얼마나 설득력이 있을지 의문이다.

그러므로 교역자들과 교회의 지도자들에게 현대과학에 대한 공부는 필수적이다. 과학시대에 사는 우리들은 어쩔 수 없이 과학을 알아야 한다. 그렇지 않으면 과학에 대한 우리의 무지함으로 인해 매우 우수한 한국의 과학자들과 과학세대의 후손들을 교회에서 축출하는 우를 범하게 될 것이다. 이러한 맥락에서 김희준 박사의 시도는 매우 중요하다. 그는 그리스도인이며 동시에 과학자임을 당당하게 드러내기를 주저하지 않는다. 그는 과학이 밝혀내는 우주에 대한 새로운 사실을 받아들인다. 하지만 그것이 그가 믿고 있는 그리스도교 신앙과 상충하기보다는 오히려 그 내용을 더욱 폭넓게 이해하는 활력소로 활용되고 있다. 우리는 과학시대에 한 용기 있고 충실한 청지기 과학자의 신앙고백을 듣고 있는 것이다.

참고문헌

김희준(2003). 『자연과학의 세계 1』. 서울: 궁리.
이영욱(2000). 『우주 그리고 인간』. 서울: 동아일보사.
Barbour, Ian G. 이철우 역(2002). 『과학이 종교를 만날 때』(*When Science Meets Religion*, 1979). 서울: 김영사.
Barrow, John D. 최승언·이은아 역(1995). 『우주의 기원: 우주의 흔적에 대한 조사』(*The Origin of the Universe*, 1994). 서울: 두산동아.
Benz, Arnold. 박계수 역(2001). 『우주의 미래: 우연, 카오스, 신?』(*Die Zukunft des Universmus*, 1997). 서울: 가람기획.
Davis, Paul. 류시화 역(1988). 『현대물리학이 발견한 창조주』(*God and the New Physics*). 서울: 정신세계사.
Haught, John F. 구자현 역(2003). 『과학과 종교 상생의 길을 가다』(*Science and Religion: From Conflict to Conversation*, 1995). 서울: 코기토.
Hawking, Stephen W. 현정준 역(1990). 『시간의 역사』(*A Brief History of Time*, 1988). 서울: 삼성출판사.
Barrow, John and Tipler, Frank(1986). *The Anthropic Cosmological Principle*. Oxford and New York: Oxford University Press.
Begley, S. and Reagan, M.(1999). *The Hand of God*. Templeton Foundation Press.

제3장

나노과학

1. 들어가는 글

　　클린턴 전 미국 대통령이 2002년 연두교서에서 제안한 것처럼 나노기술에 의하면 각설탕 크기의 메모리 반도체에 미국 의회도서관 전체 도서를 저장할 수 있다. 이 나노기술에 의한 반도체는 현재 메모리 기술의 1만 배 이상의 성능을 가지고, 손목에 차는 슈퍼컴퓨터를 만들 수 있다고 한다.(조선일보, 2002. 04. 08) 그 뿐만 아니라 전투 중에 군인이 적에게 자신을 노출시키지도 않고, 부상당했을 경우 즉각 응급처치를 해 줄 수 있는, 공상과학에 나옴직한 군복이 매사추세츠 공과대학(MIT) 연구 팀에 의해 2007년 미국에 등장한다고 한다.(조선일보, 2002. 03. 15) 이 '꿈의 군복'은 섬유 내의 소립자를 제어하는 나노기술을 이용한 것인데 탄환, 수류탄, 자동추진체로켓, 생화학무기 등을 미리 감지해 군인의 신체를 보호해 주는 기능을 갖고 있다고 한다. 군복에 딸린 군화는 군인이 점프할 때 에너지를 발생시켜 6미터 높이의 벽을 넘을 수 있는 추진력을 내고, 미량 반응장치는 출혈을 감지하고 출혈 부위를 지압하며, 빛을 굴절시키는 물질은 군복이 주위환경 색에 섞이도록 하여 적에게 들키지 않게 해준다고 한다. 이것은 말로만 듣던 나노기술이 군사적으로 이미 적용되기 시작했다는 것을 말해준다.

이처럼 놀라운 능력을 가진 반도체와 군복을 개발해 낼 수 있는 이 나노기술은 과연 무엇이며, 그것은 우리 미래의 삶을 어떻게 변화시켜 줄 것이며, 그리고 그것은 그리스도인들에게 어떤 신학적 함의를 주고 있는 것일까? 이번 장에서는 매스컴 등을 통하여 이 분야에 전문가로 많이 알려진 포항공대의 임경순 박사로부터 나노과학에 대한 설명을 들어보기로 한다.

2. 나노세계의 부상과 인류의 미래

얼마 전부터 우리는 주변에서 나노과학(Nano Science), 나노기술, 나노테크놀로지, 나노세계라는 새로운 말을 자주 듣게 되었다. 나노기술이란 원자나 분자적 수준에서 현대의 기계문명 사회에서 흔히 보는 것과 유사한 각종 초미세장치를 제작하는 신기술이다. 이제 우리 인류는 분자와 원자를 하나하나 집어내어 집을 짓고, 대문에 이름을 새기고, 물건이나 장치를 만드는 놀라운 시대에 접어들게 된 것이다. 나노테크놀로지는 밀리, 마이크로, 나노 등 물체의 크기를 측정하는 단위 가운데 하나인 나노라는 단위에서 원용된 말이다. 우리 눈에는 밀리미터 단위까지 보이며, 이보다 작은 영역은 광학 현미경을 이용하면 마이크로단위까지 볼 수 있다. 나노의 세계는 주사터널링현미경(Scanning Tunneling Microscope, STM)과 같은 최신 장비를 통해서 볼 수 있다. 이 나노미터(10억분의 1 미터) 영역을 다루는 분야는 고체물리학, 화학, 재료공학, 화학공학 등 물성과학의 대부분이 포함된다. 대개 과학자들이 말하는 나노기술은 10에서 100 나노미터 수준에서 이루어진다. 이 영역에는 여러 생체 분자, 다이아몬드, 수많은 분자집합체들이 포함되어 있기 때문에 앞으로 이 물질들을 하나하나 움직이는 기술들이 개발되면 그 응용가능성은 그 야말로 무궁무진할 것이다.

 전 세계는 지금 원자나 분자수준의 건축술인 이 새로운 기술 분야에 앞을 다투어 투자하고 있다. 이미 미국정부에서는 이 나노테크놀로지에 5억 달러의 예산을 투입하려는 계획을 세워놓고 있다. 우리정부도 그동안 중점 지원하던 정보기술(Information Technology)과 생명기술(Biotechnology) 이외에 나노테크놀로지 (Nanotechnology)를 중점 지원 분야에 새로이 포함시켰다. 일반인들은 아직 나노테크놀로지에 대해 생소하지만 이제 곧 우리 사회에서는 IT, BT 이외에 NT라는 새로운 약어를 도처에서 듣게 될 것이다. 정부, 대학, 기업체, 정부출연연구소에서는 이 분야를 선점하기 위해 치열한 경쟁에 돌입했다. 정부에서는 이미 21세기 프런티어사업의 일환으로 나노기술 연구사업단을 구성해 본격적인 연구개발에 착수하고 있으며, 대학, 기업체, 정부출연연구소에서도 나노기술을 연구하려는 움직임이 활발하다.

3. 나노세계 부상의 과학사적 의미

 우주는 빛의 속도를 내는 우주선을 타고 백억 년을 가도 끝이 없을 정도로 넓으며, 또한 물질세계를 아주 작게 파고들면 우리는 10^{-12} cm보다도 작은 영역까지 도달할 수 있다. 이처럼 엄청난 존재의 사슬 속에서 우리는 주로 1mm에서 10만 km 정도의 일상 영역에서 살고 있다. 우리는 넓다면 넓고 좁다면 좁은 이 영역에서 지은 집 속에서 살고 있으며, 지구를 한 바퀴 돈다고 해도 4만 km밖에는 되지 않는다. 우리는 그동안 우주의 무한히 먼 곳과 물질의 무한히 작은 영역에 온갖 노력을 기울여 연구해 왔다. 특히 20세기 우주론과 물리학의 발전은 우리를 극미의 세계로 인도했다. 과거 20세기 동안 우리는 이 극미의 세계나 우주 전체를 이해하면 다른 수많은 영역도 이해할 수 있으리라고 믿었다. 이런 믿음 가운데 가장 대표적인 것이 소위 환원주의적 과학관이다. 환원주의 과학관에 따르면, 우리는 물질의 구성 입자와 그것들이 움직이는 운동법칙을 찾아내면 우주의 모든 현상을 이해할 수 있다.

환원주의 과학관은 20세기 전반부를 통해 과학자들로부터 많은 호응을 받았지만, 20세기 후반에 이르러서는 쇠퇴하는 모습을 보이고 있다. 20세기 후반에 나타난 과학의 가장 두드러진 특징 가운데 하나로 20세기 전반기를 통해서 급속히 성장했던 원자물리학과 소립자물리학이 주도하는 환원주의적인 과학관이 점차로 그 주도적인 지위를 상실해 가는 반면, 복합적인 현상을 다루는 분야의 과학이 서서히 두각을 나타내고 있다는 것을 들 수 있다. 더욱이 최근에 와서는 복합적인 현상을 다루며 국소적 자율성을 강조하는 생명현상, 나노세계, 복잡계 등을 다루는 분야들이 점차로 부상하기 시작했다. 원자물리학 분야는 은연중에 우주의 모든 물질을 지배하는 근본법칙과 근본적인 구성요소를 이해하면 우주만물을 이해할 수 있다는 입장에 동조하고 있었다. 하지만 20세기 후반에 오면서 원자물리학이 내세웠던 통일 과학의 이념은 그 강한 추진력을 상당 부분 상실해 버렸다. 반면에 20세기 후반에 오면서 초반 동안 과학기술계의 왕자로 군림했던 원자물리학이 퇴조하고 대신 생명과학이나 나노테크놀로지 등 복잡한 현상을 다루는 분야가 우리 사회에서 각광을 받게 되었던 것이다.

1970년대 이후 과학계에서는 국소적 자율성(local autonomy)과 반환원주의적 과학관을 선호하는 입장이 급속히 부상했다. 예를 들어 고체물리학자 필립 앤더슨Philip W. Anderson은 1972년 「사이언스」지에 실린 '많은 것은 다르다'(More is different)라는 글에서 입자물리학에서 오랜 세월을 두고 줄기차게 추구하고 있는 통일 이론이 완성되면 자연과학의 모든 부분이 통일적으로 이해될 수 있다는 환원주의적 입장을 정면으로 반박했다. 그는 근본물질과 힘을 연구하는 입자물리학 이외에도 고체물리학과 같은 과학들도 각 수준별로 자기 자신들의 '근본적인' 법칙과 나름대로의 존재론을 지니고 있다고 주장했다. 앤더슨의 이 짤막한 글은 20세기가 원자물리학의 시대였다면 21세기는 생명과학, 나노과학, 복잡계과학의 시대가 될 것을 예고한 반란의 시작이었다. 이들 분야들은 고에너지물리학에 비해 우리 생활과 밀접한 연결을 맺고 있는 분야였는데, 이런 실용적인 응용가능성을 무기로 자신들도 나름대로의 근본적인 지위를 가지고 있다고 주장하기에 이른 것이다.

나노과학과 같은 분야가 기존의 입자물리학 분야에 대해 보여주고 있는 반란의 분위기는 21세기에 들어서면서 더욱 심화될 것으로 전망되고 있다. 결국 20세기 후반기에 접어들면서 과학분야에서는 각 학문분야별 경계가 서로 모호해지는 새로운 학제간 연구가 발전했으며, 환원론적인 과학관이 쇠퇴하면서 생명현상이나 복잡계와 같이 각 부문별 자율성을 강조하는 과학이 두각을 나타내기 시작했던 것이다. 과학사상 분야에서 이런 변화는 90년대를 통해 우리나라를 휩쓸고 지나갔던 포스트모더니즘 사조와도 결과론적으로 무관하지 않다. 포스트모더니즘은 인식론적 다원주의, 반기저주의, 비결정론, 반환원주의, 지식의 상대주의 등을 표방하면서 국소적 자율성을 강조하는 과학관에게 많은 힘을 실어 주었다. 결국 과학관에서 이런 변화의 모습은 우리문화 및 시대사조 속에도 깊은 각인을 남기게 되었던 것이다.

4. 나노물리학과 나노테크놀로지

최근 기초와 응용, 실험과 이론이 잘 조화된 분야인 응집물질과 소재분야는 정보사회화에 발맞추어 새로운 소재개발과 함께 크게 발달하고 있다. 이미 1940년대 이후 양자전자공학, 초전도에 대한 이론적 해석인 BCS이론, 터널링효과, 고온초전도체 현상의 발견 등에 힘입어 주로 반도체, 자성체, 초전도체, 유전체 등과 같은 신소재와 관련된 분야가 응집물질 물리분야에서 크게 발전했다. 탄소 60개로 구성되어 있는 C_{60} 소재도 새로운 알칼리금속의 첨가로 새로운 초전도성이 발견되었으며, 나노관 등의 개발로 반도체소재로서의 가능성도 엿보이고 있다. 이에 따라 중시적 물리(mesoscopic physics) 혹은 나노물리학(nano-physics)이라는 새로운 분야가 등장했다.

나노물리학과 아울러 물질이나 기계를 분자 혹은 원자의 크기로 만드는 신기술인 나노테그놀로지 역시 우리의 미래를 바꾸어 놓을 수 있는 21세기 신기술로 주목을 받고 있다. 이제 우리는 원자나 분자를 하나하나 집어내어 이를 옮기는 엄청난 세계에서 살게 된 것이다. 만약 우리가 탄소원자를 이리저리 재배치할 수 있다면 다이아몬드를 만들 수 있다. 더욱 나아가 우리는 탄소원자들을 조작하여 다이아몬드보다도 더욱 단단한 물질을 만들 수도 있다.

나노물리학에서 그 돌파구를 연 것은 버키볼이라고 불리는 신물질이었다. 버크민스터풀러린 분자(The buckminsterfullerene molecule), 즉 C_{60}은 축구공의 봉합선과 같이 생긴 결합구조를 지닌 3차원적인 구면상자 속에 함께 속박되어 있는 60개의 탄소원자들로 구성되어 있는 분자이다. 미국의 엔지니어이자 건축가인 버크민스터 풀러가 창안한 지오데식 돔과 모습이 비슷해서 이런 이름이 붙은 C_{60}은 1985년 라이스 대학의 러처드 스몰리[Richard E. Smalley]와 그의 공동 연구자 로버트 컬[Robert F. Curl], 그리고 해롤드 크로터[Harold W. Kroto]에 의해 처음으로 발견되었다.

이 신물질은 발견이 되자마자 많은 과학자들로부터 수많은 관심을 유발시키며 이와 연관된 연구가 연달아 나타났다. 과학자들은 이 새로운 버키볼에 구멍을 내어 그곳에 금속원자 등을 집어넣게 되면 다양한 응용 가능성이 있을 것이라고 생각하고 이와 연관된 수많은 연구를 했다. 1998년 캘리포니아(버클리)대학교의 과학자들은 두 흑연전극들 사이에 전기아크를 발생시키는 아크방전법을 이용해서 C_{36}이라는 미니

플러린을 합성하는 데에도 성공했다. 새로운 유형의 탄소배열을 가진 풀러린 분자의 발견은 완전히 새로운 소재분야를 개척했고, 이를 발견하는 데 커다란 공헌을 한 라이스대학의 러처드 스몰리, 로버트 컬, 해롤드 크로터는 1996년 노벨화학상을 받았으며, 스몰리가 이끄는 라이스대학은 현재 나노과학의 메카로 자리잡았다.

풀러린 분자가 발견된 이래로 세계의 많은 과학자들은 새로운 구조를 지닌 탄소 분자를 합성하기 위해 많은 노력을 경주했다. 1991년 일본전기회사(NEC)의 한 과학자는 가늘고 긴 대롱 모양의 탄소구조가 형성된 것을 전자현미경을 통해 처음으로 확인했는데, 1996년 스몰리는 다발 모양의 나노튜브를 합성하는 데 성공했다. 전기적으로 도체인 나노튜브는 여러 가닥의 밧줄형태로 만들면 서로 상호작용을 하면서 일부로 도핑을 하지 않아도 저절로 도핑한 반도체의 성질을 띠게 된다. 따라서 이 나노튜브 다발을 이용해서 나노미터 크기의 고집적 기억소자나 회로를 만들 수 있다.

나노튜브로 된 반도체소자가 개발되면 원자수준의 종합 건축작업을 통해 완전히 혁명적인 새로운 전자장치를 만들 가능성도 엿보이고 있다. 탄소는 반도체성질을 띨 수 있을 뿐만이 아니라 생명체를 구성하는 핵심 원소이다. 따라서 탄소는 21세기를 주도할 분야인 생명공학, 반도체공학을 통합할 수 있는 새로운 소재로서 각광을 받고 있다. 20세기 과학 산업단지의 대명사가 실리콘밸리라면 21세기 과학 산업단지는 반도체와 첨단 생명공학이 결합된 '카본밸리'라고 불릴 가능성이 조심스럽게 점쳐지고 있다.

나노테크놀로지는 미래의 컴퓨터분야에서도 새로운 전기를 마련해 줄 것이다. 이미 나노크기에서는 전하양자화와 에너지양자화가 소자특성을 지배하고 이런 소자 양자화에 기초를 둔 단전자트랜지스터(single-electron transistor, SET)가 연구단계에 와 있다. 단전자트랜지스터는 기존의 전계효과트랜지스터(field-effect transistor, FET)와는 달리 나노크기의 양자점(quantum dot, QD)에 의한 단전자터널링을 이용하기 때문에 양자점의 물리적 특성에 크게 의존할 수밖에 없다. 이렇게 전자 한 개에 해당하는 게이트 전압변화로 드레인전류를 스위칭 할 수 있는 단전자 트랜지스터는 상온에서 작동하는 고집적, 초고속 및 저소비전력의 특성을 지닌 차세대 메모리소자 후보로 기대되고 있다. 결국 컴퓨터에서 고도로 집적화가 지속되면 컴퓨터소자는 원자나 전자 1개 단위로 구성되는 데까지 도달하게 될 것이다. 양자컴퓨터가 바로 이런 새로운 컴퓨터의 한 유형에 속한다. 현재 양자컴퓨터와 양자통신은 미래형컴퓨터와 정보통신의 후보로 많은 연구가 진행 중이다.

5. 나노기술과 마이크로로봇 기술

나노기술은 원자나 분자수준에서 기계를 만드는 데 활용되어 마이크로로봇 제작을 비롯한 미세전자기계 체계(Micro-Electro Mechanical System, MEMS) 발전에 획기적인 전기를 마련해 줄 것이다. 특히 주목할 만한 분야로는 인체의 혈관이나 미세 회로에 침투해서 작업을 할 수 있는 마이크로로봇 분야를 들 수 있다. 이들 마이크로로봇은 인체의 혈관에 투입되어 동맥 경화의 원인이 되는 혈전을 제거하거나 항암제와 같은 약을 환부에 운반하여 약의 효과를 높이고 부작용을 줄이는 데 획기적인 역할을 할 것이다. 또한 이 마이크로로봇은 산업체에서 미세한 부분에 대한 제작과 기계수리도 담당하게 될 것이다.

빛을 이용해서 물질에 미세한 선을 긋거나 물질 자체를 가공하는 X-선 돌그림찌기(Lithography)는 현재 1마이크로미터 수준까지 가능해지고 있다. 이 1마이크로미터 이하에서 여러 가지 조각 및 접속작업이 가능하게 되면 나노테크놀로지의 영역에 도달하게 되는 것이다. 나노테크놀로지는 대략 1,000나노미터 이하에서 다양한 조작을 통해 우주에서는 지금까지 존재하지도 않았던 새로운 신물질을 창출하게 된다. 이미 로봇공학에서 얻어진 다양한 조작이 나노테크놀로지에서 구현될 수 있을까 하는 데에 많은 사람들이 관심을 가지고 있다.

    물론 기계공학 분야에서 개발되고 있는 첨단기술인 미세전자기계 체계(MEMS)의 경우 아직은 마이크로미터(1백만분의 1미터) 단위에서 진행되고 있다. 본격적인 나노테크놀로지의 영역으로 들어오기 위해서는 약 1천배 단위의 갭(gap)이 존재하고 있다. 나노기어, 나노크랭크, 나노밸브, 나노축 등 다양한 기계용어를 원용한 나노용어가 나타나고 있으며, 최근에는 나노헬리콥터까지 곧 만들 수 있다고 장담하는 사람들까지 나왔다. 물론 부품 몇 개 만들었다고 해서 아주 복잡한 초소형 기계장치가 그대로 만들어지는 것은 아니다. 그러나 많은 사람들이 이 분야에 엄청나게 몰려들고 있기 때문에 앞으로 어떤 모습이 나타날 지는 아무도 모른다.

6. 나노기술과 인류의 미래

    나노기술은 기본적으로 아주 작은 분자단위에서 이루어지기 때문에, 장치를 단지 1개만 만드는 것으로는 경제적 이익을 얻기가 어렵다. 따라서 과학자들은 유전자가 복제하듯이 나노장치들도 자신이 스스로 복제하게 만들려고 하고 있다. 즉 1개의 나노장치가 만들어지면 이 장치들이 나노단위에서 주변에 있는 물질들을 이용해 계속 자신과 같은 장치를 만들게 하여 생산단가를 낮춘다는 것이다. 이런 자기 복제 생산 시스템은 1940년대에 수학자인 존 폰 노이만 John von Neumann에 의해 연구된 것인데, 만약 이런 생산시스템이 가능해진다면, 나노장치의 사회적 영향력은 엄청나게 커질 것이다.

    만약 컴퓨터바이러스처럼 우리 인간에게 해를 끼치는 장치가 무한정 복제될 경우 우리 인간 사회에 커다란 재앙을 가져올 수도 있다. 나노기술이 복제기술과 연결될 경우 우리는 오늘날 생명기술이나 컴퓨터기술에서 나타나는 사회적 문제를 떠맡게 될 것이다. 이미 인간복제, 배아복제 등 생명체의 복제문제는 우리 사회에서 커다란 사회문제로 부상하고 있으며, 정보화가 심화될수록 수많은 컴퓨터바이러스가 출몰하여 정보화 사회에 어두운 먹구름이 몰려오고 있다. 이제 복제문제는 단순히 유전자분야나 컴퓨터분야에만 국한되지 않게 될 것이다. 수많은 나노장치들이 우리 사회에서 제각기 복제를 할 경우 우리 사회는 새로운 인조로봇 공포에 휩싸이게 될지도 모른다. 물론 아직 실현되지 않은 기술을 가지고 지나치게 우려하는 것은 좀 문제가 있지만, 현재 나노기술의 발전이 엄청난 속도로 진행되기 때문에 미래에 올 상황에 대한 최소한의 대비책은 마련해 두어야 할 것이다.

  21세기에 인류는 그 동안 자연의 산물로만 여겼던 생명체와 물질 분야에서 새로운 조작능력을 갖게 될 것이다. 예로부터 우리는 인간이 로봇과 같은 자동인형을 만드는 것을 신의 영역을 침범하는 것으로 여겨 이를 신성시하거나 다른 한편에서는 금기시했다. 생명복제나 인공수정과 같은 생명조작 역시 인간이 신의 영역을 넘보는 것으로 생각해 많은 종교인들은 이것을 우려의 눈으로 바라보고 있다. 이제 인간은 우주에서는 지금까지 존재하지도 않았던 새로운 물질을 창조하려고 하고 있다. 천지창조가 신에 의해 이루어진 것이라면, 신도 시도하지 않은 새로운 물질 창조가 21세기 지금 인간에 의해 도처에서 시도되고 있는 것이다. 21세기에는 지금까지 존재하지 않았던 새로운 물질, 생태계에서 지금까지 존재하지 않았던 새로운 생명체가 출몰하는 새로운 창세기가 펼쳐질 것이다. 나노테크놀로지가 보여주는 멋진 신세계는 바이오기술이 이미 우리 사회에서 보여주고 있는 요지경 같은 세계 이상의 것을 우리에게 조만간 보여줄 것이다.

7. 나가는 글

임 박사*는 나노과학의 과학사적 중요성을 생명과학과 복잡계와 함께 지금까지 과학철학의 기조였던 원자물리학의 환원주의적 과학관에 대한 반란이라고 지적한다. 나노과학은 포스트모더니즘과 공명하는 점이 많으며, 더불어 반환원주의, 비결정론, 다원주의, 지식상대주의를 과학적으로 주장한다. 과학 자체 내에 그 동안 그 기조를 이루던 환원주의를 극복하려는 움직임이 일어나고 있다. 이것은 우리가 알아두어야 할 매우 중요한 점이다. 그러나 이 글은 독자들에게 충격적이었을 것이다. 우리가 보아오던 공상과학 영화의 세계가 그대로 현실화되어 가고 있는 듯하다.

천체과학은 우리에게 거시적으로 우주의 끝까지 관찰할 수 있는 능력을 부여하고, 나노과학은 우리에게 미시적으로 원자와 분자의 세계로 들어가서 그들을 하나하나씩 집어내서 옮길 수 있는 능력을 부여한다. 이것은 현대과학기술이 이룩한 그야말로 굉장한 업적이다. 인간이 주어진 눈으로 식별할 수 있는 일상의 세계는 임경순 박사의 말대로 1mm와 10만 km 사이의 세상이다. 그러나 현대과학기술은 인간의 관측능력을 극대와 극미를 볼 수 있도록 엄청나게 증폭시켰다. 이제 우리는 인간의 극히 제한된 눈보다는 과학의 경이로운 눈에 의존하여 우주를 바라보고 삶을 살아가고 있다. 이 우주는 창세기기자들이 살고 있던 고대나, 뉴턴의 기계적 세계에서는 전혀 알 수 없었던 새로운 세계인 것이다. 그럼에도 불구하고 많은 그리스도인들이 아직도 창세기를 문자적으로 받아들이려고 하거나, 뉴턴의 기계적 세계관에 의하여 우주를 이해

---

* 임경순: 포항공과대학교 인문사회학부 교수. 서울문리대 물리학과, 독일 함브르크대학(박사), 미국 University of California, Berkeley(박사 후 연구원).

하려는 경향이 있다. 다시 말하면, 인간의 눈에 의한 또는 인간의 몸이 식별할 수 있는 영역 내의 일상경험을 바탕으로 하는 신학에 의존하고 있다. 그러나 사실 우리는 인간의 눈보다는 과학의 눈(예컨대, 각종 센서)에 의존하고 있는 세상에 이미 살고 있다. 앞으로의 신학은 이 점을 인정하고 새로운 과학적 사실에 눈을 돌리고, 과학의 새로운 발견에 숨겨져 있는 하나님의 뜻을 밝혀내는 역할을 담당하여야 한다.

특히 나노기술이 생명기술 및 컴퓨터기술과 결합되어 나타날 수 있는 멋진 신세계는 신물질 및 새로운 생명체를 인간이 창조해 내는 새로운 창세기가 될 것이라는 예측은 매우 충격적이다. 이것은 생명복제의 문제보다도 더욱 복잡해진 양상의 미래를 예견할 수 있게 한다. 인간이 신의 창세기에 도전하여 새로운 창세기를 만드는 현대과학기술의 엄청난 일을 그리스도인들은 받아들여야 할 것인가? 벌써 컴퓨터바이러스의 공포는 앞으로 도래할 시대의 혼란을 우리에게 보여주고 있지 않은가? 나노기술, 정보기술, 생명기술이 통합되고, 강력한 신소재를 사용하여 만들어진 자기복제가 가능한 기계인간, 〈공각기동대〉의 여성 특수요원 쿠사나기 소령 같은, 사이보그가 출현하는 날이 그리 멀지 않으리라.

이러한 과학기술에 우리 그리스도인들은 어떻게 대처하여야 하나? 이러한 소식은 우리에게 복음인가, 저주인가? 우선 몇 년 후 어느 군대가 그러한 꿈의 군복을 입은 미군과 싸워서 이길 수 있을까? 과학의 부익부 빈익빈 현상은 더욱 심화되고, 이 기술을 가진 자와 가지지 못한 자의 사회경제학적 격차는 기하급수적으로 커지게 될 것이다. 그러므로 우리는 이 기술의 발전을 투명하게 그리고 공개적으로 모니터 할 수 있는 제도적 장치를 마련하기 위해 연대해야 할 것이다. 그러기 위해서는 우리는 현대과학기술을 공부해야 할 것이다. 아마도 이 과학기술을 인간이 통제할 수 없게 된다면 결국 인류는 그들이 창조한 기계생명들에 의해 지배되고 멸망하게 될 것이다. 과학적 신인류의 꿈은 어디까지나 허구이다. 인간의 발전은 몸의 기계적 능력의 우월성보다는 인간성의 발전에 달려있다. 인간성의 발전은 그가 가진 고유한 인격체로서의 존엄성, 영혼성에 관련된 것이다. 그러므로 인간의 발전은 과학적 영역보다는 종교적 영역에 속한다. 다시 한 번 과학은 자유와 영혼이라는 '어려운 문제'에 봉착하게 되는 것이다.(제4부 뇌와 인간 제3장을 보라)

  사이보그 인간 쿠사나기는 묻는다. "몸을 조정하는 내 뇌가 '나'인가, 아니면 이 사이보그 몸 자체가 '나'인가?"(조선일보, 2002. 04. 08) 결국 인간의 '나'는 사이보그가 묻는 '뇌'라는 슈퍼컴퓨터 장치도 아니며, 몸이라는 초성능 생존기계도 아니며, 땅으로부터 만든 사람의 몸에 하나님의 숨(生氣)을 불어넣은 살아있는 생령, 감정이 있고 숨을 쉬는, 영혼이 깃든 몸인 것이다.(창 2:7) 결국 그리스도인들에게 인간이 인간답게 되는 것은 하나님께 기도를 할 수 있다는 단순한 사실에 기인한다. 하나님과 영성적 교류의 능력, 다시 말하면 영적 숨을 쉴 수 있는 능력, 즉 기도만이 인간을 끝까지 인간답게 할 수 있을 것이며, 우리에게 이러한 미래의 혼돈에 대처할 수 있는 능력을 부여해 줄 수 있을 것이다. 그러므로 예수그리스도께서 "이르시되 기도 외에 다른 것으로는 이런 유가 나갈 수 없느니라 하시니라."(막 9:29)

참고문헌

김영식·임경순(1999). 『과학사 신론』. 서울: 다산출판사.
이인식 편(2002). 『나노기술이 미래를 바꾼다: Nano technology』. 서울: 김영사.
Brody, D. and Arnold R. Bordy. 이충호 역(2000). 『내가 듣고 싶은 과학교실』(*The Sciences Class You Wish You had*, 1997). 서울: 가람기획.
Drexler, Eric. Chris Peterson. and Gayle Pergamit. 한정환 외 역(1995). 『나노 테크노피아』(*Unbounding the future: the nanotechnology revolution*, 1993). 서울: 세종 서적.
Mason, Stephen F. 박성래 역(1987). 『과학의 역사 I, II』(*A History of the Science*, 1962). 서울: 까치.
Regis, Edward. 노승정 외 역(1998). 『나노테크놀로지: 21세기의 과학혁명』(*Nano: the emerging science of nanotechnology. remaking the world molecule by molecule*, 1995). 서울: 한승.

제6부
신, 인간, 그리고 우주

제1장

현대과학과 동양사상

    2002년 1월 18일부터 22일까지 4박 5일 동안 존 템플턴 재단의 후원과 강남대학교와 미국버클리 신학과 자연과학 연구소(CTNS)의 주관으로 서울 양재 교육문화회관에서 '2002 종교와 과학 서울 워크숍'이 개최되었다. 이것은 그동안 신학과 과학 간의 대화에 관한 선구적 업적들을 동양적 정황에서 본격적으로 논의한 동북아 최초의 세계적인 학술대회였다. 워크숍의 중심주제는 "과학, 신학, 그리고 동양종교: 세 이야기들의 만남"이었고, 다시 세 가지의 소주제들로 구분되었다. 첫째 주제는 "창조와 우주론"이었고, 둘째 주제는 "유전자, 인간, 그리고 윤리"였고, 마지막 주제는 "자연과학과 동양종교"였다. 내가 이 워크숍을 적극적으로 유치하게 된 동기는 크게 세 가지이다. 먼저 한국과 동양학계에 이 새로운 분야를 소개하고, 그리고 적어도 동북아에서는 한국이 이 분야에 앞장서야 할 책임이 있다고 믿었고, 마지막으로 지금까지 서양학자들이 전개해 온 연구의 한계를 절감하고 있었기 때문이다. 그들의 논의는 아직 서양사상의 테두리 안에서 벗어나지 못했고, 과학과 종교 간의 대화라고는 하지만 사실상 과학과 그리스도교 신학 간의 대화에 머물고 있다.

그리스도교가 과학이 크게 발전할 수 있도록 터전을 마련해 준 것은 사실이다. 자연을 존중하고 신성시하는 고대종교와 달리 유일신종교는 신의 영광을 위하여 인간에게 그 대리자로서 자연을 통치할 권한을 부여하였다. 이것은 그 당시 고대사회에서는 혁명적인 발상이었다. 왜냐하면 이것이 자연을 두려워하고 신으로 숭배했던 고대인에게 자연을 객관화하여 실험하고 연구할 수 있는 대상으로 삼을 수 있는 사상적 기조를 제공해 주었기 때문이다. 그리하여 과학기술은 그리스도교 문화 안에서 급성장할 수 있었고, 인류의 복지향상에 엄청난 기여를 했다. 그러나 이것은 동시에 인간중심주의라는 역기능과 인간과 자연이라는 이원론의 대결구도를 초래하게 되었다. 그리고 결국 자연은 과학기술에 의해 무자비하게 파괴되었고, 지구촌 생태계의 총체적 파멸이라는 위기상황에 봉착하게 되었다. 그러므로 그리스도교는 이러한 결과를 초래케 한 원흉이라는 혹독한 비판을 받고 있다.

그러나 그리스도교보다 오히려 서양문화의 기조를 이루고 있는 인간중심주의적 희랍철학과 근대계몽주의의 이원론이 이러한 결과를 초래한 책임을 크게 져야 할 것이다. 그럼에도 불구하고 서양학자들에 의해 진행되어온 신학과 과학 간의 대화는 근대(modernity)적 패러다임에서 아직까지도 벗어나지 못하고 있다. 따라서 그것은 근대가 준 문제(예컨대 생태계파괴)를 해결하기보다는 오히려 심화시킬 수 있는 여지가 있다. 그래서 나는 이 워크숍을 통하여 동양사상을 부각시켜 종교와 과학의 대화에 발상의 전환을 시도했던 것이다.

현대과학과 동양사상간의 유사성과 동양사상의 과학적 중요성에 관해서는 카프라Fritjof Capra 등 몇몇 서양학자들에 의해서도 주장되어 왔다.(Capra, 1983) 그러나 이번 워크숍에서 제기된 우리가 주목해야 된다고 생각하는 사항은 종교와 과학간의 대화를 위한 도교와 유교, 그리고 이들을 통합한 성리학(또는 신유학)이 지닌 높은 잠재력이다. 특히 해외에 있는 최고의 퇴계학자인 워싱턴대학의 칼톤Michael Kalton 교수는 한국

성리학이 종교와 과학간의 대화에 있어서 서양신학보다는 더욱 바람직하고 적합한 모형을 제시하고 있다는 흥미로운 주장을 했다. 한국인이 아닌 미국인 학자가 이러한 주장을 했다는 사실은 놀라운 일이며, 우리는 한국성리학의 세계적 진가를 대신 전하고 있는 한국사상의 전도사 칼톤의 제안을 경청해야 할 필요가 있다.

1. 현대과학과 동양사상

서양사상의 특징이 뉴턴의 물리학과 데카르트의 철학에서 현저하게 나타났던 기계론적·분석적 패러다임이면, 동양사상의 특징은 유기적 전체주의(organismic holism)라고 할 수 있다. 더욱이 동양사상은 의식의 문제에 집중하는 인도사상들과도 구별된다. 도교나 유교는 만물 일체의 유기적 관계에 초점을 맞추고, 통일성을 다양성의 근원이라고 보고 유기적 통일성, 즉 전체에 대한 적절하고 조화로운 어울림을 우선적으로 추구한다. 이러한 특징은 컴퓨터, 사이버네틱스, 카오스이론, 복잡계, 자기구성,(self-organization) 정보시스템, 상호의존적 생명의 웹과 같은 신과학이 제시하는 새로운 패러다임에 근접하며, 이 유사성이 앞으로 과학과의 대화에서 큰 잠재력을 암시한다고 칼톤은 주장한다.

특히 성리학은 우주의 생물을 포함한 모든 만물은 한 근원으로부터 발생되었으며,(《太極圖說》) 모두가 서로 가족적 관계를 가지고 있어 서로 밀접하게 연관되어 있다고 관망한다,(張載의 〈西銘〉) 존재의 연속성을 신봉하는 성리학은 신학과 달리 진화생물학을 받아들이기 그리 어렵지 않다.(Tu, 105-122) 인간과 동물은 동일하며, 전체시스템을 파악하는 데 인간이 뛰어난 능력을 가지고 있고, 그 적응에 대한 책임의식이 분명하다는 것이 다를 뿐이다. 더욱이 인간이 합리적 통제와 예측을 통하여 주어진 상황을 자율적으로 조정할 수 있는 초월적 능력을 지니고 있다고 믿었던 서양의 근대적 사고는 문제가 많다. 우리가 이 세상에 한 경기자(a player)로서 온 것이지, 결코 한 관리자(a manager)로서 온 것이 아니다. 시스템은 제각기 스스로 자기구성적 역동성을 가지고 있으며, 그러므로 어떻게 그러한 질서에 조화롭게 적응하느냐 하는 것이 유학에게 주어진 화두이다. 동양전통은 이 점에 있어서도 월등하다. 도道라는 것이 바로 우주의 법칙, 즉 자기구성적 역동성을 말하며, 자연自然은 본래 '있는 그대로'를 의미한다. 생태계의 복잡한 역동성은 그 곳에 참여한 모든 경기자들이 있는 그대로의 자연스러운 행위를 수행할 것을 요구한다.

　　이 경기자와 관리자간의 구분은 인간이 과학기술을 사용하는 데 있어서 매우 중요한 윤리적 함의를 가지고 있다. 예컨대 필요한 목적을 위해 유전자코드를 기계적으로 조작하고자 하는 유전공학은 서양적 사고로는 가능한 것이나 동양적 사고로는 잘못된 것이다. 자연과학은 문자 그대로 '자연'의 과학, 즉 인위적 조작이 아닌 만물의 있는 그대로를 연구하는 과학이어야 한다. 주어진 하나의 유기체를 결정하는 것은 유전자코드라기보다는 자기구성적으로 이루어지는 선택적 진화의 역동적 과정이라고 보는 것이 더 적합하다. 더욱이 인위적 조작은 항상 인간욕망이라는 사슬에 엉킬 수밖에 없고, 이 욕망은 욕심이라는 자기중심적 오류에 빠지게 되고, 이 자기중심적 오류를 성리학에서는 악의 근원이라고 본다.

　　특히 한국성리학에서 독특하게 발전된 마음(心)이란 개념에 대해서 주의해 볼 필요가 있다. 한국성리학에서 마음은 본성과 감정의 통일을 추구하며 육체(己)와 정신(己)을 구분하는 희랍의 이원론을 극복한다. 인간은 하늘의 품성을 부여받은 천인합일적 존재이다. 성리학은 인간중심적 사상이라고 하기보다는 하늘·땅·사람(天地人) 삼재가 통일을 이룬 인간 우주적 지평의 전체론적 맥락에서 인간의 윤리적 책임을 집중적으로 추궁한다. 그리고 태극사상은 한 통일적 근원에서 다양하지만 서로 상호관련적인 만물이 어떻게 발생하게 되었는지를 설명해준다. 이기理氣이론은 질서와 역동성, 시스템과 에너지, 관계성과 개별성 등의 관계를 설정해 준다. "신은 우주를 가지고 주사위 놀이를 하지 않는다!"라는 아인슈타인의 말로 유명해진 양자역학적 혼란(quantum entanglement)은 오히려 한국성리학에서 뜻이 통한다. 이기이론은 질서(理)와 혼돈(氣)을 동시에 인정하며, 양자택일적·배타적 획일성이 아니고 개방적 통일성에 그 핵심이 있다는 것을 밝혀준다. 무극無極(空)에서 한 점이 나왔고, 그 한 점에서 머물러 있음(靜)과 움직임(動)이, 음(마이너스)과 양(플러스)이 서로 어우러지는 태극太極, 바로 그 태극에서 만물이 소생하였다는 태극도설과 현대과학의 우주기원설(빅뱅, 진화론 등) 사이에 유사성을 찾아내기는 그리 어려운 일이 아니다.

더욱이 카프만Stuart Kauffman은 우주의 질서가 우연적인 것이 아니며, "자발적인 질서의 광활한 암맥"이 놓여 있다고 복잡성이론을 통하여 주장한다.(Kauffman, 8) 또한 베이트슨Gregory Bateson은 인간의 의식과는 전혀 다른 우주의 마음이 있다고 사이버네틱스와 정보이론을 통하여 주장한다.(Bateson) 카프만의 "자발적 질서"는 도道 및 자연사상과 공명하며, 베이트슨의 우주의 마음은 그야말로 유학의 천지지심天地之心을 현대과학으로 풀이한 듯하다.

현대과학과 동양사상은 서로 유사한 점이 많다. 동양사상은 분석적 환원주의를 방법론적 기조로 하는 근대과학의 한계를 신과학과 함께 유기적 전체론으로 극복할 수 있는 가능성을 열어 주고 있다. 또한 자연을 인간의 연구와 정복의 대상으로 간주했던 서양사상과 달리 동양사상은 인간과 자연간의 합일을 이루는 인간 우주적 지평에서 정복자가 아닌 참여자로서, 자연에 대한 인간행위의 도덕성을 강조한다. 그리고 과학이 그 본연의 자세, 곧 '인위'과학이 아닌 '자연'과학으로 돌아갈 것을 촉구한다. 이것은 지구촌 전 생태계가 파멸의 위기에 봉착한 오늘날 자연과학이 갖추어야 할 윤리적 책임에 관한 분명한 지표를 제시한다. 특히 한국성리학은 현대과학과 크게 공명한다. 그러므로 한국성리학이 현대과학에 의하여 재해석되었을 때 한국사상의 발전에 기여하는 것은 물론 현대과학의 발전에도 매우 유익한 기여를 할 수 있을 것이다.

2. 사회생물학과 한국성리학

그렇다면 한국성리학이 구체적으로 사회생물학과 같은 현대과학에 어떻게 대응할 수 있을 것인가? 사회생물학과 헬라철학에 영향을 받은 서양신학 사이의 핵심적 차이는 사실상 인간의 초월성에 있다. 헬라철학의 영향을 받은 서양의 전통적 기독교신학은 인간은 초월적 존재로서 인간과 동물 사이에는 존재론적 불연속성이 있다고 전제한다. 다시 말하면 인간에게만 이성과 자유의지가 있다는 것이다. 그러나 사회생물학은 이 불연속성을 과학적 데이터를 제시하며 부정한다. 인간은 호모 사피엔스라는 동물의 한 종에 지나지 않으며, 인간의 본성도 "수많은 것들 중에서 나온 단지 하나의 잡동사니"에 불과하다. 한국성리학은 이 생명의 연속성을 수용하는데 별 문제가 없을 것이다. 퇴계 이황李滉(1501-1570)이 검토·수정한 천명도天命圖에 나타난 것처럼 초목과 금수와 인간, 그리고 사물까지도 서로 같은 천명으로 부여받은 성(性, 즉 理)을 가지고 있으나, 서로 다른 기질(正과 偏)을 가지고 있어서 차이가 나는 것이다.

㉮ 인(人)과 물(物)의 차이는 기(氣)의 편(偏)과 정(正)에서 유래한다는 것, 즉 정(正)하고 통(通)한 기(氣)를 탄 것이 인간이요, 편(偏)하고 색(塞)한 기(氣)를 탄 것이 물(物)이라는 것, ㉯ 같은 편한 기(氣) 중에도 금수는 편(偏) 중의 정(正, 陰中陽)을 얻었으므로 한 줄기의 통함이 있고, 초목은 편(偏) 중의 편(偏)한 것(陰中陰)을 얻었으므로

전혀 막혀 통치 못한다(全塞不通)는 것, ㉢ 이와 반대로 인간은 정(正)한 기(氣)를 얻었으므로 통하고 밝다는 것, ㉣ 인·물(人·物)의 형태의 평정(平正[인간])·횡(橫[금수])·역(逆[초목])의 차이도 기(氣)의 순·역(順·逆)이 다른 까닭이라는 것이다.(이상은, 138)

그러므로 칼톤이 지적한 것처럼 한국유학은 진화생물학이나 사회생물학과 대화하는 데 있어서 서양신학보다 우월한 고지를 점령하고 있다. 더욱이 한국유학은 자연과 인간을 구별하는 헬라적 이원론과 모더니티에 의해 심화된 자연과학과 인문·사회과학 간의 학문적 분리를 극복하고자 하는 윌슨의 사회생물학(생물학+사회학)적 노력에 동정적일 것이다.(Wilson) 유학에서는 자연과 인간이 분리되지 않으며, 자연 그 자체가 객관적 연구대상으로 환원될 수 없고, 윤리 도덕적 주체이다. 자연과학은 문자 그대로 자연의 과학이 되어야 하며, 자연은 인간을 포함한 하늘·자연·인간(天·地·人) 삼재三才의 관계론적 맥락에서 재해석되어야 한다.

그러나 동시에 유학은 사회생물학의 기조인 과학주의, 과학적 유물론, 유전자결정론, 기계적 세계관을 받아들이기는 어려울 것이다. 인간과 자연은 수평적 연속성을 가지고 있지만 그것은 어디까지나 초월적 존재인 하늘(天)과의 관계성 안에서 이루어진다. 본성과 학습 간의 논쟁은 유학에 있어서도 맹자孟子와 순자荀子로부터 시작된 오래된 중요한 주제의 하나이다. 결론적으로 양자가 모두 필요하지만, 하늘의 품성을 부여받은 인간의 본성은 본래 선한 것이다.(맹자) 전통적인 체용體用의 관계로 말하면, 기능적 측면에서 인간은 이기적이나,(성악설) 본성적 측면에서는 이타적(仁)인 존재이다.(성선설) 인간은 결코 이기적 유전자에 의하여 조정되는 로봇 생존기계만이 아니고, 자연과 하늘의 뜻을 가장 명료하게 이해할 수 있는 역동적 생명주체이다. 이기적 유전자론 및 생물학적으로 분석된 생명의 본성은 일종의 기질지성氣質之性의 환원적

서사시일 뿐, 인간의 본연지성本然之性에 관한 서사시는 결코 아니다. 그러므로 인간에게 중요한 덕목은 기질지성의 끊임없는 영향력(vector)을 극복하여 인의예지仁義禮智의 본연지성을 회복하려는 극기克己와 자기수양의 훈련, 즉 수신修身이다. 더욱이 한국성리학의 경敬사상은 하늘과 모든 이웃 생명들을 경외할 것을 요구한다. 경敬사상은 초월적 하늘만 숭배하고 자연을 경시하는(서양신학) 또는 자연의 기계적 속성만을 중시하고 하늘을 거부하는(사회생물학) 두 극단적 입장을 지양하고 중도의 입장, 곧 하늘과 자연을 모두를 포괄하는 통합적이고 관계론적인 입장을 견지한다. 그러므로 한국성리학은 자연과학과 신학 간의 관계에 있어서 중계역할을 할 수 있는 많은 가능성을 가지고 있다.

3. 현대 과학, 동양 사상, 그리스도교 신학 간의 삼중적 대화의 필요성

현대과학(예컨대 사회생물학)은 인간에 대한 신학과 종교의 독점을 거부하며, 생물을 과학적으로 연구하는 생물학이 그 몫을 주도적으로 담당하여야 한다고 주장한다. 사회생물학과 신학의 논쟁은 헬라적 이원론의 연장선상에 있으며, 그 문제의 핵심은 정신과 육체, 인간과 자연을 구분하는 이원론이다. 사회생물학은 정신이 육체를 지배하고, 인간이 자연을 통치해야 한다고 주장했던 지금까지의 서양사상에 대해서 정면으로 도전장을 낸 것이다. 사회생물학은 과학적 증거를 제시하면서 인간은 자연의 일부에 지나지 않으며, 정신은 몸의 한 부수적 현상에 불과하다고 주장한다. 그 동안 독점해 온 신학적, 철학적, 형이상학적 인간론에 대한 과학적 유물론의 도전인 것이다.

사회생물학의 다른 중요한 측면은 사회학과의 관계이다. 사회학의 거대한 도전은 20세기를 휩쓸고, 신학, 종교학, 인문학을 성숙하게 하였다. 나아가서 사회학은 '본성이냐? 환경이냐?' 하는 논쟁에서 사회환경이 인간행위의 특징을 결정한다는 환경결정론에 이르게 되었고, 신학도 이에 큰 영향을 받게 된다. 사회생물학은 이 큰 흐름을 거부하며 문화결정론과 반대로 유전자결정론으로 본성이 모든 것을 결정한다는 반론을 펼치고 있는 것이다. 오히려 사회생물학은 형이상학적인 배경을 가지고 있는 사회학보다는 명확한 유물론적 증거가 있는 생물학적인 입장에서 학문적 통합을 시도하고 있다. 그러므로 이러한 서양사상의 물줄기를 바꾸어 놓겠다고 나서는 사회생물학과 서양사상의 영향을 많이 받은 서양신학이 함께 대화하기가 매우 어려운 것이다.

그러나 기계적 이원론 대신 유기적 전체주의를 주창하는 유학은 사회생물학과 서양신학의 중도적 입장을 견지하고 있다. 형이상학적 인간론과 문화·환경 결정론에 대한 사회생물학의 비판을 수용하면서도, 동시에 그것의 과학적 유물론과 유전자결정론의 오류를 지적할 수 있다. 유전자적 시각은 필요하나 그것은 어디까지나 기질지성에 관한 부분적 고찰일 뿐, 본연지성인 인간의 참 본성에 대한 인식과 그를 회복하는 노력, 곧 수신이 필요한 것이다. 사회생물학(이기적 유전자)은 신학과 유학에게 원죄와 기질지성의 치밀한 구조를 명쾌하게 보여준다. 그러나 도덕주체로서 인간이 해야 할 책무는 오히려 그 유전자적 이기성을 극복하여 공동적 주체성을 회복하는 일이다. 이것을 신학에서는 성화,(sanctification) 유학에서는 수신修身이라고 부른다. 그러므로 성화와 수신, 곧 "어떻게 참된 인간이 되느냐?" 하는 질문이 다시 한 번 이 시대에도 큰 화두가 되는 것이다.

이와 같이 자연과학과 신학 간의 대화를 한국유학과 같은 동양사상을 통하여 더욱 심화시킬 수 있다. 이것은 동양종교를 믿으라는 말이 아니고, 오늘날 세계적으로 각광을 받고 있는 우리 전통의 좋은 점(예컨대 생명론적 통찰과 종합적 사고)들을 살려서 활용해 보자는 뜻이다. 그리스도교 신학, 현대과학, 그리고 동양사상의 세 이야기들이 서로 조우

할 때 더욱 발전적인 종교와 과학 간의 대화가 이루어질 수 있다. 종교는 과학으로부터 새로운 우주관, 세계관, 인간관을 배워야 하고, 과학은 종교로부터 수양과 성화의 필요성을 배워야 한다. 현대과학도 자기수양과 성화의 노력이 필요한 것이다. 자기수양을 통한 절제와 공동적 선을 위한 성화의 노력이 없는 과학 그것은 매우 위험한 것이고, 아마도 불필요할 것이다. 현대과학을 성화시키기 위해서는 모든 종교는 서로 협력하여 힘을 모아야 할 것이다.

참고문헌

곽노순(1997). 『동양신학의 토대와 골격』. 서울: 대한기독교서회.
김승철(2002). 『DNA에서 만나는 신과 인간 – 생명 윤리의 문제를 둘러 싼 기독교와 불교의 대화』. 서울: 동연.
김지하(1992). 『생명』. 서울: 솔 출판사.
김흡영(2000). 『도의 신학』. 서울: 다산 글방.
─────(2003). "종교와 자연과학간의 대화를 통해 본 인간: 사회 생물학의 도전과 종교적 대응", 철학연구회 편, 『진화론과 철학』. 서울: 철학과 현실사.
노희원(1998). 『구약성서의 깊은 세계: 생명을 향한 구약 신앙의 한』. 서울: 연세대 출판부.
선순화(1999). 『공명하는 생명신학』. 서울: 다산글방.
이경숙 외(2001). 『한국 생명 사상의 뿌리』. 서울: 이화여자대학교 출판부.
이상은(1998). "退溪의 生涯와 學問", 『李相殷先生全集』. 서울: 예문서원.
장회익(1999). 『삶과 온생명』. 서울: 솔 출판사.
Capra, Fritjof. 이성범 외(2002). 『현대물리학과 동양사상』(*The Tao of Physics*, 1983). 서울: 범양사
─────. 김용정·김동광 역(1998). 『생명의 그물: 살아있는 시스템에 대한 새로운 과학적 이해』(*The Web of Life: a new scientific understanding of living systems*, 1997). 서울: 범양사.
Kauffman, Stuart. 국형태 역(2002). 『혼돈의 가장자리: 자기조직화와 복잡성의 법칙을 찾아서』(*At Home in the Universe: the search for*

laws of self-organization and complexity, 1995). 서울: 사이언 스북스.

Yan, Johnson F. 안창식 역(2001). 『DNA와 周易』(*DNA and I Ching: The Tao of Life*, 1991). 서울: 몸과 마음.

Bateson, Gregory(1972). *Steps to an Ecology of Mind*. New York: Ballantine Books.

Kalton, Michael C.(2002). "Asian Religious Traditions and Natural Sciences: Present, Potentials, and Future." in The CTNS Science and Religion Seoul Workshop: "Science, Theology, and Asian Religions." Seoul Education and Culture Center. January 18-22.

Tu, Weiming(1998). "The Continuity of Being: Chinese Visions." in Confucianism and Ecology. ed. Everlyn, Mary and John Berthrong. Cambridge. MA.

Wilson, Edward O.(1999). *Consilience: The Unity of Knowledge*. New York: Vintage.

제2장

생태계의 위기와 한국신학

신-인간-우주적 비전

　　지금까지 우리는 현대 자연과학의 도전에 대하여 그리스도인으로서 어떻게 대응할 것인가를 살펴보았다. 그리고 자연과학과 서구신학의 대화는 그들의 공통적 배경을 이루는 희랍철학의 이원론으로 인하여 한계에 봉착하고 있으며, 오히려 동양사상 특히 한국성리학이 이 한계를 극복하는 돌파구를 마련해 줄 가능성이 있다는 점을 알게 되었다. 인간이 과학기술을 남용하여 무자비한 생태계 파괴를 초래하게 한 사상적 원인은 자연에 대한 인간의 청지기적 직분을 권고하는 그리스도교의 창조신앙보다는 인간(정신)과 자연(육체)을 극단적으로 분리하고 전자는 숭상하고 후자는 멸시하는 희랍사상의 계층적 이원론에 있다. 특히 지구촌의 총체적 파멸이 예고되고 있는 지금, 세계그리스도교는 이러한 계층적 이원론을 기초로 한 서구신학의 틀에서 탈피하여 환경·생태·생명 친화적 신학패러다임으로 시급히 모형전환을 해야 한다는 점을 인식하고 있다. 이러한 상황에서 자연과학의 폭발적인 팽창과 강력한 도전에 대응하기 위하여 그리스도교 신학은 이미 한계에 도달한 서구신학에 계속 의존하기보다는 그동안 주목하지 않았던 자연친화적인 동양적 지혜에 눈을 돌려 살펴볼 필요가 있다. 동양권에서 유일하게 그리스도교를 적극적으로 받아들인 한국 그리스도인들은 이제부터라도 우리가 오랫동안 지녀왔던 동양사상과 적극적으로 대화하여 멸망해 가는 생태계를 살리고 자연과학과 더불어 대화할 수 있는 지혜를 터득해야 한다. 사람과 생명과 지구를 살리는 일을 하는 것이 삼천 년대의 그리스도교를 위해 하나님이 한국신학에게 위탁하신 사명이며, 그러므로 한국신학은 세계신학적 가치를 가지게 되는 것이다. 이번 장에서는 신유학을 중심으로 이러한 신학적 시도의 한 실례를 좀 더 구체적으로 살펴보고자 한다.

1. 신-인간-우주적 비전

나는 그리스도교와 동양사상의 만남을 20세기 최고의 신학자라고 할 수 있는 칼 바르트$^{Karl\ Barth}$(1886-1968)의 신학과 주자와 더불어 신유학의 양대산맥이라고 할 수 있는 왕양명^{王陽明}(1472-1529)의 유학을 중심으로 살펴본 적이 있다.(김흡영, 2000, 143-230, 305-320) 신학은 신과 인간이 화해를 이루는 구속사, 곧 신-역사적 비전(theo-historical vision)에 치중하고, 유학은 인간과 자연이 조화를 이루는 천인합일^{天人合一}의 인간-우주적 비전(anthropo-cosmic vision)을 제시한다. 그러므로 신학과 유학의 만남은 신과 인간 그리고 인간과 우주가 융합해서 신, 인간, 우주가 모두 종합적인 합일을 이루는 신-인간-우주적 비전(the-anthropo-cosmic vision)에 도달하게 되고, 예수 그리스도가 그러한 신-인간-우주적 비전을 완성시킨 존재이자 바로 그 길(道)이라는 사실을 발견하게 된다. 그러나 이렇게 유학과 신학간의 퓨전(지평융합)을 통하여 우주적 그리스도의 도^{道}를 궁리한 것은 한국신학 사상사에서 전혀 새로운 일이 아니다. 사실상 이것은 한국천주교가 발생 당시 이미 자발적으로 터득했던 '한국적 그리스도교 신학원리'였다. 한국천주교의 성조라고 일컬어지고 이벽 李檗에 의하여 쓰였다고 전해지는 『성교요지』 聖敎要旨를 보면, 자습으로 그리스도교 신앙을 깨친 한국 최초의 천주교인들은 바로 이러한 방식으로 예수그리스도를 이해했던 것을 알 수 있다. 이성배는 이벽의 한국적 신학원리가 담긴 『성교요지』의 구조를 다음과 같이 설명한다.

> 우리 인간실존과 우주만물의 바탕이고 근본원리가 되는 분으로서 하느님을 소개한 다음,(1장) 구체적인 역사의 사실로서 비참한 인간실존을,(2장) 그리고 이러한 인간 조건에서 구세주로 내려오신 예수그리스도를 성서내용에 따라 기술하되 동양의 군자君子나 성왕聖王과 같은 모습으로 내세우고,(3장-15장) 이 구세주를 통해서 또 그 분 안에서 이루어지는 새로운 인간의 완성이 전통적인 유교의 가르침인 수신修身·제가齊家·치국治國·평천하平天下의 교육과정을 거쳐 정점에 이르는 중용中庸의 〈성〉誠의 사상 안에서 공통점을 발견하며, 그리스도를 천도天道와 인도人道의 완성자인 성인聖人으로 보고 그리스도교인은 이 〈성〉을 받아드리고 모방하려 애를 쓰며 새로운 인간완성을 모색해 나가는 사람으로 본다.(16장-30장) 마지막으로 우주만물이 모두가 그 자연의 고유한 법칙을 따르면서 하느님의 감추어진 신비를 드러냄으로 인간의 구원을 위해 필요한 갖가지 그리스도 교회의 가르침과 윤리적 교훈을 아름다운 자연시自然詩로서 호소하고 있는 것이다.(31장-49장, 이성배, 121)

『성교요지』는 예수그리스도를 공동적(仁) 인간화(修身)의 완성이요, 하늘의 길(天道)과 사람의 길(人道)이 만나는 바른 길(正道)이요, 그 정도를 완성한 성인聖人으로 묘사하고 있다. 마지막에 자연을 노래한 부분도 생태학적인 관심을 가지고 볼 때 매우 중요하다. 그리스도가 바로 다름 아닌 천도天道가 인도人道와 만나서 신, 인간, 우주 사이에 화해를 완성한, 신-인간-우주적 도(道)를 성취한 우주적 인간성으로 이해된 것이다. 이러한 유교와 그리스도교의 지평융합을 통해 형성된 한국적 신학 원리가 가톨릭교회의 공식적인 협조가 있기 이전에 세계교회사에서도 특이한 자생적인 교회를 한국에 설립할 수 있게 만든 원동력이 되었던 것이다. 한국 그리스도교가 세계성을 가지면서 민족적인 신학을 정립하기 위해서는 이와 같이 외부로부터 제도적·사상적 영향력이 없었던 상황에서 그리스도교 신앙이 한국사상과 자연스럽게 만나서 저절로 어우러져 나왔던 한국 토종신학들을 깊이 음미해 볼 필요가 있다. 물론 현대신학의 눈으로 보면 그들은 전근대적이고 초보적이고 단상적인 모습을 띠고 있다. 그러나 그것들을 근대적 신학비평을 거쳐 세계적인 신학으로 발전시키는 작업은 전적으로 우리들의 몫인 것이다.

2. 천명(天命)과 신형상(imago Dei)

더욱이 나는 한국유학의 절정인 퇴계(退溪) 이황(李滉)(1501-1570)의 유학과 장로교의 창시자인 장 칼뱅(Jean Calvin)(1509-1564)의 신학을 비교해 본 결과 그들의 사상 속에도 신-인간-우주적 비전의 단초들이 담겨져 있는 것을 발견했다.(김흡영, 231-291) 동시대의 인물들인 퇴계와 칼뱅은 서로 전혀 다른 그리스도교와 유교의 문화권에서 태어나 활동하였지만, 그들의 사상은 양명과 바르트의 사상들보다도 더욱 두텁게 공명하고 있다는 것을 보여주었다. 이 두터운 사상적 동질성이 바로 장로교회가 한국 땅에서 그토록 폭발적인 성장을 하게 만든 동인이라고 볼 수 있다. 퇴계유학을 통하여 살펴볼 때, 한국인의 사유양식은 칼뱅이 구상한 장로교신학과 매우 닮은 데가 많다는 것을 알 수 있다. 특히 퇴계의 천명론과 칼뱅의 신형상(하나님의 형상)론은 그 구조와 내용에 있어서 매우 흡사하다. 우선 칼뱅과 퇴계는 인간과 자연 간의 질적 차이를 주장하는 서구적 이원론을 부정하는 데 동의한다. 칼뱅에 의하면 인간과 자연은 동일한 신형상으로 창조되었고, 퇴계에 의하면 인간과 자연의 성품은 또한 동일한 천명(天命之謂性)인 것이다.

칼뱅에 의하면, 인간과 만물은 하나님의 형상에 따라 창조되었다. 인간과 짐승들 사이에 어떤 '질적' 차이가 있는 것이 아니라, 인간의 고귀함은 하나님이 인간에게 베푸신 특별한 방법에 있다. 그것은 말씀과의 특별한 관계에 있는 것인데, 그 관계 안에서 인간은 신형상에 따라 특별하게 창조된 것이다. 세상에 있는 모든 만물들, 즉 모든 피조물들은 모두가 하나님의 작품들인 만큼 모두 하나님의 영광을 드러낸다. 인간이 지닌 특수한 차이는 하나님의 영광을 이러한 일반적인 것만이 아니고, 특별히 언어를 통하여 표출할 수 있는 능력을 가졌다는 점에 있다. 광의적으로 신형상은 하나님에 의해 창조된 우주의 만물 모두에게 해당된다. 우주에 있는 크고 작은 모든 것에도 하나님의 영광을 반사하는 거울과 같은 역할을 하는 신형상이 있다는 것이다. 그러나 인간은 의식적으로 그 영광에 대한 감사를 말로 표현할 수 있을 정도로 맑고 투명한 거울과 같이 특출한 능력의 신형상을 가지고 있다. 이 능력으로 말미암아 인간은 말 못하는 피조물과 구분되고, 신형상은 협의적으로 인간에게만 해당된다. 그러므로 인간은 자신의 탁월성을 하나님의 덕분으로 돌릴 수 있을 때 비로소 제대로의 신형상을 지니게 된다. 또한 여기서 칼뱅은 다른 생물들은 땅으로 구부러져 있지만 인간이 직립한다는 사실을 이 협의적 신형상을 외적으로 표시하는 것이라고 설명한다.(Calvin 1, 363)

칼뱅에 의하면, 하나님께서 인간에게 "땅을 정복하라."(창 1:28)고 명령하신 것은 인간이 자연 위에서 군림하고 지배하라고 특권을 준 것이 아니다. 오히려 그것은 인간이 만물 위에 계신 하나님의 은총적 통치를 감사하고 기쁜 마음으로 받아들이면서, 신형상의 하나로서 하나님의 영광을 자연에게 반영하는 특별한 임무를 부여받는 것을 의미한다.

그러므로 이 하나님의 자비로운 은총에 상응해서 인간이 행해야 할 도리가 무엇인가 하는 것이 인간에게 던져진 핵심적인 질문이다. 이것은 칼뱅신학에 있어서 신학(은총에 대한 지식)은 윤리(도리의 실천)와 분리될 수 없으며, 오히려 이론과 실천이 통일(知行合一)을 이룬 도학道學적 양태에 근접하고 있다는 사실을 보여준다. 칼뱅은 개신교신학의 초석이라고 할 수 있는 『기독교강요』의 첫 구절에서부터 인간을 알기 위해서는 하나님을 알아야 하고, 하나님을 알기 위해서는 인간을 알아야 한다는 신학에 있어 신론과 인간론간의 불가분의 관계를 주장한다. 칼뱅의 이 신-인간 관계론은 나아가서 신-인간-우주적 관계론으로 발전시킬 여지가 충분히 있다. 시카고대학의 역사신학자 게리쉬Brian Gerrish는 칼뱅신학이 내포하고 있는 신-인간-우주의 비전을 다음과 같이 설명한다.

> 인간이 존재한다는 것이 인간을 넘어선 인간과 모든 만물들의 존재의 근원을 지칭하고 있다. 인간은, 창조주의 넘쳐흐르는 선하심이 감사의 경건 속에 비쳐지거나 반사되는, 피조계의 초점으로 지음을 받았다. 이런 상태에서 인간은 타락하여 더 이상 하나님의 음성을 청종하지 않고 있다. 그리고 이것은 인간이 예수그리스도 안에서 하나님의 말씀을 들음으로써 회복되어야 할 상태이다. 칼뱅은 인간이 이 세계의 특권적인 자리에 있다고 설득하지만, 칼뱅의 우주는 인간이 중심이 아니다. 인간은 다만 관람객이요, 우주의 최종적 의미인 하나님의 영광을 밝히 드러내 보여주는 대리인으로서 위치하고 있을 뿐이다. 이러한 인간의 존엄성과 유한성에 관한 엄격한 견해는, 이를 비신화화여 받아들일 경우, 중세의 폐쇄된 좁은 세계관에서 벗어나 현대 우주인의 광대하고 신비한 우주관으로 옮겨가고 있는 서구인들에게 칼뱅이 전혀 상상조차 하지 못했던 정도로 심오한 의미를 주게 된다.(Gerrish, 122)

제2장 생태계의 위기와 한국신학 249

또한 퇴계사상의 결정체라고 하는 『천명도설』天命圖說도 이와 유사하게 인간과 사물이 하늘로부터 동일한 천명을 부여받았다고 주장한다.(이상은, 109-162) 하늘과 인간과 우주는 이理와 성性으로 동일하므로 서로 연결되어 있다. 인간이 사물과 다른 것은 기질氣質의 차이에서 기인한다. 인간은 바르고 맑고 순순한 기질을 부여받아 지각능력과 도덕적 능력을 지니고 있다. 인간과 사물이 본질적으로는 동일하나 기능면에서 서로 구분된다고 주장하는 점에서 칼뱅과 퇴계는 동일하다. 『천명도』는 인간은 밝고 선한 기질에 따라 그 형상이 평정하고 바로 설 수 있으며,(直立) 동물(禽獸)은 지각능력이 한 방향으로만 열려 있어 옆으로 살고,(橫生) 초목(草木)은 지각 능력이 완전히 차단되어 거꾸로 산다(逆生)고 설명한다. 앞에서 언급한 바와 같이, 칼뱅도 이와 유사한 설명을 하고 있다는 점은 매우 흥미롭다. 서울대학교의 유학자 금장태는 인간과 사물이 본성은 같지만 기질은 다르다는 퇴계의 인물성동기이人物性同氣異의 관계를 다음과 같은 도표로 정리하고 있다.(금장태, 123-144, 173-198)

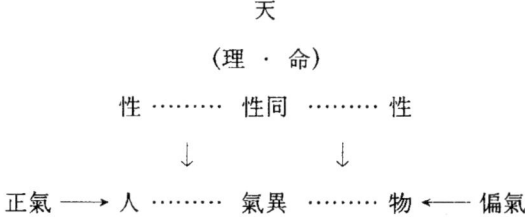

〈人物性同氣異〉

물론 칼뱅은 기氣 또는 기질氣質의 개념을 알지 못한다. 그러나 천天을 신神으로 바꾸고 이·명(理·命)을 형상(신형상)으로 대체한다면, 칼뱅도 이 도표를 기꺼이 받아들일 것이다. 이와 같이 천(신)-인간-사물 간의 관계설정에서 퇴계와 칼뱅은 기본적으로 동일한 비전을 가지고 있다고 할 수 있다. 게리쉬가 지적한대로 오늘날의 서구신학과 다르게 칼 뱅신학이 현대인들에게 주는 심오한 의미는 바로 이 신-인간-우주의 관계론적 비전에 있다. 퇴계의 『성학십도』에 포함되어 있는 『서명』西銘은 유교의 인간-우주적 비전을 생생하게 묘사하고 있다. "하늘(乾)을 아버지라 부르고 땅(坤)을 어머니라고 부른다. 나는 매우 작은 존재로서, 혼연히 그 가운데 자리하고 있다. 그러므로 천지 사이에 들어 찬 것은 나의 몸이며, 천지를 이끄는 원리는 나의 본성(性)이다. 모든 사람(民)은 나의 동포이며, 모든 사물이 나와 같은 족속이다." 더욱이 중국유학과 달리 퇴계유학은 천의 인격적 특성을 인정한다. 퇴계는 하늘과 인간이 기계적으로 상응한다는 기계적 천인상응설을 비판하고 그들이 인격적으로 관계한다는 천인상응관계를 주장한다. 금장태는 퇴계유학에 상제(하나님)를 경외하는 신앙적 길(對越上帝)이 포함되어 있고, 퇴계의 천관이 그리스도교의 신관과 유사하다고 주장한다. 무엇보다도 퇴계의 삶과 학문을 관통하는 중심개념은 경敬이다. 금장태는 퇴계의 경 사상을 다음과 같이 요약한다.

> 그러나 여기서 경敬의 외형적·내면적 실천은 하나의 절정을 전제로 하고 있다. 그것은 곧 "상제를 마주 대하고 모시듯 하라"(對越上帝)는 것이다. 인간이 인간에 대해 공경하는 마음을 지니고 만물에 대해 사랑하는 마음을 지닌다고 하더라도, 이러한 마음을 확보할 수 있게 하는 최종의 근원은 인간이 하늘과 마주 대하고 있다는 사실에 근거한다. 바꾸어 말하면 인간이 하늘을 망각하고 외면한다면 공경하는 외모와 경건한 마음가짐이 진실하게 확보될 수 없다는 사실을 확인해 주는 것이다. 성리학에서 인간의 성품이 하늘로부터 부여받은 천명天命이요, 천리天理임을 밝히고 있는 것도 인간존재의 본질이 하늘에서 근원하고 있음을 지적한 것이다.(금장태, 180)

이 금장태의 말을 앞에서 인용한 게리쉬의 말과 비교하면, 퇴계와 칼뱅의 사상들이 서로 일맥상통하는 점을 발견하게 된다. 모든 존재의 근원은 결국 하늘, 상제, 곧 하나님인 것이다. 모든 존재들 사이의 올바른 관계는 이 존재의 근원과 올바른 관계를 바탕으로 할 때만 가능하다. 이 존재의 근원과 올바른 관계를 정립하는 것은 경건성(敬, pietas)으로만 가능하다. 그러므로 존재의 근원인 상제와 하나님을 대하듯 공경하고 감사하는 마음으로 이웃과 사물을 대하여야 올바른 신-인간-우주적 관계를 유지할 수 있는 것이다. 퇴계가 거경궁리居敬窮理를 주장하고 칼뱅이 유사한 방법으로 경건(pietas)과 학문(scientia)을 주장하면서도, 그들이 이구동성으로 경건을 우선적으로 앞세운 것은 결코 우연의 일치가 아니다. 이러한 경敬의 태도는, 게리쉬가 언급한 바와 같이, 오늘날 우리에게 심오한 의미를 함축하고 있다. 금장태는 퇴계의 신-인간-우주적 경敬의 태도를 경천敬天, 인민仁民, 애물愛物로 요약하면서 다음과 같은 도표로 정리한다.(금장태, 184) 칼뱅도 이 도표에 결코 반대하지 않을 것이다.

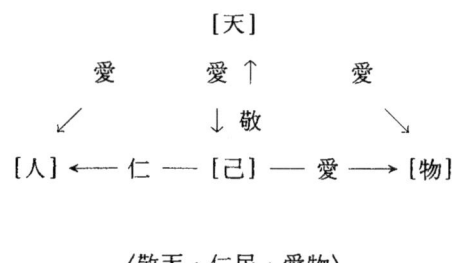

〈敬天·仁民·愛物〉

3. 천지인天地人의 삼위일체

하와이대학의 유학자 청충잉成中英이 그리스도교의 삼위일체를

"성자는 이상적인 사람[人]으로, 성부는 창의적인 영(the creative spirit)으로서의 하늘[天]로, 성령은 수용적 영(the receptive co-spirit)으로서의 땅[地])으로" 해석한 적이 있다.(Cheng, 213-217) 이것은 동양인들에게 가장 기본적인 사유체계인 천지인天地人 삼재三才의 시각에서 구성하여 본 매우 흥미로운 삼위일체론이다. 그리스도교(신학)와 유교(유학)와 생태문제(과학)를 함께 아우르는 역사적인 현장에 있는 우리는 이 천지인天地人의 사유로부터 이 생태계의 위기를 극복할 수 있는 사상으로서 포괄적인 신-인간-우주적 비전을 구상해 낼 수 있을 것이다. 지금까지 나온 인류의 사상들 중에서 신학이 하나님(성부)과 천국(天)에 대해서는 가장 오래되고 전문적인 해명이라고 할 수 있을 것이고, 이상적 인간상(성자)을 추구하는 유학 또한 인간사회(人)에 대해서 그러할 것이다. 물론 자연과학은 우리가 돌봐야(성령) 하는 생태계(地)에 대한 가장 전문적인 지식을 제공한다고 보아야 할 것이다. 이 셋이 어우러지면 다음에 있는 도표와 같이 완전하고 멋들어진, 경건과 사랑과 생명을 성취하는 신-인간-우주적 패러다임을 형성할 수 있을 것이다. 이 신-인간-우주적 패러다임은 신학과 유학과 자연과학이 서로 어우러져서 이루는 삼태극과 같을 것이다. 이와 같은 신(신학)과 인간(유학)과 우주(과학)가 어우러진 새로운 삼태극적 지평에서 그리스도교의 삼위일체 신앙이 한국신학으로 정립될 때, 그 한국신학은 삼천 년대를 이끌어 가는 세계신학으로서 웅장한 상징력과 심오한 상상력으로 놀라운 설득력을 가지게 될 것이다. 나아가서 그 한국신학은 자연과학의 거센 도전과 미래에 닥쳐올 생태계의 총체적 위기를 극복할 수 있는 길을 인류에게 열어 줄 수 있을 것이다.(김흡영, 2000, 320-335)

신	천天	성부	신학	도道	경건(敬天)
인간	인人	성자	유학	인仁	사랑(人仁)
우주	지地	성령	과학(생태학)	자연自然	생명(愛物)

참고문헌

금장태(1998). 『퇴계의 삶과 철학: 한국의 탐구』. 서울: 서울대학교출판부.
김흡영(2000). 『도의 신학』. 서울: 다산 글방.
박재순(2000). 『한국생명신학의 모색』. 서울: 한국신학 연구소.
이성배(1979). 『유교와 그리스도교: 이벽의 한국적 신학원리』. 서울: 분도 출판사.
이상은(1998). 『이상은 선생전집: 한국철학 2』. 서울: 예문서원.
Calvin, John. 성문출판사 역(1994). 『한·영 기독교강요』(*Calvin: Institutes of The Christian Religion*). 서울: 성문출판사.
Cheng, Chung-ying(1998). "Trinity of Cosmology, Ecology, and Ethics in the Confucian Personhood." *Confucianism and Ecology: The Interpretation of Heaven, Earth, and Humans*. Eds. Tucker, Mary E. and John Berthrong. Cambridge: Harvard University Press.
Gerrish, Brian A.(1990). "The Mirror of God's Goodness: A Key Metaphor in Calvin's View of Man." *Readings in Calvin's Theology*. Ed. Mckim, Donald. Grand Rapids: Baker Books.
Kim, Heup Young(1996). *Wang Yang-ming and Karl Barth: A Confucian-Christian Dialogue*. Durham: University Press of America.
_____(2003). *Christ and the Tao*. Hong Kong: Christian Conference of Asia.

제3장
인간 배아복제 시대와 그리스도교

1. 인간 배아복제 시대의 개막

비록 희대의 스캔들로 끝나기는 했지만, 2005년 5월 서울대학교 황우석 교수 연구팀은 또 한 번 세계를 놀라게 했었다. 2004년에 세계 최초로 인간 배아복제 줄기세포 배양에 성공한 데 이어 이번에는 난치병 환자의 체세포를 직접 복제하여 치료용 배아 줄기세포를 추출하는 데 성공했다고 주장했던 것이다. 이 연구에 함께 참여했던 미국 피츠버그대의 제럴드 섀튼Gerald Schatten 교수는 이것은 "백신이나 항생제의 발견보다 더 획기적"이며, "영국의 산업혁명에 비견할 만한 사건"으로서 "한국 서울에서 어쩌면 인류 역사의 흐름을 바꿀 생명과학 혁명이 일어났는지도 모른다."고 격찬했었다. 이른바 '황우석 쇼크'가 일어나고, 한국과학이 세계 생명과학 연구의 중심 자리에 우뚝 서게 되는 듯 보였다.

그 '황우석 쾌거'(?)에 한반도 전체가 열광했다. 그뿐 아니라 황우석 쇼크는 미 정계를 강타하였으며, 인간 배아줄기세포 연구를 거부하는 부시 미국 대통령의 입장을 곤란하게 만들기도 했다. '황우석 신드롬'은 한국이 바이오 혁명의 주역이 될 것이라는 희망과 함께 온 국민을 장

빛빛 꿈에 사로잡히게 하였다. 한국인의 쇠 젓가락 기술이 일을 내고 만 것이다. 한국이 과학 영웅을 탄생시키고 신화를 창출했었다.

그러나 이 '황우석 신화'에는 이미 처음부터 심각한 문제가 내포되어 있었다. 그것은 인간생명의 미래에 중대한 영향을 줄 이 연구가 그에 상응하는 충분한 생명윤리적 논의와 사회적 합의 과정을 거치지 않은 채, 과학자들에 의하여 실행돼 버렸다는 사실이다. 그것도 한 단계도 아니라 두세 단계를 훌쩍 뛰어넘은 것이다. 말하자면 한국과학자들이 세계 최초로 인간 배아복제 시대의 문을 여는 개막식을 해버린 것이다. 그렇다면, 한국과학자들이 그러한 엄청난 일을 저지르는 동안 한국교회는 과연 무엇을 했는가? 바로 그것이 '황우석 쇼크'가 한국 그리스도교에 주는 문제의 핵심이다.

그러나 한국교회에서 현재 진행되고 있는 줄기세포 연구에 대한 논의는 여전히 관념적인 수준을 넘지 못하고 있는 듯하다. '황우석 쇼크'에 이어 '황우석 스캔들'까지 오는 동안에도 아직까지 사태의 심각성을 충분히 깨닫지 못하고 있는 듯하다. 대부분의 논의가 배아에서 줄기세포를 추출하는 것을 허용할 수 있는가 하는 초보적 단계에 머물고 있다. 그러나 이미 한국 과학자들은 다음 단계인 인간의 체세포 복제를 통한 인간 배아줄기세포 배양 문제를 정치·경제적인 국익논리의 후원에 힘입어 기정사실화 하고 있다. 더욱이 이들은 그 다음 단계인, 인간의 체세포에서 유전자를 꺼내 핵을 제거한 돼지의 난소에 핵이식하는 이종간 핵치환 교잡에 의한 인간 배아복제를 준비하고 있고, 이미 착수해버렸을지도 모른다.

비록 황우석 스캔들이 주는 충격이 적지 않지만, 좋든 싫든 간에 이 땅에 이미 인간 배아복제 시대가 개막된 것이다. 그렇기 때문에 한국교회는 이에 대해 어떻게 대처해야 할 것인지를 필히 고민해 보아야 한다. 이미 엎질러진 물을 다시 주워 담기는 어려울 수 있다. 그렇지만 지금이라도 한국교회는 각성해야 한다. 곧 인간 배아복제 문제에 대한 새로운 주목이 필요하다. 그리고 그 다음 단계인 이종간 핵이식에 의한 인간-동물 배아복제는 막아야 할 것이다. 인간-동물 배아복제는 반인반수의 잡종, 키메라 생산을 하게 되는 것을 의미하기 때문이다. 이것은 쉽게 용납해서는 안될 일이다. 그것이 아마도 하나님께서 지금 한국교회에게 주신 가장 중요한 명령의 하나일 것이다. 만약 한국교회가 한국 생명과학자들로 이 루비콘 강마저 건너게 내버려둔다면, 다시 말해서 한국 땅에 반인반수의 키메라가 생성되고 인간복제가 이루어지는 것을 막지 못한다면, 한국교회는 하나님께서 선하게 창조하신 피조세계를 보존하고 생명을 지키는 지킴이로서의 사명을 충실히 감당하지 못하게 되는 것이다. 뿐만 아니라 이것은 창조된 생명질서를 교란하고 혼탁하게 만드는 생명 난개발을 방관한 직무유기의 죄를 범하게 될 위험성이 있는 것이다.

그러므로 지금 우리에게 주어진 시급한 과제는 인간 배아복제 시대를 맞이하여 그에 걸 맞는 그리스도교 신학, 특히 신학적 인간론을 재정립하는 것이다. 그것을 위해 이 글에서는 그동안 미국에서 진행된 인간 배아줄기세포 논쟁에서 돌출된 네 가지의 핵심주제들, 곧 배아의 생명성, 인간의 존엄성, 인간의 정의, 존경에 관해 살펴보고자 한다. 물론 아직까지는 어느 누구도 이 주제들에 대해 정답을 말할 수 없을 것이다. 그러므로 이러한 의문들에 대해 몇 가지 기본적인 단초들을 제공하는데서 그 의무를 다하고자 한다.

2. 배아는 생명인가?

인간 배아줄기세포 연구와 관련된 최초의 논쟁은 배아가 생명(person)이냐 또는 물체(property)냐 하는 것이었다. 한편으로 대부분의 과학자들과 배아줄기세포 연구를 지지하는 사람들은 배아는 자궁벽에 착상하기 이전, 원시선이 형성되지 않은 상황에 있는 것이기 때문에 아직 생명이 아니라, 하나의 물체인 세포덩어리라고 주장한다.(14일 원칙) 다른 한편으로, 로마가톨릭교회와 보수적인 개신교회들은 이 견해에 대해 강하게 반발한다. 바티칸은 인간배아는 수정이 이루어지는 순간부터 완전한 인간이므로 그에 상응하는 존엄성과 도덕적 지위를 명백하게 주어야 한다고 단호하게 주장한다. 그러므로 내부 세포덩어리에서 줄기세포를 추출하기 위해 배아세포의 영양막을 파괴하는 행위, 곧 배아줄기세포 연구는 용납될 수 없다. 그러나 이 두 입장은 서로 지나치게 극단적이라는 단점을 가지고 있다.

이에 비하여 1998년 클린턴 미국 대통령의 요청에 의해 설립된 미국정부의 국가생명윤리위원회(NBAC)의 입장이 모호하기는 하지만 좀 더 발전된 내용을 보여준다. 국가생명윤리위원회는 앞에 언급한 두 극단적인 입장들 사이에 온건한 중도적 입장을 견지하고 있다. 인간배아는 인간생명의 한 형태이지만, 아직 완성된 한 인격주체는 아니다. 그것은 단지 하나의 물건이 아니라는 점에서 비록 한 인격체와 동일한 수준은 아닐지라도 소중하게 다루어져야 한다. 여기서 전능성형(totipotency)과 다능성형(pluripotency)이라는 다소 복잡한 구분이 나온다. 쉽게 말해서 배아는 전능성형적인 반면 줄기세포는 다능성형적 이라는 것이다. 한편으로 전능성형적인 배아는 하나의 잠재적 인간이므로 그것에 상처를 입히는 연구의 대상이 될 수 없다. 반면에 다능성형적 줄기세포는 잠재적 인간인 배아가 아니므로 연구대상이 될 수 있다. 그러나 이 입장에도 모순이 있다. 왜냐하면 배아는 전혀 개별화되지 않아서 개별화(개성)되어야만 가능한 인간 개체로 간주할 수 없기 때문이다.

이와 관련된 또 다른 논쟁은 유익성(beneficence)과 비유해성(nonmalificence)의 원칙들 간의 대립이다. 이것은 태아의 낙태문제에 관한 공리주의적 윤리와 평등보호의 원칙간의 논쟁과 유사하다. 유익성 원칙은 난치병 환자들에게 치료의 기회제공, 인류건강과 복지를 위한 공리적 유익성을 내세워 배아줄기세포 연구를 옹호한다. 그런가 하면 비유해성 원칙은 인간생명의 가장 취약한 형태인 배아의 존엄성을 보호해야 한다며 반대한다. 후자는 배반포를 파괴하는 것은 인간생명의 가치를 저하시키는 일종의 유아살해 혹은 심지어 새로운 형태의 안락사라고 극단적인 표현까지 사용하며 비판한다. 인간배아는 인간존재의 가장 작은 형태이며 따라서 존엄성을 갖는다고 전제한다. 그러므로 이것은 자연적으로 인간 및 그 존엄성의 정의에 관한 논의에 귀착된다.

3. 인간의 존엄성이란?

배아줄기세포 논쟁에서 많이 사용되는 인간의 존엄성에 대한 정의의 출처는 임마누엘 칸트의 철학이다. 칸트는 인간 개체는 어떤 다른 목적을 위해 사용되는 단순한 수단이 되어서는 안 되며, 목적 그 자체가 되어야 한다고 주장했다. 대부분의 교회들도 이 입장을 지지한다. 캐나다 연합교회는 "인간의 존엄성은 모든 인간존재가 궁극적 가치를 지닌 인간이며, 언제나 다른 사람의 목적을 위해서가 아니라, 그 자신이 목적이 되는 것을 의미한다."고 선언했다. 보수적인 미국 남침례교회는 인간배아를 "인간공동체의 가장 취약한 구성원"으로 명백하게 규정했다. 심지어 진보적 성향을 가진 미국 연합감리교회까지도 인간 배아줄기세포 연구에 반대하며, 이와 유사한 입장을 취했다. "이와 같은 행위는 인간의 존엄성을 파괴하며 인간성과 생명의 신성한 차원들을 무시하는 길로 우리를 서둘러 나아가게 한다. 그리고 생명이 조종되고, 통제되며, 특허를 취득하게 되고, 매매되는 상품으로 전락하는 길에 빠지게 한다." 바티칸의 입장 역시 분명하다. "배반포의 내부세포 덩어리를 제거하는 것은 인간배아를 치명적이고 회복 불가능하게 파괴하며 그 발달을 막는 것이므로 매우 비도덕적이고 결과적으로 심각한 불법 행위이다."

이 분야에 저명한 미국 신학자 테드 피터스Ted Peters는 이러한 바티칸의 주장의 배후에는 "영혼주입설"(물질인 몸 안에 영혼을 주입)과 "유전자적 유일성"(새로운 지놈의 탄생) 논리 사이의 "암묵적인 결합"이 깔려 있다고 주장한다.(Peters, 51-79) 얼마 전 작고한 교황 요한 바오로 2세는 "만일 인간의 육체가 선재하는 살아 있는 물질(진화)에서 기인한 것이라면, 영적인 영혼은 하나님에 의해 순간적으로 창조된 것"이라고 주장했다. 교황 교서 '생명의 복음'(Evangelium Vitae)에서 그는 다음과 같이 선언했다. "교회는 언제나 인간생식의 결과가 그것이 존재케 되는 처음 순간으로부터, 육체와 영혼의 결합체와 인간의 총체로서 도덕적으로 무조건 존중될 것을 보장해야 한다고 가르쳐왔고 계속해서 가르치고 있다. 인간은 수정되는 그 순간부터 하나의 인격체로 간주되어야 하고 존중되어야 한다. 그 동일한 순간부터 하나의 인격체로서 권리가 반드시 인정되어야 하고, 생명에 관련한 모든 순수한 인간존재에 대한 불가침적인 권리가 최우선적이다." 그러므로 가톨릭교회는 인간 배아줄기세포 연구에 대해 완전히 문을 닫고 있다.

그러나 이러한 영혼주입설과 유전자적 유일성 논리의 암묵적 결합은 심각한 도전을 받고 있다. 우선 배아학은 수정을 순간적인 것보다는 자궁 내 착상에 이르는 약 2주간에 걸친 복잡한 과정으로 인식한다. 더욱이 아직 "배반포는 개별적 인격체(an individual person)가 아니고 잠재적 인격체(a potential person)이다." 마치 도토리가 실제적인 참나무가 아니듯이 한 잠재적 인격체는 한 실제적 인격체로 간주될 수 없다. 또한 유전자적 유일성을 인간 존엄성의 근거로 믿는 바티칸의 견해는 문제가 많다. 왜냐하면 쌍둥이 복제는 수정 후 14일 동안에 발생하는 자연스러운 현상이기 때문이다. 그러므로 가톨릭교회의 입장을 따른다면, 일란성 쌍둥이를 유전자적 오류로 볼 수밖에 없으며, 따라서 그들의 정당한 인간존재로서의 존엄성을 부인하는 결정적인 자기모순을 가져오게 된다. 또한 그런 일이 발생하지 않기를 바라지만, 만약 복제인간이 출현하게 될 경우, 그들을 인간으로 인정할 수 없다는 결정적 단점을 가지고 있다.

인간의 존엄성에 관한 서구적 개념은 인간존재의 신성함을 믿는 그리스도교적 견해와 인간존재의 본질적 가치를 주창하는 계몽주의적 사유의 두 기둥을 기조로 해서 이루어져 있다고 볼 수 있다. 그리스도교 신학은 하나님의 사랑의 영원한 대상으로서 인간의 인격성을 강조하고, 칸트는 인간됨의 중심 가치로써 자율성과 주체적 결단성을 내세우고 있다. 하지만 이 두 입장은 모두 여전히 인간 존엄성을 기본적으로 본질적인 것으로 인식하는 서구 인간론의 단점들 곧 실체론, 개인주의, 그리고 인간중심주의를 벗어나지 못하고 있다.

4. 인간이란?

그렇다면 배아복제 시대에 그리스도교는 인간을 어떻게 이해해야 하나? 이와 관련하여 테드 피터스는 세 가지 유형의 신학적 인간론을 제시한다. 곧 선천적 인간론(person as innate), 관계적 인간론(person in communion), 예시적 인간론(person as proleptic)이다.

1) 가장 많이 사용되는 첫 번째 유형은 앞에서 언급한 것처럼 인간의 존엄성을 출생 시에 주어지는 선천적이고 내재적인 것으로써 인식하는 단점을 가지고 있다. 신학적으로 인간의 존엄성은 선천적이기보다는 주어진 것이다. 인간의 존엄성은 궁극적으로 하나님으로부터 부여받은 것이다. 존엄성은 하나님으로부터 먼저 주어진 것이고, 그런 다음에야 주장될 수 있는 것이다. 그러나 계몽주의에 영향을 받은 서구사상은 인간 존엄성이 선천적이며, 따라서 출생과 더불어 주어진다고 추정했다. 유전자 시대에 이러한 원인론적 사고방식은 바티칸의 견해처럼 인간 존엄성은 난자가 수정되고 접합체가 만들어지는 순간에 확립되는 유전자

의 유일성에 의존한다는 지나치게 단순한 입장을 유발시켰다.

    2) 둘째 유형은 인간의 존엄성이란 단지 선천적인 것이 아니고 "관계의 열매"라고 인식한다. 유전자적 유일성의 논리는 일란성 쌍둥이가 존재한다는 현실성과 장차 복제인간이 출현할 가능성 때문에 인간성, 존엄성 그리고 도덕성의 기조로 받아들이기가 어렵다. 거기에는 개인주의적 잔재가 남아 있고 개인적 자율성이라는 엘리트주의적이고 비현실적인 전제를 근거로 하고 있다. 자연은 보다 더 관계적이고, 한 인격체는 유전자(DNA)만 가지고 형성되지 못한다. "배아가 약 14일 정도 지나서 일단 어머니의 자궁벽에 착상하게 되면, 배아는 어머니로부터 아기로서 성장과 발육에 필요한 유전자의 발현을 촉진시키는 호르몬 신호를 받게 된다." 그러므로 인간 개체의 형성에 있어서 관계성이 선천성에 우선한다고 볼 수 있다. 그리스도인들에게 있어서 존엄성이란 궁극적으로 우리의 것이 아니라 하나님이 우리에게 준 은총, 곧 선물이다.

    더욱이 삼위일체론은 신학적으로 인간이란 공동체적 개념이라고 언표한다. 다시 말하면, 그리스도교적 인간은 '사귐 안에 있는 인간' 또는 '관계 안에 있는 인간'이다. 왜냐하면 삼위일체 하나님의 내재적 관계성이 하나님의 형상을 닮은 인간존재의 관계성을 확립하기 때문이다. 이 삼위일체적 관계성은 한 인간의 개인적이고 생물적인 기원을 초월할 수 있는 '존재의 개방성'을 제시한다. "한 인격체는 그 자아를 둘러싼 경계선들을 초월하는 과정 속에 있는 자아이다. 이 자기초월성이 자유의 근거이다." 그러므로 "참된 인간성은 우리와 물리적 세계와의 관계를 변화시키는 하나님과의 초생물적인 사귐을 통해 구현된다."

    3) 그리스도교 종말론을 배경으로 하는 셋째 유형은 인간의 존엄성을 '예시적' 또는 '미래지향적'인 것으로 인식한다. 존엄성은 기원(origin)보다는 결과(destiny)에서, 우리의 과거보다는 우리의 미래로부터 파생된다. "말하자면 지금 우리가 알고 사랑하는 사람들은 도상에 있는 존재들이다. 그들은 신적인 생명 안에서 그들의 부활과 그리스도와 하나 됨

을 예견함으로써 그들의 인간존재로서의 충만한 본질을 선취하게 된다. 우리의 현재적 존엄성은 이 선취에 따른 일부분이며, 우리의 영원한 가치의 예시는 영원한 하나님에 의해 주어진다. 존엄성은 본래 선천적인 것이 아니요, 종말론적이요, 소급적으로 선천적이다." 그러므로 피터스는 다음과 같이 결론을 내린다.

> 그리스도교 신앙이라는 측면에서 볼 때, 우리의 최종적인 존엄성은 종말론적이다. 그것은 우리가 하나님의 형상을 성취함으로써 수반되는 것이다. 그것은 우리의 유전자 코드에 분여(分與)된 것들이나 우리가 태어날 때 동반된 어떤 것들을 넘어선다. 존엄성은 아직 그것을 요구하지 않는 사람들에게 우리가 존엄성을 부여할 때를 사회적으로 앞당기는 하나님의 구원의 은총에 의한 미래적 완성작품이다. 이 시대에 있어 하나님 나라의 윤리는 그 미래적 성취에 대한 선취로써 존엄성을 부여하고 사람들로 하여금 그 존엄성을 요구하도록 만드는데 있다.(Peters, 2003, 72)

인간 배아복제 시대를 맞이하여 이 유형론은 중요한 신학적 인간론을 제시해주고 있다. 인간의 존엄성이란 본질적인 것이라기보다는 이와 같이 관계적이고 예시적인 것이다. 또한 이 유형론은, 유전자 시대의 새로운 신학적 인간론은 관계성 안에 있는 인간존재 그리고 종말론적 인간성의 선취로서의 인간존재에 초점을 맞추도록 강조하고 있다. 결국 유전자가 모든 것을 결정한다는 유전자 결정론 내지 유전자 신화에서 이탈할 것을 제안한다. 다시 말하면 인간배아는 성장한 인간 그 자체처럼 관계적이고 예시적이지 아직 완성된 인격체가 아닌 것이다. 동시에 그것은 함부로 다룰 수 있는 물체가 아니다. 그것은 잠재적, 예시적 생명으로서 마땅히 존경되어야 한다.

5. 생명존경이란?

　　인간 배아줄기세포 논쟁에 사용되는 또 다른 하나의 중요한 개념은 존경(respect)이다. 미국 인간배아연구위원회,(1994) 미국 국가생물윤리자문위원회(1999) 그리고 제론사$^{Geron\ Corp}$의 윤리자문위원회 등과 같은 윤리기관들은 인간배아는 적당하고 적절하게 존경되는 가운데 다루어져야 한다고 주장했다. 비록 인간배아가 완전한 하나의 개별적인 인격체로 간주될 수는 없어도, 존경받아야 될 권리가 있다. 그렇다면 여기에서 존경이라는 용어의 의미는 무엇인가? 더욱이 인간 배아줄기세포를 연구하는 실험실에서 생명 존경의 참된 의미는 무엇인가? 다시 말해서 인간배아가 창조되고 추출되고 조작되는 시점에서 존경이라는 것은 무엇을 말하는가? 이에 관해 미국의 그리스도교 윤리학자 카렌 레바크 $^{Karen\ Lebacqz}$는 존경의 다섯 가지 유형을 제시하였다.(Lebacqz, 149-162)

　　첫째, 인간에 대한 존경(respect for person)은 또 다시 인간성에 대한 칸트주의적 기준에 기초를 두고 있다. 이 기준은 논리적 사고능력과 이성적인 의지 그리고 규칙에 의해 행동을 다스릴 수 있는 자율성과 자기결정능력을 인격체의 특징으로 간주한다. 이러한 맥락에서 존경은 "다른 사람의 이성적 판단에 귀를 기울일 수 있고, 그들의 규범도 유효할 수 있다고 생각할 수 있는 능동적인 공감과 대처"를 의미한다. 그렇지만 배아는, 비록 이성적이고 자아규범적인 존재로 발달할 수 있는 잠재력을 가지고 있다고 할지라도, 자율성과 자아결정능력을 결여하고 있다. 그러므로 칸트주의적 인간은 배아 수준의 논의에서는 부적절하다.

　　둘째, 유대-그리스도교적 전통은 가난한 사람들과 이방인, 나그네, 고아와 과부들 같은 민중들, 곧 사회적 억압에 가장 취약한 구성원들에게 우선적 선택권을 부여하고 있다.(respect for nonperson) 이 관점은 첫째 칸트주의적 인간 유형보다는 배아에 대한 존경의 실현성이 높다. 그렇지만 이 둘째 유형은 여전히 인간중심적이다.

셋째 유형인 지각적 존재(respect for sentient beings)에 대한 존경의 필요성은 여기에서 동물의 권리(animal rights)와 관련되어 나온다. 아픔과 고통을 느낄 수 있는 능력인 지각은 인간성의 특징이기 때문에, 아직 완전한 인간이 아닌 것들에 대한 존경의 기초가 될 수 있다. 그렇지만 이것이 육식주의를 거부하고 채식주의를 주장하는 것은 아니다. 인간은 영양섭취를 위해서 동물을 도살할 수 있다. 이러한 맥락에서 존경은 먹이가 되는 동물이 살육되는 과정에서 최소한의 고통과 공포 그리고 스트레스를 느끼도록 해야 한다는 의무를 부여한다. 성서가 동물의 고기는 먹어도 되지만 피(생명)를 마시는 것을 율법적으로 금지하고, 아메리카 원주민이 식용을 위해 도살한 동물에게 용서를 비는 기도를 하는 것은 이러한 통찰을 예증한다. 그러므로 이 유형은 배아의 파괴와 조작이 반드시 불경스러운 것은 아니지만, 그것을 실행할 경우 반드시 고통을 최소화하고 공포와 스트레스를 줄이는 데 관심을 쏟는 존경의 자세로 임해야 한다는 것을 암시한다.

그러나 초기배아는 느낌과 감정에 대한 신체적인 능력이 없다는 점에서 아직까지 지각적인 존재는 아니다. 그러므로 고통을 최소화하고 공포를 줄이는 것은 이러한 상황에서는 직접적인 연관성이 없다. 따라서 넷째와 다섯째 유형은 식물들이나 생태계와 같은 비지각적인 것들에 관련된다. 이 유형들에 있어서 존경은 다른 것들과 생태계가 존재한다는 분명한 사실을 인정하고 그들의 '독립적 가치'에 주목하는 것을 의미한다. 이러한 맥락에서 존경은 우리에게 "타자를 있는 그대로 인식하는 것"과 자연을 우리에게(for us) 가치 있는 것으로 보기보다는 "그 자체 안에서 있는 그대로(in and of itself)의 가치"로써 인정할 것을 요구한다. 그것은 겸손하게 인간중심적 시각을 버리고 자연의 모든 것들, 곧 지각적 피조물뿐만 아니라 대지, 바위들, 나무 그리고 나뭇잎들을 존경심과 경이로움을 가지고 바라볼 것을 요구한다. 레바크는 인간 배아줄기세포 연구와 관련하여 이 유형론이 함축하는 것을 다음과 같이 요약한다.

> 연구자들은 그들이 동의해 준 사양 안에서 주의 깊게 실험을 실행함으로써 자율적 인간들에 대한 존경을 표해야 한다. 고통과 공포를 경감시켜줌으로써 지각적 존재들에 대한 존경을 표해야 한다. [나아가서] 다음과 같은 연구윤리를 주의 깊게 실천함으로써 초기배아세포에 대한 존경을 표해야 할 것이다. 그 윤리에는 배아세포 사용의 필요성을 엄격히 통제하고, 그것이 조작되고 심지어 언급되는 방법까지도 제한하며, 가능한대로 죽음보다는 생명을 선택함으로써 하나의 인간존재가 될 수 있는 그것의 잠재성을 존경하는 것이 포함되어야 한다.(Lebacqz, 160)

6. 경敬의 신학을 향하여

테드 피터스와 카렌 레바크와 같은 미국 신학자들은 인간 배아복제 시대를 대비하여 이미 신학적, 윤리적으로 준비해 왔다. 사실 미국의 생명과학은 기술적 이유보다는 교회와 사회의 완강한 거부 때문에 아직 배아복제 연구를 시행하지 못하고 있다고 보아야 할 것이다. 이에 비하여 한국은 어떠한 상황에 있는가? 교회와 그리스도인들이 아직 제대로 인식하지도 못하고 있는 동안 생명과학자들은 재빨리 뛰어난 쇠 젓가락 기술을 사용하여 몇 단계 앞질러 일을 저질러 버렸다. 그렇다면 이 땅에 있는 한국교회와 그리스도인들은 앞으로 이 일에 대해 어떻게 대처해야 할 것인가? 이렇게 된 것이 과학자들의 과오라고 치부하고 무조건 배아줄기세포 연구를 반대한다는 원론적이고, 무책임한 입장만을 반복할 것인가? 아니면 이제라도 한국교회가 나서서 인간 배아복제 시대의 생명윤리와 그리스도교 신학을 정립하는데 앞장설 것인가?

그 대답은 자명하다. 이제 한국교회는 생명 난개발의 물줄기를 막는데 역동적 주체가 되어야 한다. 천성산 터널 사건 이후 환경 난개발에 대한 의식은 어느 정도 수준에 이르렀으나, 그것과는 비교조차 할 수 없이 중대한 의미를 가진 생명 난개발에 대해서는 거의 백지상태에 가까운 것 같다. 그러나 더 이상 우리 생명과학자들이 마냥 앞질러 나가게 해서는 안 될 것이다. 반인반수의 키메라가 이 땅에서 생성되는 것을 방관한다면 그것은 한국교회가 하나님이 창조하신 생명들을 순수하게 보존하는 구원의 방주로서의 그 정체성과 위상에 큰 상처를 입게 하는 것이다.

다행히 희망적인 것은 미국 신학자들이 제시하고 있는 새로운 신학적 인간론이 우리의 전통적 인간관에 수렴되고 있다는 사실이다. 먼저 피터스의 관계적 인간론은 인간을 고립된 자아가 아닌 관계적 그물망의 중심으로 보는 동양적 인간론과 공명하고 있다. 피터스의 예시적 인간론은 성화론은 물론이고 유교적 수양론(修身)과 만나고 있다. 배아, 태아, 유아, 그리고 비록 성인이라고 할지라도 아직 완전한 인격체가 아니다. 그들 모두에게 하나님의 형상과 하늘이 부여한 품격(天命)을 성취할 때까지 성화와 수신의 과정이 필요하다. 따라서 과학자와 종교인 모두에게 성화와 수신의 과정은 필수적인 것이다. 그런 의미에서 '황우석 스캔들'은 하나님께서 한국 교회를 향해 주신 또 한번의 경고 내지 기회일지도 모른다.

생명 경외 및 존중 사상, 특히 경(敬)사상은 한국적 사유의 핵심이다. 레바크가 제시하는 존경의 그리스도교 윤리학에서 경사상의 짙은 흔적을 발견할 수 있다. 개미집을 피해 걸었던 선비들의 경사상이 이 시대의 신학을 위한 주요자원으로서 재조명 받을 수 있게 된 것이다. 서구의 신학자들이 서둘러 서구신학의 틀을 벗고 동양적 경의 신학을 향해 돌진해 오고 있는 것이다. 그러므로 인간 배아복제 시대를 맞이하여 우리는 하루빨리 경의 신학과 같은 새로운 한국신학을 개발해야 할 것이다. 그것이 아마도 이 시대를 위해 하나님의 은총이 우리에게 특별히 예비해 놓으신 선물일 것이다.

참고문헌

김흡영(2000). 『도의 신학』. 서울: 다산글방.
_____. "'생명 난개발' 막을 길 있나". 「중앙일보」 2005. 02. 19.
　　　http://news.joins.com/opinion/200502/18/20050218183508163110
　　　0010101012.html.
_____. "줄기세포연구 허용한계는". 「중앙일보」 2005. 03. 19.
　　　http://news.joins.com/opinion/200503/18/20050318184346367110
　　　0010101012.html.
_____. "종교와 과학, 충돌은 피해야". 「중앙일보」 2005. 04. 16.
　　　http://news.joins.com/opinion/200504/15/20050415204210713110
　　　0010101012.html.
_____. "세계줄기세포허브 어떻게 할 것 인가". 「중앙일보」 2005. 11. 30.
　　　http://news.joins.com/opinion/200511/29/20051129211212883110
　　　0010101012.html.
Lebacqz, Karen(2001). "On the Elusive Nature of Respect." *The Human Embryonic Stem Cell Debate: Science, Ethics, and Public Policy.* ed. S. Holland, K. Lebacqz, L, Zoloth. Cambridge, Mass., London: MIT Press 2001: 149-162.
Peters, Ted(2003). "Embryonic Persons in the Cloning and Stem Cell Debates." *Theology and Science.* 1/1: 51-79.
_____. ed.(1998). *Genetics: Issues of Social Justice.* Cleveland: The Pilgrim Press.

부록

[시론] 세계줄기세포허브 어떻게 할 것인가

　　황우석 신화가 난자 파문에 휩싸여 또 한번 세상을 떠들썩하게 하고 있다. 이는 지난봄 필자가 중앙일보 '삶과 문화' 난을 통해 여러 번 경고했던 대로 예고된 재난이다. 그러나 이미 지나간 일이다. 한국 과학이 선진국 진입을 위해 값비싼 신고식을 치렀다고나 할까. 이제 이 교훈을 바탕으로 실추된 도덕성을 차분히 재정비하면서 향후 방향에 대해 심사숙고해야 할 것이다. 이미 설립된 세계줄기세포허브(은행)를 어떻게 이끌어 나갈지를 결정하는 것이 급선무다. 정부는 비상대책위원회를 소집하는 등 빠른 움직임을 보이지만 우려되는 점도 많다.

　　줄기세포은행 설립은 애당초 성급한 일이었다. 한국 생명과학에 던져진 덫 또는 함정일 수도 있었기 때문이다. 제럴드 섀튼의 행보가 이러한 의혹을 증폭시키고 있다. 특허 지분 등 개인적 이익을 제외하더라도 그의 연출 배후가 됐을 네 가지 정도의 시나리오를 상상할 수 있다.

　　첫째, 한국을 부추겨 줄기세포은행을 설립하게 하고 자극을 줌으로써 줄기세포연구에 대한 미국의 강력한 안티 정서를 누그러뜨릴 수 있다. 둘째, 한국 줄기세포 연구의 노하우를 밀착해 살펴보고, 그 기술도 어느 정도 확보했으리라. 셋째, 그런 후 그럴듯한 이유로 한국과 결별함으로써 자기는 손을 씻고, 윤리적 책임을 몽땅 한국 생명과학계에 뒤집어씌운다. 넷째, 줄기세포은행과 당분간 손을 끊더라도 별로 손해볼 것이 없다. 많은 줄기세포를 생산해 은행에 저축해 놓았다 한들 자신을 비롯해 미국 의료생명산업계가 도와주지 않으면 아무 소용이 없을 수 있기 때문이다. 그들만이 줄기세포를 환자에게 사용할 수 있도록 치료법을 개발할 수 있는 테크놀로지와 기초과학 인프라를 보유하고 있을지도 모른다. 장차 그 값비싼 생명과학의 가장 큰 잠재시장 역시 미국이다.

특히 마지막 부분을 심각하게 고려했어야 했다. 줄기세포은행이 성공한다 하더라도 한국은 윤리적 오명만 뒤집어쓰게 될 뿐 실질적 이익은 막대한 잠재시장과 완제품 생산능력을 보유하고 있는 다른 나라로 돌아갈 수 있기 때문이다. 한국은 인간 배아줄기세포라는 원광석을 생산하는 원산지로 전락하고, 치료법과 거대한 시장을 가진 초강대국 생명산업의 하부구조로 종속되는 또 하나의 세계시장 지배구조가 형성될 수 있다. 경제성장 논리에 따라 환경파괴(생명파괴)를 담보로 한 공해산업(반생명산업)을 맹목적으로 받아들였던 과거의 전철을 밟을 수 있다. 줄기세포은행이 선진국의 생명윤리 세탁 장소로 이용당할 수도 있다는 우려다. 이 시나리오가 상상과 기우에 불과하기를 진정 바라고, 또 섀튼 박사의 과학자로서의 정직성을 믿고 싶다. 그러나 해외 언론은 황우석 박사를 "개장에 갇힌 격이 됐다."고 비꼬고 있다.

그러나 절망적인 것만은 아니다. 이 함정을 피해갈 전략과 지혜가 필요하다. 우리 과학자들은 이미 생명과학의 루비콘 강을 건너 세계 최초로 인간 배아복제 시대를 열어 버렸다. 그들이 성급하게 일을 저질

렸지만 이제는 그들만의 책임이라고 내버려 둘 수 없게 됐다. 더 이상 어떤 종류의 덫에도 걸리지 않도록 시급히 사회적 시스템을 마련해야 한다. 그들이 회개하고 호된 윤리 세례식을 치렀으니 새로운 모습으로 거듭나게 해야 한다.

더불어 우리 모두에게 발상전환이 필요하다. 기존의 글로벌 윤리 스탠더드는 인간 배아복제 시대의 우리에게는 이미 낡은 것이다. 그 눈높이와 기준에 맞추려 하기보다 지금부터 우리 스스로 새로운 윤리기준을 세워 세계를 설득해야 한다. 인류발전의 두 축인 과학과 윤리를 동시에 발전시켜야 한다. 그러기에 한국 생명과학은 인문학, 특히 종교와 깊은 대화를 해야 한다. 서양의 제한적 생명윤리를 답습할 것이 아니라 동양의 생명사상에 근거한 새로운 글로벌 스탠더드를 창의적으로 만들어 내야 한다. 생명과학의 한류 폭풍으로 세계를 놀라게 했으니, 이제는 생명윤리의 한류 미풍으로 감싸줄 필요가 있다.

중앙일보 2005년 11월 30일 / 김흡영(강남대 교수·신학)

[삶과 문화] 종교와 과학, 충돌은 피해야

최근 가톨릭계에서 인간배아 연구 허용이 "인간의 존엄성과 양심의 자유를 침해한다."며 '생명윤리 및 안전에 관한 법'에 대한 헌법소원을 제기했다. 세간에서는 이것을 '종교와 과학 간의 충돌'로 보지만 이러한 시각은 부적절하다. 그것은 갈릴레오 사건 이후 빚어진 과학과 종교의 관계에 대한 일종의 선입견일 수 있다. 과학과 종교는 인간의 '삶과 문화'를 구성하는 결정적인 두 축이다. 그러므로 대립보다는 상호협력을 통해 보다 밝은 미래를 열어가야 한다. 특히 난치병 치료 등 인류에게 많은 이익을 줄 수 있는 줄기세포 연구의 경우 과학과 종교는 자기 입장에만 머물지 말고, 합리적인 대화를 통해 사회적 합의 모색에 앞장서야 한다. 이와 관련해 세 가지를 언급하고자 한다.

첫째, 헌법소원은 시의적절하나 종교적 이유를 들어 무턱대고 반대하는 것은 바람직하지 않다. 난자의 수정 시점을 인간 생명의 시작으로 보는 가톨릭 교리의 입장에서 볼 때, 배아는 이미 존엄한 인간생명이므로 어떤 이유에서든 실험연구 대상이 될 수 없다. 물론 인간의 배아는 단순한 세포덩어리가 아니고, 잠재적 인간이기 때문에 마땅히 존중

돼야 한다. 하지만 낙태의 경우처럼 배아 연구 자체를 무조건 거부하는 것은 무리가 있다. 더욱이 수정은 한순간에 성사되는 사건이 아니라 약 2주간에 걸친 복잡한 과정이다. 수정시 생성되는 유전자적 유일성을 인간 존엄성의 근거로 보는 가톨릭의 입장에도 문제가 있다. 이것은 일란성 쌍둥이의 개체적 인격을 부정하는 논리적 모순에 봉착할 수 있기 때문이다.

둘째, "법적 테두리 안에서 연구에 정진할 뿐"이라고 답한 황우석 교수의 방관적 태도도 부적절하다. 인간 생명을 다루는 과학자는 생명에 대한 윤리적·도덕적 책임의식을 가져야 한다. 특히 국민의 세금으로 연구하는 이들은 자신의 연구에 대한 윤리적 정당성을 투명하게 입증할 책임이 있다. 황 교수는 휴먼지놈 프로젝트를 시작한 제임스 왓슨, 복제양 돌리를 탄생시킨 이언 윌머트, 줄기세포 연구에 선구적 역할을 하고 있는 제론사의 토머스 오카르마 등이 자신의 연구가 초래할 윤리적 문제를 심각하게 고려해 사전에 사회적 합의를 도출하기 위해 얼마나 노력했는지를 참고할 필요가 있다. 그들은 정부·교회·회사 차원의 생명윤리위원회를 조직하고, 신학자·종교인·윤리학자들과 적극적으로 대화하면서 자신의 연구가 가진 윤리적·법적·사회적 함의를 공개적으로 규명하고, 스스로 연구 범위와 한계를 조정해 왔다. 특히 황 교수는 국가가 인정한 최고 과학자이자 자라나는 세대들의 우상이다. 이번 기회에 자신의 연구에 대한 윤리적 정당성을 명확하게 입증하고, 사회적 합의에 성실히 임하는 과학자로서의 사표를 세워야 할 것이다. 그리고 그동안 제기된 줄기세포 연구에 대한 의혹에 대해서도 명백히 밝혀야 할 것이다.

셋째, 과학과 종교가 대화를 통해 사회적 합의를 도출하는 투명한 토론문화와 시스템 정착이 시급하다. 이번 헌법소원이 그러한 것을 마련하는 계기가 되기를 바란다. 종교와 과학은 교리적 집착과 과장된 수사학을 넘어 구체적 사안에 대한 합리적인 토론에 임하는 열린 자세가 필요하다. 배아가 생명이냐 아니냐 하는 마이크로적 논제도 중요하지만, 사회정의의 차원에서 그 연구가 가지는 매크로적 함의를 살펴보는 것은 중요하다. 치료용 배아 연구를 완전히 막을 수는 없겠지만, 분명한 허용범위 설정과 함께 법적·사회적 차원의 철저한 관리 또한 시급하다. 아울러 이종 간 교잡 허용 등 현재 생명윤리법이 갖고 있는 독소조항들의 개정도 필요하다. 그러기에 생명윤리법에 의해 새로 구성된 국가생명윤리심의위원회의 역할은 매우 중요하다. 윤리위원들은 기계적 거수기가 아니라 인간의 생명과 안전을 지키는 진정한 파수꾼이어야 한다. 헌법재판소의 공정하고 지혜로운 판결을 기대한다.

중앙일보 2005년 4월 16일 / 김흡영(강남대 교수·신학)

[삶과 문화] 줄기세포연구, 허용 한계는

　　인간 배아줄기세포 연구가 장차 인류에게 줄 수 있는 혜택은 크다. 치매·파킨슨병·당뇨병 등 많은 난치병을 치료하는 길을 열 수 있다. 21세기는 '생명기술의 세기'라고 불린다. 줄기세포 연구는 그중에서도 으뜸 자리를 차지한다. 이런 분야에서 한국 과학자들이 세계 최초로 인간 배아줄기세포 추출에 성공했으니 국가적으로 흥분하는 것을 이해할 만도 하다. 1인당 국민소득 2만 달러를 목표로 하고 있는 정부로서는 그 거대한 잠재시장의 매력때문에라도 저절로 군침이 고일 것이다. 그래서 이에 대한 비판을 터부시하는 분위기가 조성되고 있다.

　　그런데 이 장밋빛 청사진은 과장된 유전자 수사학에 의해 중요한 진실이 가려 있다. 더욱이 '생명윤리 및 안전에 관한 법률'이 사회적 합의가 충분히 이뤄지지 않은 채 불안하게 시행되고 있다. 지난주 유엔총회는 인간배아 복제 금지 선언문을 채택했으나, 정부는 이를 무시하고 그대로 강행하려 하고 있다. 일부 종교단체와 시민단체가 반발하고 있으나 이를 시정하기는 어려운 실정이다. 설령 치료용 줄기세포 연구를 허락한다 하더라도 다음 세 가지는 분명히 짚고 넘어가야 한다.

첫째, 인간복제를 막는 방법을 구체적으로 강구해야 한다. 줄기세포 연구를 옹호하는 이들은 인간복제에 격앙된 감정적 화살을 피하기 위해 전략적으로 연관성을 부인한다. 그런데 지금 시행하겠다는 핵치환 방식의 배아복제는 인간복제의 전초 기술로서 직접적인 연관성을 가지고 있다. 인간복제는 기술적으로 불가능하고, 절대 하지 않겠다고 공언하고 있지만, 이것은 별로 신빙성이 없어 보인다. 배아복제에 의한 인간복제의 길이 열렸을 때, 과연 막을 방법이 있을까? 한 해 200만 명에 가까운 태아가 낙태로 희생되고, 불임 외의 이유로 시험관 수정과 대리모 거래가 자행되는 한국 생명윤리의 현실에서 이대로 간다면 인간복제를 막을 길은 없을 것 같다.

둘째, 키메라 생성을 금해야 한다. 줄기세포 연구에서 윤리적으로 가장 문제가 되는 것이 이종 간 교잡을 통한 배아복제다. 이것을 몇몇 생명과학자들이 시행하려 하고 있고, 생명윤리법도 허용해 주고 있다. 예컨대 인간 체세포의 핵을 돼지의 무핵 난소에 주입 치환하여 배아를 생산하겠다는 것이다. 이러한 핵치환에 의한 교잡의 결과로 생성되는 개체는 공여받은 핵의 인간유전자뿐만 아니라 수핵세포질체의 미토콘드리아나 리보솜 등에 존재하는 돼지 유전자를 받게 되므로 반인반수의 잡종이라고 할 수 있다. 이런 키메라 생산은 용납할 수 없고 법을 고쳐서라도 막아야 한다. 루비콘 강을 이미 건너고 있다고 하더라도 되돌아오게 해야 한다.

셋째, 누구를 위한 연구인가를 생각해야 한다. 줄기세포 연구에는 막대한 자금과 비용이 소요된다. 성공한다하더라도 그 가격이 엄청나 미국에서도 최상위층 5% 이내에 속한 부자들만이 혜택을 누릴 수 있다고 한다. 그래서 선진국의 부유한 특수층만을 위한 값비싼 연구로서 분배정의와 글로벌 윤리에 어긋난다는 비판을 받고 있다. 정부는 국민

혈세를 쏟아부어 그 연구를 지원하려 하고 있다. 설혹 성공할지라도 최종 수혜자는 수퍼맨의 주인공 같은 명사들이지 일반 대중은 아닐 것이다. 그렇다면 참여정부의 기본이념에도 어긋나는 일이 아닌가?

우리에겐 지금 꿈과 희망이 필요하다. 그러나 진실을 외면한 과도한 수사학은 결국 실패하고 말 것이다. 정부와 언론은 유전자 신화 속에 감춰져 있는 생명과학의 어두운 측면도 밝혀야 한다. 천성산에 터널이 뚫려 도롱뇽이 없어지는 것도 문제겠지만, 인간과 돼지의 유전자 사이에 터널을 뚫어 인간돼지 배아를 생성하는 반인륜적 실험을 국민의 세금을 가지고 합법적으로 우리 대학의 연구실에서 자행하려 하고 있는 것이 더 큰 문제다. 지금이라도 말을 세워 재갈을 물려야 한다. 귀 있는 자들은 들어야 할 것이다.

중앙일보 2005년 3월 19일 / 김흡영(강남대 교수 · 신학)

[삶과 문화] '생명 난개발' 막을 길 있나

얼마 전 고위 공직자로 부임한 한 선배를 만난 적이 있다. 그 선배는 아름다운 풍치를 자랑하던 이 지역이 마구잡이 개발로 훼손된 것을 한탄하면서 이것은 환경보존에 대한 직무유기이기 때문에 담당자들을 형사처벌해야 한다고 비분강개하는 것이었다. 나는 고위 공직자 중에도 이와 같이 환경에 대해 깊은 애정을 가진 사람이 있다는 사실이 기뻤다. 그동안 우리는 가난을 극복하기 위해 경제성장을 최고의 지상목표로 설정하고 앞만 보고 달려 왔다. 개발이냐 환경이냐 하는 중요한 윤리적 문제를 차분히 생각해볼 겨를도 없이 경제성장·수출증대·산업개발 등을 목표로 질주해 왔다. 이제야 조금 여유를 갖고 이런 개발지상주의에 의하여 파괴된 환경을 보면서 각성하게 되었다. 성장속도가 조금 늦어지더라도 환경보존에 좀 더 신경썼으면 좋았을 걸하고 후회하기도 한다.

사실 참여정부의 당위성은 이러한 경제성장과 개발 이데올로기를 내세워 사회정의를 무시하고 환경을 파괴해 왔던 전 정권들의 역사적 오류와 불균형에 대한 교정, 안티테제에 있을 것이다. 그러나 최근 생명과 관계된 정책결정에서 과거 정부들의 전철을 밟는 듯해 매우 염려된다. 지금 한국 생명과학이 세계 최초로 인간 배아줄기세포를 배양했다고 해서 한창 들떠 있다. 그러나 조심해야 한다. 인간 배아줄기세포 연구는 난치병 치료 등 앞으로 인류에게 큰 혜택을 제공할 수도 있겠지만 동시에 인간복제, 잡종 및 키메라 생성, 인간생명의 상품화 등 생명 난개발로 이어질 많은 위험성을 수반하고 있다.

더욱이 외국 언론들은 가장 먼저 인간복제가 이루어질 국가로 한국을 꼽고 있다. 세계 수준의 복제 기술, 혈연 중심의 유교적 배경, 적극적 정부 정책, 과학자의 생명윤리 의식 결여, 인간 배아복제를 허용하는 법률 등이 그 이유다. 그러므로 생명이냐 경제냐 하는 어려운 선택이 또다시 우리에게 던져진 것이다. 우리가 경제적 이익을 탐하여 생명윤리를 뒷전으로 돌리고 생명 난개발을 감행하여 복제인간을 가장 빨리 생산하는 민족이 될 것인가, 또는 이제라도 우리 본연의 도덕성을 회복해 생명보존을 위해 경제적 손실을 감내할 줄 아는 성숙한 민족으로 거듭날 것인가.

마구잡이 개발에 의한 환경파괴는 되돌릴 수 없는 비가역적인 것이다. 그러나 인간생명의 본질인 유전자를 조작하는 생명 난개발은 이와는 비교가 되지 않을 엄청난 비가역적 파괴를 가져올 것이다. 그것은 21세기의 바벨탑으로서 인류의 멸망과 같은 결과를 초래할 수도 있다. 그럼에도 불구하고 정부는 몇몇 생명과학자의 성과에 흥분하여 성급하게 생명개발의 문을 너무 활짝 열어놓은 것은 아닌가 생각해볼 문제다.

예수께서 받은 가장 큰 시험은 '빵'(경제)이냐 '말씀'(생명)이냐 하는 문제였다. 예수는 이 궁극적 선택에서 경제보다는 생명을 택했다. "사람이 빵으로만 사는 것이 아니라 하나님의 말씀으로 사느니라." 이 교훈이 지금 우리에게 암시하는 바가 크다. 다른 국가들이 윤리적 이유로 망설이는 기술을 앞질러 개발해 경제적 이득을 추구할 것인가, 또는 조금 늦어지고 손해본다 하더라도 미래의 생명안전을 위해 좀 더 심사숙고할 것인가. 세계와 역사의 눈은 우리를 주시하고 있다. 과연 우리가 어느 쪽을 선택할 것인가. 국민 평균소득 2만 달러의 목표를 달성하기 위해 수단방법을 가리지 않는 경제동물인가, 또는 도덕성을 갖춘 선진 민족인가.

어쨌든 우리는 후손에게 생명 난개발을 방관한 직무유기범이 되어서는 안 될 것이다. '과학 선진국, 윤리 후진국'이라는 오명을 벗어 던져야 할 것이다. 과학기술의 도덕성, 특히 생명윤리의 확보. 이것이 바로 선진국으로 가기 위해 우리가 꼭 넘어야 할 고개이며 지불해야 할 대가가 아닐까.

중앙일보 2005년 2월 18일 / 김흡영(강남대 교수·신학)

용어해설

용어해설

가상현실(Virtual Reality) : 인공적으로 만들어 낸 가상의 현실로 가공의 세계에 현실감을 가지게 하는 기술을 말한다.

거경궁리(居敬窮理) : 주자학에서 학문 수양의 두 가지 방법을 말한다. 거경은 내적 수양법으로 항상 몸과 마음을 삼가서 바르게 가지는 일이고, 궁리는 외적 수양법으로 널리 사물의 이치를 궁구하여 정확한 지식을 얻는 일이다.

과학적 유물주의(Scientific Materialism) : 과학이 우리가 알 수 있는 모든 지식을 제공한다는 전제 위에 서 있는 입장을 말한다. 세상에는 한 가지 실재 즉 자연밖에 없으며, 과학은 우리가 자연에 대해 갖는 지식에 대한 독점적인 권한을 지닌다는 것이다.

기질지성(氣質之性) : 성리학에서 후천적인 혈기(血氣)의 성(性)을 이르는 말이다. 기질의 성은 기(氣)에서 생기기 때문에 기의 청탁(淸濁)· 혼명(昏明)· 후박(厚薄)에 의하여 성(性)에도 차별이 생겨 사람의 선악, 현우가 생긴다고 한다.

나노기술 : 1나노미터(mm)는 10억 분의 1m로서 사람 머리카락 굵기의 10만 분의 1, 대략 원자 3-4개의 크기에 해당한다. 나노기술은

100만 분의 1을 뜻하는 마이크로를 넘어서는 미세한 기술로서 1981년 스위스 IBM연구소에서 원자와 원자의 결합상태를 볼 수 있는 주사형 터널링 현미경(STM)을 개발하면서부터 본격적으로 등장하였다.

뉴런(Neuron): 뉴런은 뇌와 신경계에서 가장 중요한 기본적 단위이다. 신경세포 즉, 뉴런은 전기 신호를 산출하고 이것을 연결된 세포로 전달할 수 있다.

단자론(모나드론): 라이프니츠에 의하면 모든 존재의 기본으로서의 실체는 단순하고 불가분한 것이며, 이를 모나드라고 이름 지었다. 모나드는 원자와는 달리 비물질적인 실체로 그 본질적인 작용은 표상이다. 모나드가 각각 독립적으로 행하는 표상간에 조화와 통일이 있는 것은 신이 미리 정한 법칙에 따라 모나드의 작용이 생기기 때문이라고 한다.

동일성 이론(Identity Theory): J. J. Smart와 H. Feigl에 의해 제시되고 옹호된 유물론의 한 해석이론으로 이 이론에 따르면 의미와 지칭 또는 내포와 외연의 철학적 구별을 사용하여 심리적 표현과 물리적 표현들이 의미 또는 내포에서는 다르지만 사실상 같은 물리적 현상을 지칭하는 것이라고 주장한다.

DNA: 디옥시리보 핵산을 말한다. 세 개씩 되어있는 일련의 뉴클레오타이드 염기들로 구성된 이중나선형 분자이다. 각 각의 염기들은 단백질 사슬의 결합에서 특정한 아미노산을 발현시킨다. 세포의 화학작용을 조절하는 정보 지도를 말한다. DNA 사슬 하나에 수천 개의 염기가 배열되어 있다.

렙톤(Lepton): 강한 상호작용을 하지 않고 약한 상호작용을 하는 페르미 입자의 총칭이다. 질량이 작기 때문에 경입자라고 하지만 τ입자가 발견되어 그 질량이 양성자의 2배정도 되므로, 경입자의 특징은 가볍다는 것이 아니라 강한 상호작용을 하지 않는다는 점에 있다.

매트릭스(Matrix) : 매트릭스란 어머니의 자궁 즉 모체를 뜻하는 라틴어의 mater에서 나온 말로서 컴퓨터 내의 가상공간을 뜻한다. 윌리엄 깁슨은 그의 소설 『뉴로만서』에서 처음으로 컴퓨터 네트워크와 하드웨어 소프트웨어 프로그램 데이터 등에 의해 구축된 사이버 스페이스를 통해 접근하는 가상공간을 매트릭스라고 명명한다.

밈(Meme) : 문화를 진화하는 적응시스템이라고 간주했을 때, 문화에서 생물의 유전자에게 해당되는 복제자를 말한다. R. Dawkins가 명명한 것으로 유전자가 생물적인 정보의 전파단위인 것과 마찬가지로 밈은 문화적 정보의 전파단위라 한다.

배반포(Blastocyst) : 줄기세포를 확립하기 위해 세포배아가 분화를 계속하여 100여 개의 세포 덩어리로 자라는 단계를 말한다.

배아(Embryo) : 식물의 경우 장차 식물체로 성장할 수 있는 종자속의 아체, 즉 씨눈을 말한다. 동물의 경우 수정이나 또는 체세포의 핵을 난자에 주입함으로써 세포분열을 일으키기 시작한 때로부터 미분화 상태의 세포덩어리를 말하기도 한다.

배아줄기세포(Embryonic Stem Cell) : 줄기 세포는 후생동물의 조직분화 과정에서 볼 수 있는 세포로, 모든 신체기관으로 발달할 수 있는 일종의 모세포를 의미한다. 배아줄기세포란 난자세포가 분열을 되풀이하여 어느 정도의 세포의 덩어리가 되었을 무렵에 그 일부를 떼어내서 배양함으로써 얻어지는 줄기세포를 말한다.

복잡성의 과학(Science of Complexity) : 현미경으로 관찰한 단백질이나 핵산 등의 수많은 고분자 구조물로 이루어진 복잡한 세포의 조직이라든지, 140억 개의 신경세포의 네트워크망인 인간의 두뇌, 또는 복잡한 먹이사슬에 따라 먹고 먹히는 생태계와 같은 복잡한 현상, 곧 복잡계(Complex System)를 연구하는 분야를 말한다.

부수 현상론(Epiphenomenalism) : 의식 현상을 신경 계통, 특히 뇌의 생리적 활동에 부수하여 일어나는 현상이라고 보는 학설을 말한다.

분자생물학(Molecular Biology): 생물체를 구성하고 있는 고분자 화합물, 특히 핵산과 단백질의 구조를 밝히고 그 분자구조의 특성을 바탕으로 하여 중요한 생명현상을 설명하는 생물학의 한 분야이다.

빅뱅우주론(Big Bang Cosmology): 초기 우주는 고온 고밀도 상태였으며 이 후 대폭발과 함께 급격히 팽창되면서 우주가 생성되었다는 학설이다.

사이버스페이스(Cyberspace): 컴퓨터의 네트워크화로 컴퓨터 내에 번져 나가는 정보세계를 말한다. 정보화 사회를 상징하는 개념으로서 물질적인 실체와 떨어진 가상공간을 의미한다.

사회생물학(Sociobiology): 인간 종과 인간이 아닌 종들의 사회적 행동에 대한 진화적이고 유전적인 기원을 연구하는 학문이다.

선스펙트럼: 원자나 이온이 빛을 낼 때에 단색광에 의하여 가느다란 많은 선으로 이루어지는 스펙트럼 원자마다 고유의 독특한 선스펙트럼이 있는데, 원자가 어떤 에너지 상태에서 다른 상태로 옮길 때에 생기며, 이로부터 원소의 종류·에너지 준위의 위치 및 성질을 알 수 있다.

성서적 문자주의(Biblical Literalism): 그리스도교의 성경에는 어떠한 오류도 있지 않다는 신앙적 신념을 특징으로 한다. 즉 성서는 모든 면에서 오류가 전혀 없기 때문에 문자 그대로 진실하고 권위를 지닌다는 것이다.

성체줄기세포(Adult Stem Cell): 제대혈(탯줄혈액)이나 다 자란 성인의 골수와 혈액 등에서 추출해낸 것으로, 뼈와 간.혈액 등 구체적 장기의 세포로 분화되기 직전의 원시세포를 말한다.

신경과학 (Neuroscience): 해부학·생리학·생화학·컴퓨터 과학 등을 포함해 다양한 분과 학문을 아우르는 뇌와 신경계에 관한 과학적 연구를 말한다.

신정통주의(Neo-Orthodoxy): 19세기 개신교 자유주의를 극복하기 위해 칼 바르트(Karl Barth) 등에 의해 주창된 신학운동이다. 근대 성서해석학에 개방적이지만 신의 주권과 그리스도의 중심성을 강조한 종교개혁 강령을 재천명한다.

실존주의(Existentialism): 철학적 체계의 추상성과 과학의 연구대상으로서 객체의 세계와 대조적으로 개인의 독특한 실존, 죽음, 그리고 유한성에 직면하여 인간의 자유와 존엄성을 강조하는 20세기의 철학사상이다.

양자론(Quantum Theory): 미시적 존재의 구조나 기능을 해명하기 위하여 양자의 관점에서 전개되는 물리학 이론을 총칭한다. 플랑크의 양자 가설에서 아인슈타인의 광양자설, 보어의 원자 구조론에 이르기까지를 전기(前期) 양자론이라고 하며, 양자 역학의 성립 이후 정비된 이론 체계로서 현대 물리학의 핵심이 되고 있다.

양자점(Quantum Dot, QD): 소립자, 특히 전자를 0차원의 공간(점) 안에 가둔 상태를 말한다. 이 양자점의 전자의 존재유무, 혹은 전자의 스핀 방향 등의 정보를 이용해서 양자컴퓨터 등을 개발할 수 있다.

언어분석(Linguistic Analysis): 과학용어, 종교용어, 도덕용어 등 과 같이 서로 다른 형태의 언어들은 세계 속에서 다른 언어로 환원될 수 없는 기능을 담당한다고 주장하는 철학운동이다.

아바타(Avater): 사이버스페이스에서 일정한 정체성을 유지하고 있는 일종의 가상육체를 말한다. 사이버스페이스의 자원을 이용하여 자신을 표현하며, 하나 이상 여러 개가 만들어지기도 한다는 점에서, 정체성과 온라인 삶의 관계는 매우 복잡하게 전개된다.

엑스트로피언주의(Extropianism): 개인의 자유를 극단적으로 신봉하는 견해와 과학의 언저리에서 일어나고 있는 연구가 곧 우리에게 유용하게 쓰일 거라는 믿음을 결합시킨 것이다. 나노테크놀로지, 사이보그, 저온학, 냉동 보존술로 인간의 영생을 추구하고 컴퓨터에 인간의 의식을 옮기는 문제를 연구한다.

열역학 제2법칙: 자연현상에는 비가역적 과정이 존재한다는 것을 주장하는 법칙이다. 즉 엔트로피란 계의 무질서함에 대한 척도를 말하는데 열의 출입이 닫힌 고립계에서는 에너지가 전환될 때 에너지 보존법칙에 따라 에너지는 일정하지만 엔트로피는 항상 증가하게 된다는 법칙이다.

염색체: 다수의 유전자들을 가지고 있는 코일가닥과 같이 꼬여있는 DNA의 사슬 묶음이다. 대부분의 유기체는 많은 염색체들을 가지고 있으며 그것들은 지놈(유전체)을 구성한다.

영지주의(Gnosticism): 그리스도교적 주지주의의 한 형태이며, 신비적 지식에 도달하려고 하였으나 신앙의 실제를 벗어나 사변에 빠지고 말았다. 또한 영과 물질을 이원적으로 대립시켜 놓고 그리스도가 취한 육신은 참 육신이 아니고 가짜였다는 가현설(Docetism)을 내세우고, 인간의 구원은 그리스도의 영의 힘으로 육체를 벗어나 영화되는 데에 있다고 주장하기도 한다.

우생학(Eugenics): 인공적인 선택을 통해 종의 특성을 개량하는 것을 연구하는 학문으로 일반적으로 인류를 유전학으로 개량하기 위한 연구를 지칭한다.

원시선(Primitive Streak): 임신 후 2주된 세포 덩이에서부터 나타나는 태아의 머리와 꼬리, 좌측과 우측을 결정하는 세포들의 열을 말한다.

유성생식: 암수의 두 배우자가 합일한 집합체에서 새로운 생명체가 발생하는 생식법이다.

유전공학(Genetic Engineering): 생물체나 세포가 새로운 물질을 만들어 내거나 새로운 기능을 수행할 수 있도록 유전물질에 변화를 일으키는 방법을 연구한다. 원하는 형질들을 가진 생물체를 만들기 위해 DNA분자의 염기서열을 변화시키거나 DNA를 한 종에서 다른 종으로 이식하는 방법으로 조작한다.

유전자결정론(Genetic Determinism): 생명체에 대한 모든 것이 유전자에 이미 프로그램 되어 있으며 그 프로그램에 의해 진행된다는 이론이다.

유전자스크리닝(Genetic Screening): 특정 유전질환이나 장애를 가지고 있을 가능성이 높은 사람을 확인하기 위해 일단의 사람들의 유전자 구조를 검사하는 것을 말한다.

유전자 환원주의(Genetic Reductionism): 생명체의 기본단위가 유전자(DNA)이므로 모든 것을 유전자의 시각에서 보아야 한다는 입장이다.

유전체(Genom): 생물체의 총 유전정보, 유전자의 총량을 말한다. 염기서열을 스펙트럼 형태로 모형화 하면, 유전자 구성부분과 유전자 미구성 부분으로 나뉘어 진다. 유전자 구성부분만을 재구성하여 하나의 완전한 유전자를 창출한다.

이기이론: 이(理)와 기(氣)의 원리를 통해 자연·인간·사회의 존재와 운동을 설명하는 성리학의 이론체계이다.

이타주의(Altruism): 이기주의와 대조되는 말로서 자신보다 타인의 이익에 더 큰 가치를 두는 행동양식이다.

인간복제(Human Cloning): 한 개체와 유전적으로 동일한 복사체를 만드는 기술이다. 클론이란 무성생식에 의하여 한 개체로부터 발생하여 내려오는 모든 자손들이다. 복제는 체세포의 핵을 취하여 그것을 탈핵된 난자에 주입하는 핵치환과 그렇게 생성한 배아를 대리모 자궁 속에 착상하는 과정을 포함한다.

인공지능(Artificial Intelligence, AI): 일반적으로 학습, 추론, 적응, 자기조정 등 인간 지능과도 같은 능력을 갖고 있는 컴퓨터 프로그램 또는 시스템을 말한다. 이는 패턴 인식, 로봇, 장면 분석, 자연언어 처리 등의 기술들과 연관되어 있다.

인류원리(Anthropic Principle): 우주가 인간 존재의 발생을 위한 조건으로 미세조정(fine-tuning)되었다는 가설을 말한다. 우주적 입장에서 보는 약한 인류원리(Weak Anthropic Principle)와 인간중심적 입장에서 보는 강한 인류원리(Strong Anthropic Principle)로 나눌 수 있다.

인지과학(Cognitive Science): 인간 및 일반적·추상적 의미에서의 '지능·인식'의 이해를 지향하는 분야이며, 그 방법론은 컴퓨터 상에 모델화를 중심으로 고도의 형식성과 정밀성을 요구한다.

인터페이스(Interface): 일반적으로 두 시스템 사이의 커뮤니케이션 접점을 뜻한다. 그러나 보통 인간과 컴퓨터의 접속을 지칭한다.

자연선택(Natural Selection): 다윈이 주장한 진화론의 핵심으로 환경(자연)은 개체들 중에서 환경에 적합하고 우수한 개체를 선택하여 번식이 가능하게 하고 열등한 개체들은 도태시킨다는 가설이다.

자연신학(Natural Theology): 인간의 이성과 관찰을 토대로 신의 존재를 증명하려는 신학을 총칭한다. 자연의 신학과 달리 종교적 경험이나 계시보다는 자연이나 자연과정 속에서 드러나는 설계의 증거로부터 논의를 시작한다.

자연의 신학(Theology of Nature): 자연신학과 대비하여 이안 바버가 주창한 신학 모형이다. 역사적 계시와 종교적 경험을 토대로 전통 안에서 비판적으로 새로운 과학적 지식을 수용하고자 하는 입장이다.

적색편이: 도플러효과에 의해 일어나는 관찰자로부터 멀어지는 물체에 의해서 방출되는 복사가 붉게 변하는 현상이다.

적색거성: 중심핵에서 수소의 연소가 끝난 진화 단계에 있는 항성으로 본래 크기의 100배까지 팽창하며 표면 온도가 낮다. 별이 주계열의 단계를 통과하면 중심부에 헬륨핵이 생기므로 별은 크고, 표

면온도가 낮아지며, 대류층은 깊은 적색거성이 된다.

존재론적 환원주의(Ontological Reductionism): 다양한 수준의 물질이 갖는 부분-전체관계에서 전체의 속성이 전체를 구성하는 부분들의 속성과 부분들의 사이의 서로 작용으로 이루어져 있다고 가정한다. 예컨대 원자는 전자와 원자핵으로 이루어져 있으므로 원자는 전자와 원자핵으로 환원되며, 결국 세상에 존재하는 모든 물질이 기본요소로 구성된다고 주장한다.

종(Species): 분류학에서 쓰이는 용어로, 개체들이 공통으로 지닌 생리학적인 특징들에 의하여 기관(organism)의 형태를 분류했을 때 가장 하위에 위치하는 항목이다.

줄기세포(Stem Cell): 후생동물의 조직분화 과정에서 볼 수 있는 세포로, 모든 신체기관으로 발달할 수 있는 일종의 모세포를 의미한다. 수정란으로부터 얻는 만능줄기세포, 배아에서 그 일부를 떼어내서 배양함으로써 얻어지는 배아줄기세포, 그리고 성숙한 조직과 기관 속에 들어있는 성체줄기세포가 있다.

창발성(Emergence): 개개의 구성원이 가지고 있지 않았으므로 그것들이 상호작용 했을 때 나타날 것으로 결코 예상하지도 못한 동작이 그야말로 창조적으로 발현되는 것을 창발이라고 한다. 복잡계의 창발적 동작은 예측할 수 있는 동작이 아니며, 계를 구성하는 개개의 성분을 독립적으로 분석하여 알아낸 지식들로부터는 만들어 낼 수 없는 동작이다.

체세포(Somatic Cell): 생식세포를 제외한 인체의 다른 조직들, 기관들과 그 외의 부분들을 구성하는 세포이다.

체세포핵치환(Somatic Cell Nuclear Transfer): 복제의 또 다른 이름이다. 체세포를 탈핵된 세포로 변환시키는 실제적 과정을 구체적으로 언급하는 복제보다는 더 기술적인 용어이다.

초신성(Supernova): 항성진화의 마지막 단계에 이른 별이 폭발하면서 생기는 엄청난 에너지를 순간적으로 방출하여 그 밝기가 평소의 수억 배에 이르렀다가 서서히 낮아지는 현상이다. 마치 새로운 별이 생겼다가 사라지는 것처럼 보이기 때문에 초신성이라고 한다.

초인간주의: 합리적인 방법을 통해 인간이 육체적으로 정신적으로 사회적으로 더 높은 단계로 발전해야 한다고 믿는 철학 또는 이념을 뜻한다. 인터넷과 같은 컴퓨터 네트워크에 의해 가능해진 집합 지능이 새로운 단계로 진화한 인간의 모습으로 간주되는 것을 말한다.

태극도설(太極圖說): 주돈이가 종합한 우주생성에 관한 성리학적 도식으로 무극에서 머물러 있음(靜)과 움직임(動)이, 음(陰)과 양(陽)이 서로 어우러지는 태극(太極)이 생성했고, 바로 그 태극에서 만물이 소생하였다는 것이다.

파동함수(Wave Function): 양자역학에서 물질입자인 전자·양성자·중성자 등의 상태를 나타내는 양을 파동함수라고 한다. 양자역학의 기초방정식으로 필요한 조건하에서 E. 슈뢰딩거의 파동방정식에 의해 얻어진다. 입자의 물질파서의 파동적인 면을 나타내지만, 한 장소에서 입자를 발견할 수 있는 확률에 비례한다는 뜻이며, 입자의 파동성과 입자성을 통일적으로 표현하는 양이라고 할 수 있다.

포배기(Blastocyst): 동물의 발생 과정의 하나. 상실기(桑實期)의 할구가 표면에 층을 만들어 배열하고 가운데 부분에 할강이 만들어지는 시기이다.

프랙탈(Fractal): 1975년 B. B 만델브로트에 의해 명명 된 것으로 언제나 부분이 전체를 닮는 자기 유사성(self-similarity)과 소수차원을 특징으로 갖는 형상이다.

카오스 이론(Chaos Theory): 무질서하게 보이는 혼돈 상태에도 논리적 법칙이 존재한다는 이론이다. 무질서하고 예측이 불가능한 현상 속에 숨어 있는 정연한 질서를 밝혀내어 새로운 사고방식이나 이해 방법을 제시하고자 한다. 경제, 기상, 물리, 전기, 천문 등 여러 분야에서 다양하게 응용되고 있다.

쿼크(Quark) : 양성자, 중성자와 같은 소립자를 구성하고 있다고 생각되는 기본적인 입자를 말한다.

환원주의(Reductionism) : 다양한 현상을 기본적인 하나의 원리나 요인으로 환원하여 설명이 가능하다는 인식론을 말한다.

휴먼지놈 프로젝트(Human Genome Project) : 인간의 DNA에서 유전자 지도를 작성하고 그 염기서열을 해독하여 인간존재의 신비를 밝혀보려는 초대형의 국제적 연구 프로젝트를 말한다.

찾아보기

ㄱ

가상현실(virtual reality, VR) | 10, 41-43, 47, 51-61, 281
가현설(docetism) | 59, 286
개방체계(open system) | 171
거경궁리居敬窮理 | 251, 281
게리쉬Gerrish, Brian | 248-253
결정론(Determinism) | 10, 68, 74-75, 108, 150
경敬 | 91, 238, 250-251
경敬의 신학 | 12, 265-267
경천敬天 | 251
공명(consonance) | 31, 179, 225, 235-236
공즉시색·색즉시공 | 55
과학주의(Scientism) | 23, 28, 180, 237
굴드Gould, Stephen Jay | 25, 29, 36
그리스도 | 7-9, 14, 22, 25, 27, 29, 34-35, 43, 46-49, 56, 59-60, 67-70, 72-75, 79, 89, 93-96, 101, 110, 114, 117, 119, 121-125, 135-137, 154, 166-168, 179, 197-198, 201-202, 212-213, 216, 225-227, 231-232, 238-239, 243-246, 248, 251-256, 260-266, 284-286
그리피스Griffiths, Bede | 56, 61
근친도 | 103, 106
끌개(attractor) | 160-161, 164-166
기氣 | 59, 60, 236-237, 249, 281, 287
기능주의(Functioalism) | 174
기도 | 60, 227, 264
기질지성氣質之性 | 237-239, 281
길키Gilkey, Langdon | 30, 36, 123

김재권Kim Jae-kwon | 175
김흡영Kim Heup Young | 36, 241, 244, 246, 252-253, 268, 271, 274, 277, 280
김희준 | 12-13, 124-125, 201, 211-214

ㄴ

나노과학(Nano Science) | 12, 215-216, 221, 225
나노테크놀로지Nanotechnology | 216-219, 221-224, 285
네이글Nagel, Thomas | 174
뇌 | 11, 55, 107, 112, 114, 117, 131, 143-155
뇌과학(Brain Science) | 7, 10, 143, 155-156
뇌파(EEG) | 163-166
뉴런(신경세포) | 145-146, 161, 282

ㄷ

다능성(pluripotent) | 257
다윈의 진화론 | 22, 102
다원주의적 이익 | 116
단자론 | 47, 282
단전자트랜지스터 | 221
데타theta | 164
델타파(delta) | 164
도道 | 12, 235, 244, 246, 252

도道의 신학 | 12, 241, 253, 268
도교 | 59, 232-233
도킨스Dawkins, Richard | 68, 102-103, 107-111, 138, 283
독립(independence) | 10, 26-27, 30, 115, 124, 173, 198, 201, 211, 282, 289
돌리 | 65-68, 89, 273
동성애 | 117
동일성이론(Identity Theory) | 173
되먹이체계(feedback system) | 149
두 언어 이론(Two Language Theory) | 29
디옥시리보핵산(deoxyribonucleic acid, DNA) | 77, 282
DNA | 8, 11, 23, 65, 68-69, 71, 73, 77-79, 82-83, 85, 87, 103, 107, 118, 121-122, 127-128, 131-132, 188, 207-210, 241-242, 261, 282, 286, 287, 291

ㄹ

라이브문화 | 42
래니어Lanier, Jaron | 52
레바크Lebacqz, Karen | 93-97, 263-268
렙톤Lepton | 206, 282
로봇 생존기계 | 11, 102, 237
린데Linde, Carl | 193

마르크스Marx, Karl Heinrich | 121
마르크스주의 | 113, 120
맞춤 아기(designed babies) | 72
매트릭스matrix | 10, 49, 53-57, 59, 283
맥긴McGinn, Colin | 175, 183
맥물린McMullin, Ernan | 30
모노드Monod, Jacques | 23, 36
모듈module | 163
무법칙성 일원론(Anomalous Monism) | 175
무질서(randomness) | 161, 164, 286, 290
문화결정론 | 113, 239
문화적 유전자(meme) | 106-107, 109
문화제국주의 | 94-95
물리주의(Physicalism) | 150, 154, 158, 168
물질적 환원주의 | 23-24
물질주의(Materialism) | 132, 150
미세조정(fine-tuning) | 33, 287
밈meme(mine+gene) | 106-107, 283

바르트Barth, Karl | 9, 27, 244, 246, 253, 284
반환원주의 | 218-219, 225

방법론적 환원주의 | 158
배아 | 7, 10, 81, 88, 90-93
배아줄기세포 | 7-8, 66-67, 257-258, 263, 279, 283, 289
배열서열(sequencing) | 77
버크민스터풀러린 분자(buckminsterfullerene molecule, C60) | 220
번식우주론 | 193
범주적 착오 | 120
베이트슨Bateson, Gregory | 235, 242
베타파(beta) | 164
병렬방식(parallel processing) | 149
복사체 | 71, 118, 287
복잡계 | 218-219, 225, 233, 283, 289
복제인간 | 10, 67, 69-74, 125, 129, 132, 261, 279
복제인간의 영혼 | 67, 70-71
본성론 | 122
본연지성本然之性 | 238-239
봄Bohm, David | 178, 182
부수현상론(Epiphenomenalism) | 173
분자생물학 | 23, 283
불멸의 코일 | 103
블랙박스 | 144, 148, 157
비가역성 | 65
비결정론 | 171, 219, 225
비트bit | 42
빅뱅우주론 | 188, 284

사이버교회 | 43
사이버네틱스cybernetics | 233, 235
사이버문화(cyber culture) | 42-43
사이버스페이스cyberspace | 8, 10, 41-62, 284-285
사이버인간(cyborg) | 54
사이버 은총론(cyber grace) | 49
사이버펑크cyberpunk | 53
사회생물학(sociobiology) | 10-12, 102, 105, 109, 112-113, 119-123, 236-239, 284
삼재(하늘·땅·사람, 天地人) | 234, 237, 252
샤르뎅Chardin, Teilhard de | 34, 36
생명 | 7, 12, 65, 88, 90, 256
생명과학기술(BT) | 72
생명윤리법 | 274
생명윤리자문위원회 | 126
생명체복제 | 130
생물학 | 23, 25, 65, 68, 74, 101-102, 109, 113, 116-117, 119-120, 144, 150, 154, 236, 238, 283
생식세포유전자 치료법(germline therapy) | 79, 84
생식유전자 중재(Germline Intervention) | 84
생존기계 | 11, 68, 102-105, 154, 227, 237
생태계 | 12, 49, 86, 197, 224, 232-233, 235, 243, 252, 264, 283

선스펙트럼 | 204, 284
성性 | 249, 281
성교요지 | 245
성령 | 26, 60, 166, 252
성리학性理學 | 12, 232-238, 250, 281, 287, 290
성부 | 252
성서적 문자주의(Biblical Literalism) | 22, 24-25, 284
성중영Cheng Chung-ying | 253
성체줄기세포 | 88, 284, 289
성화(Sanctification) | 49, 154, 240, 266
수반이론(Supervenience) | 175
수신修身 | 238-239, 245, 266
스페리Sperry, Roger Wolcott | 175
시스템 | 44-47, 160, 223, 233-235, 271, 273, 283, 287-288
신경과학(Neuroscience) | 11, 143-148, 150-159, 163, 166-171, 177-180, 284
신경그물망 | 161
신경전달물질 | 145-147, 152, 161
신놀음(playing God) | 79, 85
신유학新儒學 | 232, 244
신정통주의(Neo-Orthodoxy) | 27-29, 284
신형상(imago Dei) | 246-247
신화화 | 119
실재(Reality) | 22, 30, 47, 52, 54-59, 151, 154, 158, 170, 173, 177, 178-179, 281
실재세계(real world) | 54, 179
실존주의(existentialism) | 27-29,

31, 285
실체(Substance) | 102, 127, 147, 150, 167, 173, 175, 177, 282, 284

ㅇ

아날로그 | 42, 158
아바타avatar | 59, 285
아인슈타인Einstein, Albert | 29, 69, 178, 202, 206, 209, 235, 285
아퀴나스Aquinas, Thomas | 32, 195
아톰 | 42
알파파(alpha) | 164
암흑물질 | 211
애물愛物 | 251
양자 | 176, 285
양자론(Quantum Theory) | 11, 176-180, 285
양자역학(Quantum Physics) | 7, 24, 144, 167, 176, 181, 193, 235, 290
양자점 | 222, 285
양자 컴퓨터 | 178, 222, 285
엑소시즘 | 49
엑스트로피언주의(Extropianism) | 58, 285
엑클스Eccles, John Carew | 156, 175
엘리스Ellis, George | 138
역동계(dynamic system) | 160-161, 165-166
열역학 제2법칙 | 210, 285
염색체(chromosome) | 77, 103, 159, 286
영롱이 | 66
영지주의(Gnosicism) | 45, 168, 286
영혼 | 10, 45, 60, 66-67, 70-71, 114, 121, 128, 131-132, 136, 150, 158, 227, 259
영혼의 전율(soulquake) | 66
예수 그리스도 | 59, 166-168, 244
오메가 포인트 | 34
왕양명王陽明 | 244
우생학(Eugenics) | 81, 84, 120, 286
우주적 그리스도 | 244
위상구조 | 161
윌머트Wilmut, Ian | 65, 129, 273
윌슨Wilson, Edward O. | 11, 23, 36, 102, 112-123, 138, 237, 242
유교 | 12, 25, 67, 74, 232-233, 245-246, 252-253, 266, 279
유물론(Materialism) | 113, 120-121, 136, 173-174, 237-239, 282
유성생식 | 69, 115-116, 128, 131, 136, 286
유전공학(Genetic Engineering) | 79, 83, 85, 234, 286
유전성질환 | 80
유전성질환진단 | 77
유전자(Gene) | 7-11, 67-69, 71-74, 77-84, 101-119, 125-128, 159, 174, 223-224, 231, 234, 237, 239, 255, 259, 261-262, 273-276, 283, 286-287, 291

유전자검사 | 80-81
유전자 결정론 | 10, 68, 262
유전자복제 | 130
유전자 스크리닝(Genetic Screening) | 79
유전자조작 | 8, 69, 130, 136
유전자 특허권 | 82
유전자 치료 | 78-79, 84
유전자 환원주의 | 68, 74, 109, 118, 135, 287
유전체 | 65, 126, 130-131, 220, 286-287
유전형(genotype) | 73, 79
육체이탈(disembodiment) | 58, 60
윤도한 | 14
원격현존 | 59
원시선 | 126, 257, 286
의식(consciousness) | 11, 58, 107, 110, 128, 158, 161, 165, 170-183, 233, 235, 266, 273, 279, 283, 285
이理 | 249
이기理氣 이론 | 235, 287
이기적 유전자 | 101-102, 108-111, 118, 122, 135-138, 154, 237, 239
이벽李檗 | 245, 253
이신론(deism) | 196
이원론(Dualism) | 168, 173-175, 178, 232, 234, 237-239, 243, 247
이영욱 | 11, 13, 187, 195-198, 214
이타주의(Altruism) | 11, 103, 105-106, 108, 110, 115, 118, 122, 287

인간 배아줄기세포(Human Embryonic Stem Cells, HES) | 7, 8, 12, 67, 88, 263
인간복제(Human Cloning) | 10, 65-76, 89, 91, 101, 129, 136, 224, 256, 276, 279, 287
인간유전체(Genome) | 126
인간중심주의(Anthropocentrism) | 113, 197, 232, 260
인공지능(Artificial Intelligence) | 7, 44, 54, 149, 171, 287
인과론 | 167
인류원리(Anthropic Principle) | 11, 32, 187, 190-192, 195-196, 287
인물성동기이人物性同氣異 | 249
인민人民 | 251
인식론적 다원주의 | 219
인식론적 환원주의 | 23, 158
인의예지仁義禮智 | 238
인지과학 | 148-149, 156, 288
인터페이스interface | 44-45, 54, 56, 58, 60, 288
일원론(Monism) | 173, 175
임경순 | 12-13, 216, 225, 228
임신중절 | 79, 81

자기구성(self-organization) | 233-234
자기복제 | 103, 106-108, 226
자발적 질서 | 235

자성(self-reflection) | 149
자연(육체) | 243
자연선택(natural selection) | 103, 114-115, 119, 288
자연신학(Natural Theology) | 32-33, 195-196, 212, 288
자연의 신학(Theology of Nature) | 32-34, 212, 288
자유도 | 160, 165
자의식(Self-Consciousness) | 114, 128, 136, 171
전능성(totipotent) | 89, 257
전자제국주의 | 50
접속(interface) | 30, 44, 60, 222, 288
제거적 유물론(eliminative materialism) | 152, 173
존재론적 환원주의 | 11, 159, 288
존재의 연속성 | 233
종(species) | 78, 104, 284, 286, 289
종교(Religion) | 8-13, 22, 25, 28-33, 46, 48, 57, 59, 83, 112, 119, 121, 124, 126, 152, 180, 201-202, 211, 231, 238, 271-273, 275, 285, 288
종교적 체험(religious experience) | 152
중생론 | 136
중시적 물리(mesoscopic physics) | 220
중추신경 | 149, 158
지놈^{Genome} | 77, 79, 83, 259, 273, 286

진화 | 11, 22, 24, 33, 106-107, 109, 112-113, 115, 117, 119-120, 131-132, 136, 197, 202, 204, 210, 233-234, 237, 259, 283-284, 288-290

창발성(Emergence) | 159-160, 163, 171, 289
창조과학(Creation Science) | 24-25, 27
창조신앙 | 243
천국의 문(Heaven's Gate) | 49
천명^{天命} | 71, 74, 236, 246-250
천명도^{天命道} | 236, 249
천명도설^{天命道說} | 249
천성(nature) | 114
천지지심^{天地之心} | 235
체세포(Somatic Cell) | 65-66, 78, 84, 89, 126, 254-255, 276, 283, 287, 289
체세포 핵치환 | 65, 89, 289
초신성폭발 | 208
초월 | 27, 29, 31, 34, 56, 68, 117, 152-154, 157, 168, 179, 180, 233, 236-238, 261
초인간주의(Transhumanism) | 58, 60, 290
최재천 | 11, 13, 123-125, 135-136, 138

카오스 | 7, 11, 24, 157, 160, 163, 165-167, 169, 171-172, 199, 233, 290
카오스 이론(Chaos Theory) | 11, 160, 290
카프라Capra, Fritjof | 232, 241
카프만Kauffman, Stuart | 169, 235, 241
칼뱅Calvin, John | 246-250, 253
칼톤Kalton, Michael | 232-233, 237, 242
컴퓨터 신(Computer God) | 47
콜-터너Cole-Turner, Ronald | 76, 91, 97
쿠사나기 | 226-227
쿤Kuhn, Thomas | 31, 36
쿼크quark | 206-207, 291

탈신화화 | 121
태극太極 | 235, 252, 290
태극도설太極圖說 | 235, 290
태일생수소太一生水素 | 210
템플톤Templeton, John | 13-14, 214
통일과학 | 218
통합(integration) | 10, 30, 32, 34-35, 113, 120, 124-125, 153, 180, 198, 202, 221, 226, 232, 239
퇴계 이황李退溪 | 236
튜링Turing, Alan | 148
튜링기계(Turing machine) | 148, 162

파동함수 | 176-177, 290
판넨버그Pannenberg, Wolfhart | 30
패러다임paradigm | 9, 12, 31, 42-43, 51, 76, 178, 180-181, 232-233, 243, 252
펜로즈Penrose, Roger | 178
포배기(blastocyst) | 90-92, 290
포스트모더니즘Post-Modernism | 25, 219, 225
포스트휴먼posthuman | 58, 60
폴킹혼Polkinghorne, John | 195, 199, 200
표상(representation) | 45, 149, 179, 282
프뉴마pneuma(靈) | 60
프랙탈fractal | 165, 290
피드백feedback | 44
피콕Peacoke, Arthur | 34, 123
피터스Peters, Ted | 23-24, 29, 31, 36, 76, 82, 85, 87, 90, 97, 131, 259-260, 262, 265-266, 268

하임Heim, Michael | 44-47, 51, 59-61
한국신학 | 12, 243-244, 252-253,

267
허균 | 11, 13, 143
핵치환 | 89, 91, 95, 255, 287
행동주의(Behaviorism) | 147
형상(form) | 45, 71, 79, 154, 160, 204, 246-247, 249, 261-262, 266, 290
호모사피엔스(인간) | 113, 115, 210, 236
호킹 Hawking, Stephen | 33, 36, 182, 190, 199, 214
혼돈(chaos) | 25, 161, 164-166, 227, 235, 290
화이트헤드 Whitehead, Alfred North | 177, 181
환경결정론 | 68, 117, 239
환원론(Reductionism) | 132, 151-153, 158, 163, 219
환원주의 | 11, 23-25, 68, 75, 102, 109, 118, 121, 135, 158-159, 218, 225, 235, 287-288, 291
황우석 | 7, 8, 66-67, 254-255, 269-270
휴먼지놈프로젝트 Human Genome Project(HGP) | 7, 10, 77, 101, 291
휠러 Wheeler, John | 177